RAFAEL SOARES DE ALMEIDA

JOOMLA! PARA INICIANTES

Joomla! para Iniciantes
Copyright© Editora Ciência Moderna Ltda., 2010.
Todos os direitos para a língua portuguesa reservados pela EDITORA CIÊNCIA MODERNA LTDA.
De acordo com a Lei 9.610, de 19/2/1998, nenhuma parte deste livro poderá ser reproduzida, transmitida e gravada, por qualquer meio eletrônico, mecânico, por fotocópia e outros, sem a prévia autorização, por escrito, da Editora.

Editor: Paulo André P. Marques
Supervisão Editorial: Aline Vieira Marques
Copidesque: Aline Vieira Marques
Capa: Paulo Vermelho
Diagramação: Érika Loroza
Assistente Editorial: Vanessa Motta

Várias **Marcas Registradas** aparecem no decorrer deste livro. Mais do que simplesmente listar esses nomes e informar quem possui seus direitos de exploração, ou ainda imprimir os logotipos das mesmas, o editor declara estar utilizando tais nomes apenas para fins editoriais, em benefício exclusivo do dono da Marca Registrada, sem intenção de infringir as regras de sua utilização. Qualquer semelhança em nomes próprios e acontecimentos será mera coincidência.

FICHA CATALOGRÁFICA

ALMEIDA, Rafael Soares
Joomla! para Iniciantes
Rio de Janeiro: Editora Ciência Moderna Ltda., 2010.

1. Informática, 2. Linguagem de programação
I — Título

ISBN: 978-85-7393-952-1   CDD 001.642

Editora Ciência Moderna Ltda.
R. Alice Figueiredo, 46 – Riachuelo
Rio de Janeiro, RJ – Brasil   CEP: 20.950-150
Tel: (21) 2201-6662 / Fax: (21) 2201-6896
LCM@LCM.COM.BR
WWW.LCM.COM.BR   07/10

AGRADECIMENTOS

A minha amada Mãe, dona Zezé, sem a qual nada disto teria sentido.

A minha amada esposa Gorete e minha amada filha Ana Paula, que me ensinam todos os dias o verdadeiro sentido da vida.

Aos meus Irmãos, Bia, Zé Carlos e Cláudio, pelo positivismo empregado.

Aos Amigos, Cláudio Alcântara, José Orlando, Maria Beatriz Sena Brignol, Ailton Feitosa, Gorete Rocha, Gérson Heber, Graciene Gonçalves, Guilherme Hiroki, por minha ausência.

Em especial, a Editora Ciência Moderna, por ter acreditado no meu trabalho.

A editora Camila Cabete e a revisora Aline Marques pelo profissionalismo, competência, paciência e carinho no trato desta obra.

"O covarde nunca começa, o fracassado nunca termina, o vencedor nunca desiste."

Normam Vicent Peale

Sumário

Capítulo 1 – O que é um CMS e para que serve? 1
    CMS - Content Management Systems 1
    História do CMS 3
    Origem do Joomla 3
    História do Joomla 4
    Componentes do Joomla 4
    Vantagens do Joomla 5
    Principais características do Joomla 5

Capítulo 2 – Instalando o ambiente para rodar o Joomla 7
    Ambiente do Joomla 7
    Instalando o Xampp 7
    Configurando o Xampp 17
    Instalando o Joomla no Xampp 25
    Principais Elementos do Joomla 39
        Conteúdo 39
        Módulos 40
        Templates 40

Capítulo 3 – Trabalhando no Backend - Ambiente Administrativo do Joomla . 41
    Principais Elementos do Backend do Joomla .. 41
    A Barra de Menu Horizontal do Backend 47
    O Menu Site 48
    O SubMenu Configuração Global 52
    Recuperando a senha do Admin 68

Atualizando a versão do Joomla 1.5 72
O Submenu Administrar Usuário 78
O Submenu Administrar Mídia 94

Capítulo 4 – Trabalhando no Frontend – Templates (Modelos) 99

Instalando um Template 101
Conhecendo o Template 110

Capítulo 5 – Trabalhando no Frontend – Módulos e Conteúdos 111

Inserindo uma Caixa de Pesquisa 118
Criando Conteúdos 122
Seções, Categorias e Artigos 125
Menus de Navegação 126
Menus e Conteúdos 130
Criando Conteúdos 132
Linkando os Menus aos Conteúdos 190

Capítulo 6 – Criando Novos Links e Adicionando Funcionalidades Básicas ... 249

Criando Um Menu de Login 261
Criando Calendário de Eventos 263
Criando Um Gerenciador de Documentos 282
Criando Uma Pesquisa de Opinião (Enquete) 292
Criando RSS (Real Simple Syndication) 297
Criando Imagens Aleatórias 298
Criando o Mapa do Site 312
Criando a Previsão do Tempo 316
Criando Links Interessantes 320
Configurando o Rodapé 326

Capítulo 7 – Hospedando o Site em um Provedor ou Host 329

Criando Seu Nome de Domínio DNS 329
Configurando o Provedor Sem Instalação do Joomla 330
Configurando o Provedor Com o Joomla Instalado 354
Compactando e Descompactando a Pasta do Seu Site 365
Tornando Seu Site mais Seguro 369

Capítulo 8 – Web Marketing - Seu Site em Evidência 381

Tornando Seu Site Encontrável 381
Que Tipo de Profissional Você Pretende Ser? 386

Apêndice A – Bibliografia 389

Apêndice B – Sites que Devem ser Visitados por Todo Desenvolvedor Joomla 391

Apêndice C – Instalando o WAMPSERVER 2.0 393
    Configurando o WANPSERVER 2.0 405
    Instalando o Joomla no WAMPSERVER 2.0 413

Introdução

Quem deve ler este livro

Você que está começando a desenvolver websites, seja para você mesmo ou para seus clientes, usando o CMS Joomla, e não tem domínio de linguagem HTML, PHP e outras siglas referentes a criação de website, tendo como plataforma o Windows XP Professional ou Vista e não tem tempo de ficar procurando tudo na Internet. Este livro é para você. Escreve-se Joomla! com ponto de exclamação no final. Por uma questão didática, vou escrever sem o ponto de exclamação.

Capítulo 1

O que é um CMS e para que serve?

CMS - Content Management Systems

Um **Sistema de Gestão de Conteúdo - SGC** (em inglês *Content Management Systems* - CMS) é um sistema gestor de websites, portais e intranets que integra ferramentas necessárias para criar, gerir (editar e inserir) conteúdos em tempo real, sem a necessidade de programação de código, cujo objetivo é estruturar e facilitar a criação, administração, distribuição, publicação e disponibilidade da informação. A sua maior característica é a grande quantidade de funções presentes.

Podemos dizer que um CMS é um framework, "um esqueleto" de website pré-programado, com recursos básicos e de manutenção e administração já prontamente disponíveis. É um sistema que permite a criação, armazenamento e administração de conteúdos de forma dinâmica, através de uma interface de usuário via Internet. Um **CMS** permite que a empresa tenha total autonomia sobre o conteúdo e evolução da sua presença na internet e dispense a assistência de terceiros ou empresas especializadas para manutenções de rotina. Nem mesmo é preciso um funcionário dedicado (webmaster), pois cada membro da equipe poderá gerir o seu próprio conteúdo, diminuindo os custos com recursos humanos. A habilidade necessária para trabalhar com um sistema de gestão de conteúdo não vai muito além dos conhecimentos necessários para um editor de texto.

A aparência de um website criado com um CMS é customizável, através da utilização de templates ou modelos, que podem ser facilmente substituídos.

Em resumo, o grande diferencial de um CMS é permitir que o conteúdo de um website possa ser modificado de forma rápida e segura de qualquer computador conectado à Internet. Um sistema de gestão de conteúdo reduz custos e ajuda a suplantar barreiras potenciais à comunicação web reduzindo o custo da criação, contribuição e manutenção de conteúdo.

Um CMS apresenta muitas vantagens para dois tipos de público. Primeiro, o CMS é excelente para o iniciante, alguém que quer ter um web site, mas não tem conhecimento técnico, tempo ou dinheiro para produzir um site ou contratar terceiros para fazê-lo. Com um CMS, o conhecimento técnico para colocá-lo para funcionar é muito pequeno (mas não inexistente) e o editor só precisa se preocupar em desenvolver (ou pagar para desenvolver) um layout próprio. Mas se ele não se preocupar com isso, pode utilizar temas prontos distribuídos gratuitamente.

No outro lado, o CMS também facilita a vida dos **desenvolvedores**, pois apresenta várias soluções prontas (exemplo: enquete, sistema de comentários, gerenciamento de usuário, fórum, formulário de contato, entre outras coisas), reduzindo o tempo de desenvolvimento, e permitindo que os desenvolvedores se concentrem em produzir soluções mais específicas e na produção do layout.

Existem gerenciadores de conteúdo *Open Source* e também de código fechado, assim como também existem gerenciadores de conteúdo gratuitos e os pagos. Além disso, existem CMS para todo tipo de site e gosto: existem os específicos, como por exemplo, o Wordpress (para blogs) e o BBForum (para fóruns) e existem também os genéricos ou para grandes portais de conteúdo, como o Drupal, Joomla, Xoops, PHP Nuke, entre outros.

Algumas características presentes na maioria dos CMS modernos:
- Suporte a múltiplos usuários: (registro, gerenciamento e atribuição de papéis a vários usuários);
- Edição de conteúdo facilitada;
- As funcionalidades iniciais podem ser ampliadas ou novas podem ser adicionadas através de plugins e/ou módulos;
- Gerenciamento e controle de documentos através de publicação, revisão, arquivamento e eliminação de documentos;
- Camada de apresentação gerenciada através de templates, permitindo a troca rápida da interface independente do conteúdo;
- Controle de Fluxo: por exemplo, um usuário pode enviar um artigo para um site, mas este não é publicado imediatamente, até que seja revisto por um editor e depois aprovado por um editor-chefe.

História do CMS

Os CMS foram desenvolvidos internamente por organizações que trabalhavam com edição e publicação de conteúdo on-line em grande quantidade, como revistas, portais, jornais e emails corporativos. Contudo, cada empresa possuía seu próprio sistema e não existia a possibilidade de adquirir um gerenciador de conteúdo genérico, a menos que você contratasse alguém ou alguma empresa para desenvolvê-lo.

Em 1995, a CNET, uma empresa de mídia web, resolveu comercializar seu CMS através de uma empresa à parte, denominada Vignette, iniciando assim o comércio de gerenciadores de conteúdo.

Origem do Joomla

Joomla (pronuncia-se *djumla*) é um CMS (*Content Management System*) desenvolvido a partir do Mambo. É escrito em PHP e roda no servidor web Apache ou IIS e banco de dados MySQL.

É um projeto de código aberto (licença GNU/GPL) e a sua última versão estável é a 1.5.14 (em 30 de julho de 2009).

O Joomla é uma ferramenta de CMS muito poderosa, tendo recebido o prêmio *"Linux Awards"*.

História do Joomla

Trata-se do resultado da separação entre a equipe de desenvolvedores do Mambo e a empresa Miro, detentora dos direitos sobre o Mambo. A separação teve lugar, uma vez que a Miro transferiu o controle do Mambo para uma fundação - a *Mambo Foundation* - onde os desenvolvedores teriam apenas uma participação passiva e pouco representativa. Esses desenvolvedores, preocupados com a integridade do projeto e com o futuro dos usuários, não aceitaram a transferência e, em 2005, criaram o "Joomla 1.0", também "open source", a partir do código-fonte do Mambo 4.5.2.

Componentes do Joomla

O conceito de componentes do Joomla talvez seja uma das grandes vantagens em relação à maioria dos CMS disponíveis. O componente é uma forma de gerenciar conteúdos ou agregar funcionalidades muito específicas que não seriam possíveis com as funções padrão do Joomla.

Por exemplo: O componente Web Links permite gerenciar a área de links do site. O componente Banners permite gerenciar publicidade na forma de banners, rotacionando aleatoriamente e contando o número de cliques.

Existem centenas (ou milhares) de componentes como galerias de fotos (RSGallery2, zOOm Gallery), sistemas de tradução (JoomFISH), gerenciadores de formulários, e outros. Grande parte dos componentes são gratuitos e/ou livres, licenciados sob a GNU GPL, porém alguns possuem licença comercial (que geralmente são de baixo custo).

Caso não exista um componente adequado à necessidade do site, pode ser feita a adaptação de um componente existente ou pode-se criar um componente específico.

Vantagens do Joomla

Instalar o programa é relativamente simples e requer apenas conhecimentos básicos de informática, sem necessidade de conhecer nenhuma linguagem de programação. Com um servidor de internet e uma base de dados, é possível obter um website completo, sem erros e seguro.

Entre as características que o popularizam, destacam-se:

- É um software livre, ou seja, encontra-se disponível gratuitamente;
- Foi escrito com PHP e MySQL, dois dos softwares "open source" mais populares do mercado;
- Dispõe de vários módulos e componentes disponíveis, criados a partir da base herdada do Mambo;
- A sua comunidade é atuante e vem conhecendo crescimento, inclusive em língua portuguesa.

Principais características do Joomla

- Código aberto (Licença GPL);
- Sistema simples de fluxo de aprovação;
- Arquivamento para conteúdo não utilizado (Lixeira);
- Gerenciamento de banners;
- Sistema de publicação para o conteúdo;
- Sumário de conteúdo no formato RSS;
- Busca otimizada (qualquer palavra registrada);
- Frontend já traduzido em várias línguas;
- Fácil instalação para novos templates, módulos e componentes;
- Hierarquia para grupos de usuários;
- Estatísticas básicas de visitantes (existem módulos mais complexos que podem ser adicionados);
- Editor de conteúdo WYSIWYG;

- Sistema de enquete simples (com acompanhamento de resultado em tempo real);
- Sistemas de índices de avaliação;
- Extensões livres em diversos sites (Módulos, Componentes, Templates, Traduções).

Capítulo 2

Instalando o ambiente para rodar o Joomla

Ambiente do Joomla

Como vimos no capítulo anterior, o Joomla necessita do PHP, Apache e MySql, como ambiente necessário para rodá-lo. Este ambiente descrito é nativo no sistema operacional Linux. Mas existem algumas ferramentas chamadas Wamp, que instalam os programas necessários para rodar o Joomla no Windows. As principais ferramentas nesta categorias são o Xampp, EasyPHP, Wamp5 dentre outros. Veremos como utilizar o Joomla, localmente, usando o Xampp, que, em minha opinião, é o mais fácil para instalar e configurar. Você pode consultar o Apêndice C, para ver como instalar o WampServer.

Instalando o Xampp

Lembre-se que este procedimento deverá ser feito para trabalhar localmente em seu computador, pois se o seu site estiver hospedado em um provedor de internet, as configurações de servidor e banco de dados já vão estar disponíveis.

Primeiro vamos baixar o Xampp acessando o seguinte site: *http://www.apachefriends.org/en/xampp.html*, vai abrir uma janela, conforme figura abaixo:

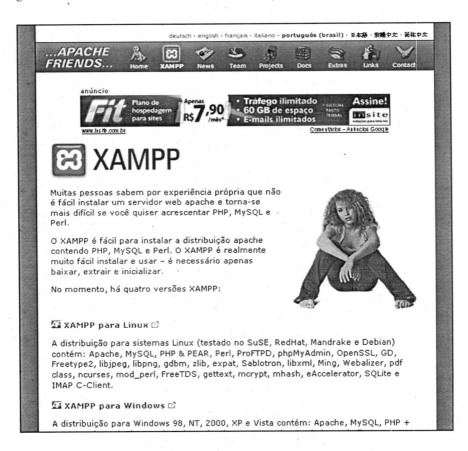

Figura 2

Para visualizar o site em português, basta clicar no menu português (brasil). Em seguida, clique no item XAMPP for Windows, conforme figura acima. Deve aparecer uma janela, conforme figura abaixo:

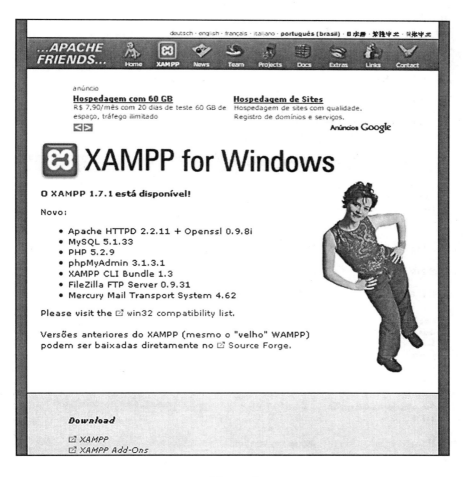

Figura 3

Procure o item Download e clique no Item XAMPP, deve aparecer uma janela conforme figura abaixo:

Download

XAMPP

Você pode baixar o XAMPP para Windows em três diferentes variações:

Instalador
   Fácil e Seguro: XAMPP com um confortável instalador.
Arquivo ZIP
   Para puristas: XAMPP em um arquivo ZIP.
Arquivo auto-extraível ZIP
   Econômico: XAMPP em um pequeno arquivo auto-extraível 7-ZIP.

XAMPP para Windows 1.7.1, 2009/04/14

Versão	Tamanho	Conteúdo
XAMPP para Windows 1.7.1 [Pacote Básico]		Apache HTTPD 2.2.11, MySQL 5.1.33, PHP 5.2.9, OpenSSL 0.9.8i, phpMyAdmin 3.1.3.1, XAMPP Control Panel 2.5, XAMPP CLI Bundle 1.3, Webalizer 2.01-10, Mercury Mail Transport System v4.62, FileZilla FTP Server 0.9.31, SQLite 2.8.15, ADODB 5.06a, Zend Optimizer 3.3.0, eAccelerator 0.9.5.3, XAMPP Security, Ming. For Windows 2000, 2003, XP, VISTA. Veja também LEIA-ME
Instalador	35 MB	**Instalador** MD5 checksum: 9a0974516975432788c3c853ae31e518
ZIP	82 MB	**Arquivo ZIP** MD5 checksum: 98c5db072a4163fa7772f32769bcfdd8
EXE (7-zip)	31 MB	**Arquivo auto-extraível 7-ZIP** MD5 checksum: 6208b5e9154fe191061076e3965bb76a
Pacote de Desenvolvimento 1.7.1		Pacote de desenvolvimento incluindo Lib-Files do Apache 2.2.11, MySQL 5.1.33, PHP 5.2.9, OpenSSL 0.9.8i (libs & includes) & drivers.
ZIP	46 MB	**Arquivo ZIP** MD5 checksum: b0b2b85d2bba322be6939bb99efdc7c9
EXE (7-zip)	23 MB	**Arquivo auto-extraível 7-ZIP** MD5 checksum: 688406de1a0d76d19aa21e9469f3287c
Pacote de Atualização 1.7.1		Com Apache 2.2.11, PHP 5.2.9, OpenSSL 0.9.8i, MySQL 5.1.33, phpMyAdmin 3.1.3.1, FileZilla FTP Server 0.9.31, XAMPP CLI Bundle 1.3. para XAMPP 1.7.0. MODIFICAÇÕES
Instalador	30 MB	**Instalador** MD5 checksum: a6fa85f5c1cfa2049c69e35dd12484d6
ZIP	69 MB	**Arquivo ZIP** MD5 checksum: b67325f381de3167976a2951808cb6c9

Figura 4

CAPÍTULO 2 – INSTALANDO O AMBIENTE PARA RODAR O JOOMLA   11

Clique no item Instalador e aguarde aparecer a janela de download de seu navegador pedindo para você salvar o arquivo, conforme figura abaixo:

Figura 5

Salve o arquivo em uma pasta do seu computador. Aguarde o término do download. Vá até a pasta onde você salvou o arquivo do Xampp, abra a pasta e clique duas vezes no arquivo, deve abrir uma janela, conforme a figura abaixo:

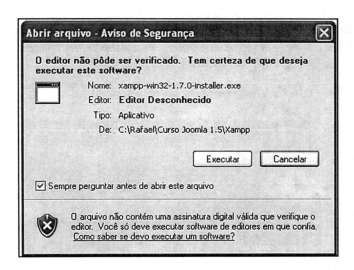

Figura 6

Clique no botão Executar e abrirá uma janela para selecionar o idioma, conforme figura abaixo:

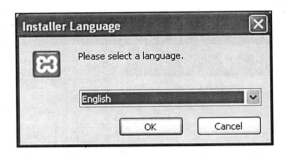

Figura 7

Deixe selecionado a opção padrão (English) e clique no botão OK. Aparecerá uma janela, conforme figura abaixo:

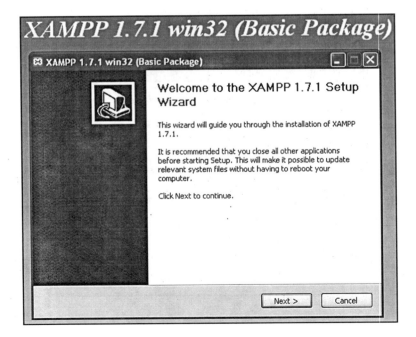

Figura 8

Clique no botão Next, aparecerá uma janela, conforme figura abaixo:

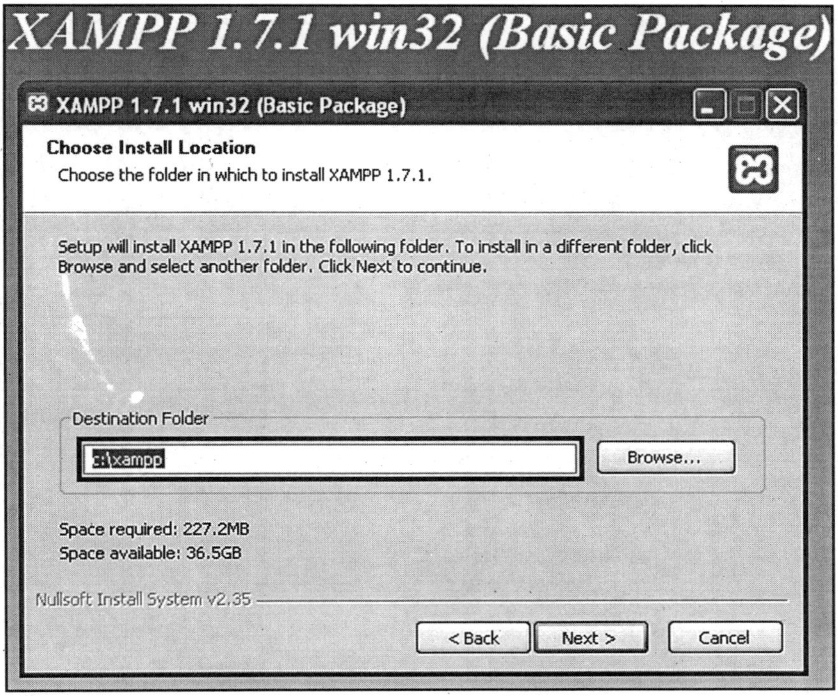

Figura 9

Certifique-se de que o programa esta sendo instalado no diretório c:\xampp, se não estiver marcado para o c:\, clique no botão Browse e selecione o diretório raiz c:\, clique no botão Next, deve aparecer uma janela, conforme figura abaixo:

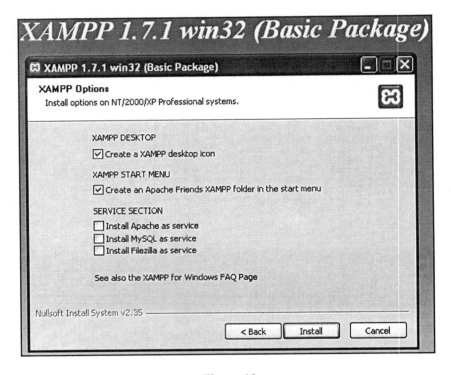

Figura 10

Deixe marcadas as opções padrão do xampp e clique no botão Install. Deve aparecer uma janela, conforme figura abaixo:

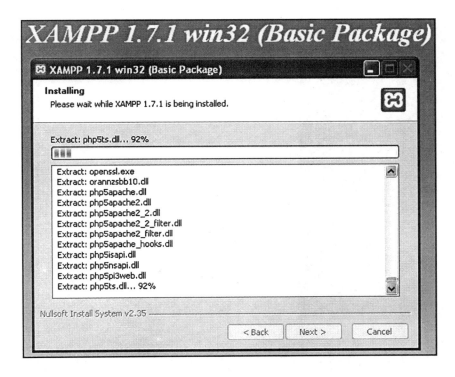

Figura 11

Aguarde o fim da instalação. Deve aparecer uma janela, conforme figura abaixo:

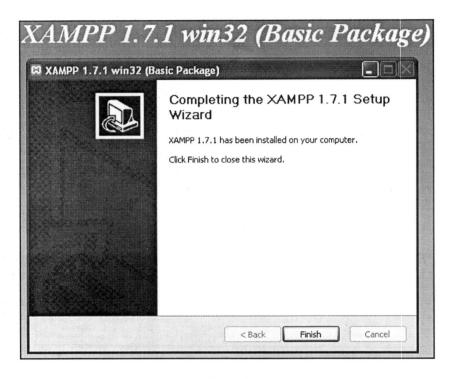

Figura 12

Clique no botão Finish, o programa vai perguntar se você quer abrir o painel de controle do Xampp, neste momento, clique no botão Não. Agora, o Xampp está instalado e pronto para receber o Joomla.

CONFIGURANDO O XAMPP

Vamos configurar o Xampp para iniciar sempre que ligarmos nosso computador. Lembre-se que no primeiro momento vamos trabalhar localmente, ou seja, em nosso computador, seja um desktop ou um notebook.

Isto significa que nosso computador não vai estar ligado 24 horas por dia, como deve ser um servidor web. Em algum momento vamos fazer nosso site, testar suas funcionalidades e quando terminarmos vamos desligar nosso computador, até para que possamos economizar energia.

Para isto eu tenho que ter privilégio de Administrador da máquina, ou seja, eu não posso ser um usuário comum, como na nossa empresa onde logamos com um login fornecido pelo Administrador da rede. Lembrando, temos que ter privilégio de Administrador da rede, senão não vamos conseguir fazer o Xampp funcionar.

Para isto, clique com o botão direito do mouse sobre o ícone do XAMPP Control Panel, localizado na área de trabalho ou Desktop, selecione a opção Copiar, conforme figura abaixo.

Figura 13

Abra o Windows Explorer, clique no diretório raiz, Disco local (C:), ou se você tiver renomeado, o Nome do diretório raiz(C:). Em seguida, clique na pasta Documents and Settings, clique na pasta Administrador ou na pasta com o seu Nome ou o nome que você deu para sua conta de Administrador. Após, clique na pasta Menu Iniciar, em seguida, clique na pasta Programas e finalmente clique na pasta Inicializar e cole o atalho do XAMPP Control Panel, conforme figura abaixo:

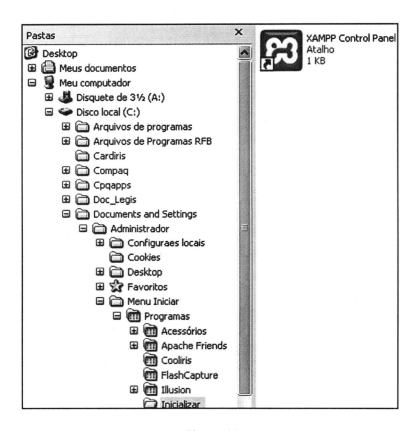

Figura 14

Este procedimento é importante para que o Xampp possa ser iniciado junto com o Windows. Lembre-se que para fazer este procedimento nós temos que ter privilégio de Administrador da rede. Feito todo o procedimento acima, reinicialize o Windows e verifique se a janela do XAMPP Control Panel abrirá, conforme figura abaixo:

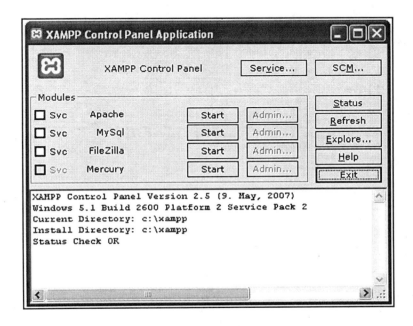

Figura 15

Clique no botão Start das opções Apache e MySql, conforme figura abaixo:

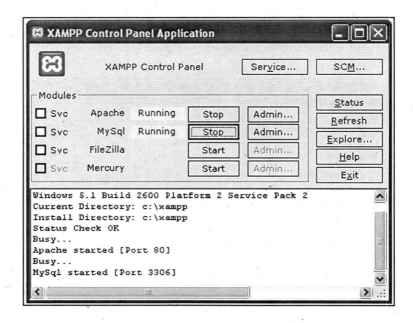

Figura 16

Perceba que na frente do servidor Apache aparece a opção Running (rodando), assim como no banco de dados MySql e o botão Start mudou para Stop, ou seja, quando desligarmos nosso computador, temos que desligar também nosso servidor Apache e nosso banco de dados MySql. Para isto basta clicar no ícone do Xampp localizado na barra de tarefas do Windows, ▨▨ e aparecerá a janela da figura acima. Quando isto ocorrer, basta clicar no botão Stop do Servidor Apache do banco de dados MySql e, em seguida, clique no botão Exit e pronto, pode desligar o seu computador sem problemas.

Outra leitura que tem que ser feita nesta janela é na parte logo abaixo, onde pode ser verificado a seguinte mensagem: Apache started [Port 80] e MySql started [Port 3306]. Este é o padrão do Xampp para instalar os programas mencionados.

CAPÍTULO 2 – INSTALANDO O AMBIENTE PARA RODAR O JOOMLA   21

O que pode acontecer é que outros programas ou hardwares podem estar ocupando essas portas, principalmente a porta 80, tais como IIS servidor de web da Microsoft. Um aparelho de telefone VoIp, utilizado para conversar com o Skype pela internet entre outros.

Se você tiver problemas para rodar o servidor Apache na porta 80, por algum dos motivos expostos anteriormente, temos algumas alternativas para resolver o problema. Podemos desinstalar o software ou hardware que está ocupando a porta 80, se isto não for possível, devemos escolher outra porta para o servidor Apache, geralmente usamos a porta 8080.

Para fazer essa alteração, clique no ícone do Xampp localizado na barra de tarefas do Windows,   , aparecerá a janela do XAMPP Control Panel. Clique no botão Stop para parar o servidor Apache. Clique no botão Stop para parar o banco de dados MySql. Em seguida, clique no botão Explore..., vai abrir a pasta do xampp. Clique na pasta apache, em seguida, clique na pasta conf, conforme figura abaixo:

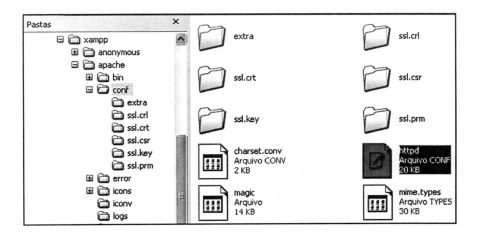

Figura 19

Dentro dessa pasta, clique duas vezes no arquivo httpd. Com o arquivo aberto, clique no botão localizar, a figura do binóculo 🔍 . Na janela que abre, digite a seguinte frase: Listen 80 e clique no botão Localizar próxima, conforme figura abaixo:

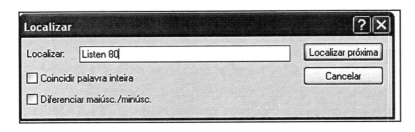

Figura 20

Ao encontrar a frase digitada acima, acrescente o número 80 ao que já existe, conforme figura abaixo:

```
#
#Listen 12.34.56.78:80
Listen 8080
```

Figura 21

Essa alteração só deverá ser feita para trabalhar com o computador local.

Salve o arquivo. Na janela do XAMPP Control Panel, clique no botão Start para o servidor Apache e para o banco de dados MySql. Perceba que o servidor apache continua mostrando que ele está rodando na porta 80 - Apache started [Port 80]. Ele apenas mascara, mas, neste momento, está rodando na porta 8080. Nos só vamos perceber esta diferença quando formos testar se o Xampp esta funcionando. Clique no botão ❌ para fechar temporariamente nosso Xampp.

Abra seu navegador web e digite na barra de navegação a seguinte linha de comando: http://localhost ou http://127.0.0.1. Deve aparecer uma janela, conforme a figura abaixo:

Figura 22

Se você alterou o servidor Apache para rodar na porta 8080, você deve digitar na barra de navegação do seu navegador web a seguinte linha de comando: http://localhost:8080 ou http://127.0.0.1:8080. Deve aparecer uma janela, conforme figura abaixo:

Figura 23

Clique no link Português (Brasil), deve aparecer uma janela, conforme figura abaixo:

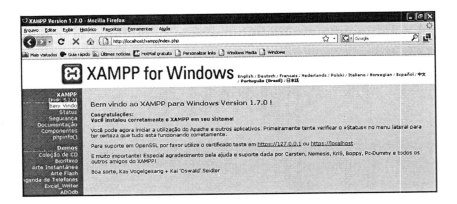

Figura 24

Pronto, nosso Xampp está preparado para rodar o Joomla.

Instalando o Joomla no Xampp

Para instalar o Joomla, é preciso que você já tenha em mente que tipo de site você vai implementar. Se é para uma indústria, se é para comércio, órgão público, instituição de ensino, etc.

Para nosso propósito, vamos trabalhar com uma instituição de ensino superior, fictícia, chamada Faculdade Imaginária de Tecnologia – FIT. Definida essa parte, começaremos nossa instalação do Joomla. Vamos criar uma pasta chamada fit, dentro da pasta htdocs existente no diretório do xampp.

Abra o Windows Explorer, abra a pasta Meu computador, em seguida abra sua pasta Disco Local (C:), abra a pasta xampp, procure pela pasta htdocs, conforme figura abaixo:

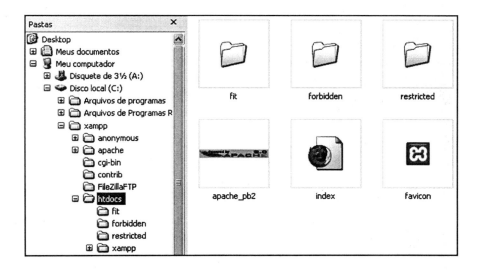

Figura 25

Dentro da pasta htdocs crie uma pasta chamada fit. Na pasta fit nós vamos copiar o Joomla para iniciarmos o processo de instalação. Para isto vamos até o site oficial do Joomla, http://joomlacode.org/gf/project/joomla/frs/?action=FrsReleaseView&release_id=10697 e vamos baixar versão 1.5.13. A última versão estável do Joomla, no momento que escrevia este livro, era a versão estável 1.5.14. Quando você digitar o endereço citado acima, deve aparecer, no seu navegador web, uma janela, conforme figura abaixo:

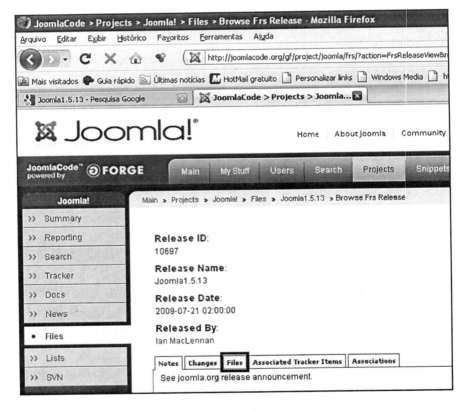

Figura 26

Selecione a aba Files, conforme figura acima e deve aparecer uma nova janela, conforme figura abaixo:

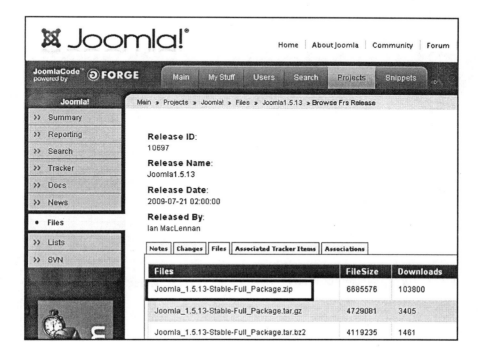

Figura 27

Clique no arquivo Joomla_1.5.13-Stable-Full_Package.zip, conforme figura acima, para iniciar o download do Joomla. Quando abrir a janela de download do seu navegador, salve o arquivo na pasta fit que criamos dentro da pasta htdocs do xampp. Eu vou instalar a versão 1.5.13, para mostra como fazer a atualização do Joomla mais adiante.

28   JOOMLA! PARA INICIANTES

Baixado o arquivo, vamos até a pasta fit para descompactar o arquivo do Joomla que está zipado, para isso clique com o botão direito do mouse sobre o arquivo e selecione a opção Extrair aqui, conforme figura abaixo:

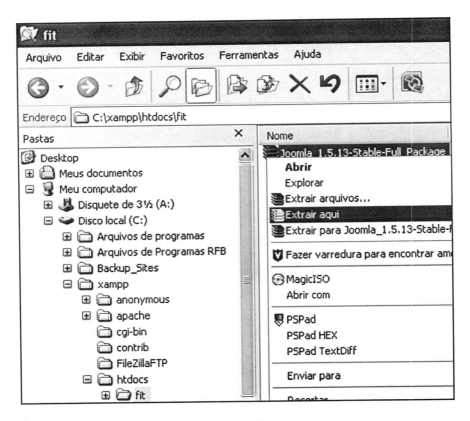

Figura 28

Após a descompactação do arquivo do Joomla, delete o arquivo zipado e abra seu navegador web. Digite http://localhost/fit, na barra de navegação. Não esqueça, se você estiver utilizando a porta 8080, digite http://localhost:8080/fit e deve aparecer uma janela, conforme figura abaixo:

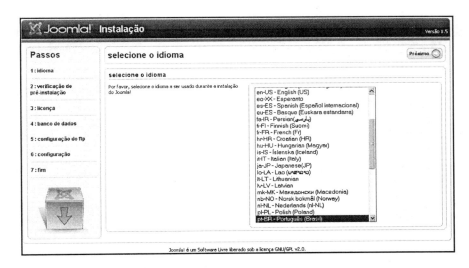

Figura 29

O primeiro passo da instalação do Joomla é a seleção do idioma. Como você pode perceber, automaticamente ele seleciona a opção Português Brasil se o seu Windows estiver em português, senão basta você selecionar na lista suspensa. Feito isso clique no botão Próximo, deve aparecer uma janela, conforme figura abaixo:

Figura 30

CAPÍTULO 2 – INSTALANDO O AMBIENTE PARA RODAR O JOOMLA   31

No segundo passo, verificação de pré-instalação, verifique se apenas a opção Exibir Erros, da caixa Configurações Recomendadas, está em vermelho, conforme figura acima. Se somente essa opção estiver em vermelho, não tem nenhum problema, pois estamos trabalhando localmente. Mas, por segurança, vamos deixar tudo como pede o Joomla, para isso basta clicar com o mouse no ícone do Xampp que se encontra na barra de tarefas do Windows, deve aparecer uma janela, conforme figura abaixo:

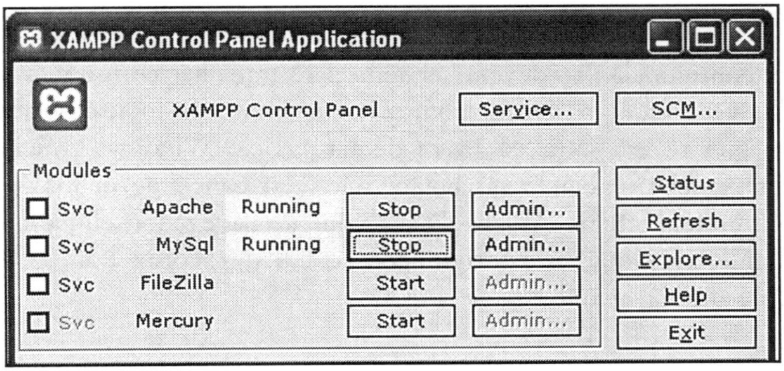

Figura 31

Pare o servidor Apache clicando no botão Stop e pare o MySQL clicando no botão Stop. Clique no botão Explore..., abrirá a pasta xampp, clique na pasta php. Dentro desta pasta procure o arquivo php parâmetros de configuração e clique duas vezes neste arquivo. Vai abri-lo no bloco de notas, clique no menu Editar, em seguida, selecione a opção Localizar..., vai aparecer uma janela, conforme a figura abaixo:

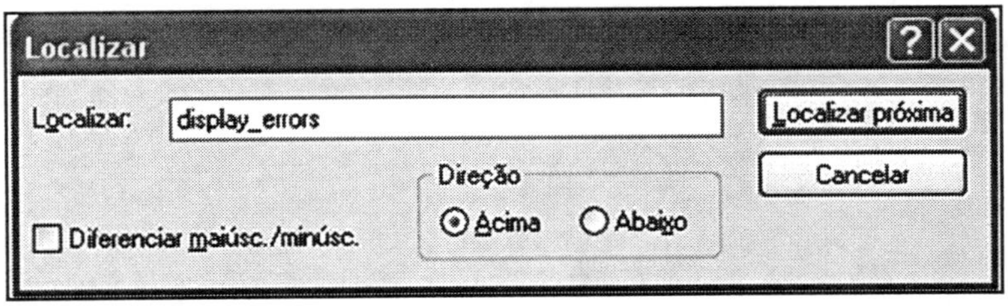

Figura 32

Digite a seguinte frase: display_errors. Clique no botão Localizar próxima. Ao encontrar a linha com a frase display_errors = on, mude para display_errors = off, conforme figura abaixo:

```
; server, your database
display_errors = off
```

Figura 33

Esta configuração só deverá ser feita para trabalhar com o computador local. Salve o arquivo. Clique com o botão direito do mouse no ícone do Xampp que se encontra na barra de tarefas do Windows. Inicialize o servidor Apache, clicando no botão Start e o banco de dados MySQL, clicando no botão Start. Atualize sua página do navegador, clique no botão Reenviar e veja que as configurações estão de acordo com o pedido, observe a figura abaixo:

Diretiva	Recomendado	Atual
Safe Mode:	Off	Off
Exibir Erros:	Off	Off
Envio de Arquivos:	On	On
Magic Quotes Runtime:	Off	Off
Register Globals:	Off	Off
Output Buffering:	Off	Off
Session Auto Start:	Off	Off

Figura 34

CAPÍTULO 2 – INSTALANDO O AMBIENTE PARA RODAR O JOOMLA   33

Clique no botão Próximo. Deve aparecer uma janela, conforme a figura abaixo:

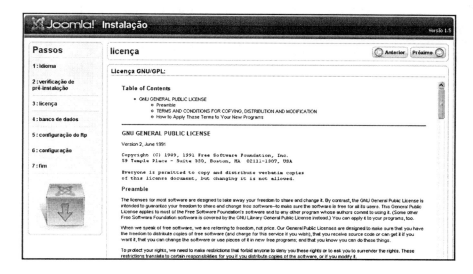

Figura 35

O terceiro passo diz respeito a licença de uso do Joomla, GNU/GPL, que quer dizer que o programa é de código aberto e de livre uso, basta clicar no botão Próximo e deve aparecer uma janela, conforme figura abaixo:

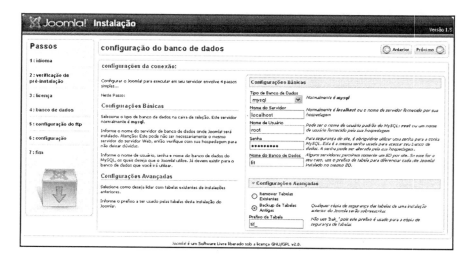

Figura 36

No quarto passo vamos configurar nosso banco de dados. Como vamos trabalhar localmente, preencheremos os dados, conforme figura acima. Quando o site estiver hospedado em um provedor, os dados acima mudarão, pois o provedor vai fornecer os dados para que possamos preencher essa parte, ou o próprio provedor pode instalar o Joomla para você.

No campo Tipo de Banco de Dados, deixe marcado mysql. No campo Nome do Servidor, digite localhost. No campo Nome do Usuário, digite root. No campo Senha, digite uma senha forte, com letras maiúsculas e minúsculas e números, por exemplo, RaFit1965, não esqueça de anotar a senha. No campo Nome do Banco de Dados, digite fit. Clique no botão Configurações Avançadas, e digite na caixa de texto Prefixo da Tabela, um prefixo diferente do padrão, por segurança, eu usei tif_ que é o nome do banco de dados invertido, nunca deixe o prefixo padrão. Se aparecer uma mensagem dizendo que não conseguiu conectar ao banco, retorne ao passo anterior e deixe a senha em branco.

Clique no botão Próximo e deve aparecer uma janela, conforme figura abaixo:

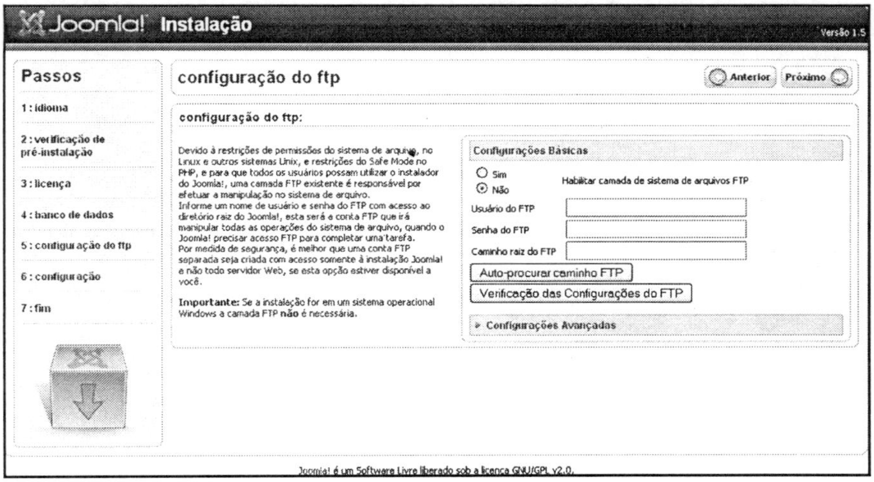

Figura 37

No quinto passo deixe marcado a opção Não, pois estas informações quem deve fornecer é seu provedor de internet. Clique no botão Próximo e deve aparecer uma janela, conforme figura abaixo:

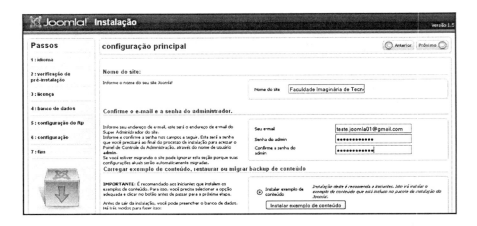

Figura 38

No sexto passo vamos configurar algumas funcionalidades do nosso site. Nome do site. Digite: Faculdade Imaginária de Tecnologia – FIT. Coloque seu e-mail, tem que ser um válido. A senha eu coloquei uma bem forte, pois não devemos trabalhar com senha fraca mesmo sendo o site local. Não é necessário, mas para fins didáticos clique no botão Instalar exemplo de conteúdo, em seguida, clique no botão Próximo. Se você não clicar no botão Instalar exemplo de conteúdo, vai aparecer uma janela, conforme figura abaixo:

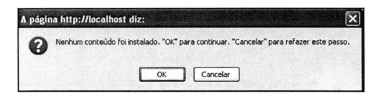

Figura 39

Clique no botão OK, em seguida deve aparecer uma janela, conforme figura abaixo:

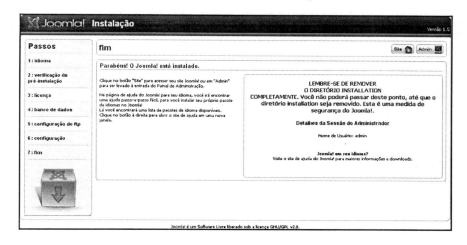

Figura 40

No sétimo passo, preste bastante atenção no aviso em vermelho. Delete a pasta installation, que se encontra dentro da pasta fit. Você deve perguntar, não basta renomear? Não. Por questão de segurança delete a pasta installation. Feito isto clique no botão Site, deve aparecer uma janela, conforme a figura abaixo:

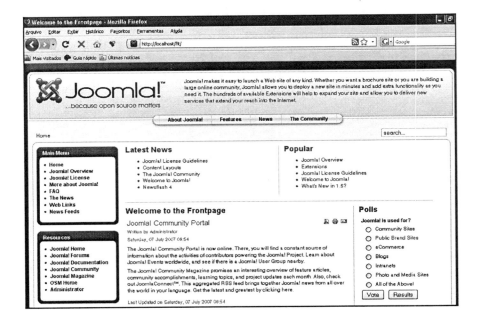

Figura 41

Este é o Template (Modelo) padrão do Joomla, também chamado de backend, se você clicou no botão Instalar exemplo de conteúdo no sexto passo. Caso não tenha clicado no botão Instalar exemplo de conteúdo, seu Template vai ficar como mostra a figura abaixo:

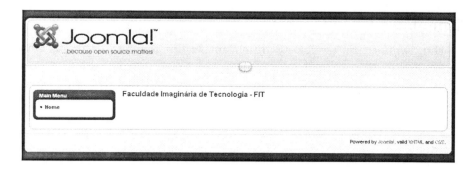

Principais Elementos do Joomla

Um site feito no CMS Joomla contém diversos elementos que trabalham juntos para produzir uma página web. Os três principais elementos, ou tripé do Joomla, são conteúdo, módulos e o template. O conteúdo é o aspecto interno do site, o template controla como o site é apresentado e os módulos adicionam funcionalidades.

Pense nestes três elementos - conteúdo, módulos e template - como três pernas apoiando um banco. Se tirar qualquer um destes elementos-chave, a página (o banco) vai cair.

Conteúdo

A parte mais importante de um site Joomla é o conteúdo. O Joomla, como um CMS, irá ajudá-lo a criar, publicar e gerenciar o seu conteúdo de forma eficiente. O Joomla, tem um nome específico para a parte central da página, onde seu usuário estára visualizando seu conteúdo; ele o chama de corpo principal da página. Esta é geralmente a maior coluna e é colocada no meio. O corpo principal de uma página web Joomla, carrega conteúdo dos componentes. O componente mais importante é o que gerencia todos os artigos.

Módulos

Os *Módulos* são os menores blocos funcionais que, geralmente, são mostrados ao redor da parte principal da página, como uma pesquisa/análise, formulário de login ou notícias de última hora.

Templates

Um *template* (ou modelo) é simplesmente um conjunto de regras sobre apresentação. Por exemplo, um modelo determina quantas colunas usar e quais cores serão utilzadas nos títulos. Um modelo também determina o layout ou posicionamento da página web.

Capítulo 3

Trabalhando no Backend - Ambiente Administrativo do Joomla

Principais Elementos do Backend do Joomla

Administrar site, significa as atividades que temos no nosso dia-a-dia para adicionar conteúdos, fazer o gerenciamento de usuários que acessam nosso site e, no caso do Joomla, termos a certeza de que módulos e componentes instalados estão funcionando corretamente. Não se esqueça do tripé conteúdo, módulos e template que mencionamos no capítulo anterior.

No Joomla, chamamos de backend o site de administração. Para termos acesso ao site de administração do Joomla, temos que ter privilégio de superadministrator, administrador ou gerente. Para acessar o backend ou site de administração do Joomla, basta digitar na barra de navegação do seu navegador o seguinte endereço: http://localhost/fit/administrator, deve aparecer uma janela, conforme a figura abaixo:

Figura 42

Lembre-se da senha que você digitou no passo 6 da instalação do Joomla. É aqui que vamos usá-la. No campo Username digite admin, no campo Password (senha) digite aquela senha do passo 6, clique no botão Login. Deve aparecer uma janela, conforme figura abaixo:

Figura 43

CAPÍTULO 3 – TRABALHANDO NO BACKEND - AMBIENTE ADMINISTRATIVO DO JOOMLA   43

Perceba que no primeiro momento nosso backend está todo em inglês. O primeiro componente que vamos instalar é o que deixa nosso site administrativo e nosso site público ou frontend, em português.

Para isto, digite no seu navegador web o seguinte endereço: http://joomlacode.org/gf/project/portuguesebr/frs/?action=FrsReleaseView&release_id=6570, deve aparecer uma janela, conforme a figura abaixo:

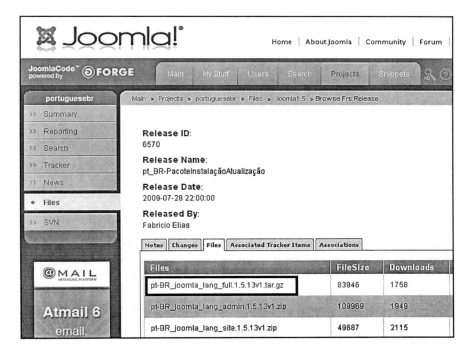

Figura 44

Clique na aba Files, após clique no arquivo pt-BR_joomla_lang_ full.1.5.13v1.zip, ou o arquivo mais atual, conforme figura acima e aguarde abrir a janela de seu navegador para salvar o arquivo. Retorne ao site administrativo (backend) e clique no menu Extensions, em seguida clique na opção Install/Uninstall, conforme figura abaixo:

Figura 45

Vai abrir uma janela, conforme figura abaixo:

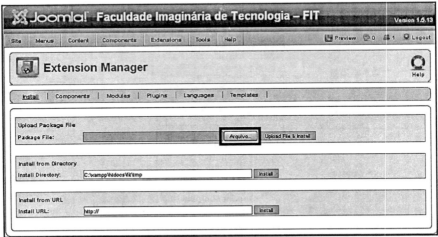

Figura 46

CAPÍTULO 3 – TRABALHANDO NO BACKEND - AMBIENTE ADMINISTRATIVO DO JOOMLA   45

No campo **Upload Package File**, clique no botão Arquivo, aparecerá uma janela para procurar a pasta onde você salvou o arquivo pt-BR_joomla_lang_full.1.5.13v1.zip, localize o arquivo e clique em Upload File & Install. Deve aparecer uma mensagem, conforme a figura abaixo:

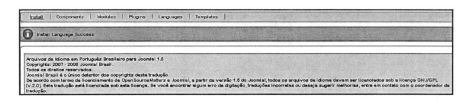

Figura 47

Se aparecer uma mensagem de erro, pode acontecer que o arquivo zipado esteja corrompido, ou seja, com algum problema ou pode ser um arquivo de uma versão diferente do Joomla. Basta baixar novamente o arquivo e repetir o processo. Bem, nosso site administrativo (backend) ainda continua em inglês.

Vamos retornar para nossa janela inicial do site administrativo, clique no menu Site, em seguida, selecione a opção Control Panel, conforme figura abaixo:

Figura 48

Na janela principal do site administrativo, clique na opção Language Manager, conforme figura abaixo:

Figura 49

Deve aparecer uma janela, conforme figura abaixo:

Figura 50

Perceba que temos dois menus nesta janela, Site e Administrator, ou seja, frontend (site) e backend (administração). Selecione a opção Português Brasil e clique no botão da estrela amarela Default. Em seguida, clique no menu Administrator e repita o processo anterior. Perceba que após este processo nosso site administrativo já está em português Brasil. Veja na figura abaixo:

Figura 51

Retorne para o Painel de Controle do backend, para isto, clique no menu site e selecione a opção Painel de Controle.

A BARRA DE MENU HORIZONTAL DO BACKEND

Veja que temos uma barra de menus horizontal ou também chamada de barra de menus superior, conforme figura abaixo:

Figura 52

Se expandirmos cada um dos menus acima, teremos outros vários submenus para trabalharmos com o Joomla. Outro detalhe é o item Pré-visualizar, clicando nesse item você terá uma prévia do seu website. Toda e qualquer alteração que você fizer no seu website poderá ser visualizada através desse item. Isso é muito bom para podermos acompanhar de perto o que estamos fazendo no nosso frontend.

O Menu Site

Quando você clica no Menu Site, estará utilizando as principais funções do backend ou site administrativo. Existem três níveis de acesso para nossa área de trabalho do backend. O primeiro nível é o Super administrador (permissões máximas) que é a área de trabalho que aparece quando você abre pela primeira vez o backend do Joomla, ou seja, para usar na sua totalidade. Clique no Menu Site e deve aparecer uma janela, conforme figura abaixo:

Figura 53

CAPÍTULO 3 – TRABALHANDO NO BACKEND - AMBIENTE ADMINISTRATIVO DO JOOMLA   49

Quando você clica no item Painel de Controle, aparece exatamente a área de trabalho do backend. Esse item está disponível nos outros submenus para que você possa estar sempre retornando para a área de trabalho do backend, conforme figura abaixo:

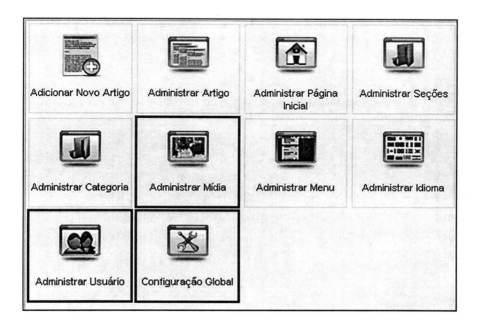

Figura 54

Observe que os itens do Menu Site, Administrar Usuários, Administrar Mídia e Configuração Global, se encontram em forma de botões ou ícones na área de trabalho do backend, esses botões ou ícones também são chamados de barra de ferramentas. Se você clicar no item do Menu ou no botão correspondente a este item, terá a mesma função, conforme figura acima. O Item Desconectar, estará, também, no final da Barra de Menus Superior e serve para sair da área de administração ou backend do Joomla, como mostra a figura abaixo:

Figura 55

O segundo nível de acesso à área de trabalho do backend do Joomla, é quando um usuário está logado com permissão de Administrador (permissões intermediárias). Perceba que algumas opções não vão aparecer para este usuário, conforme figura abaixo:

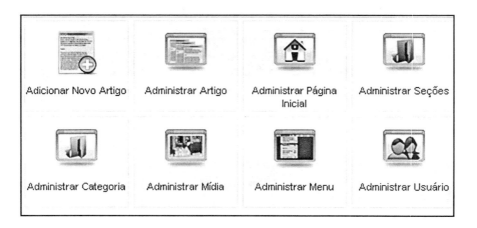

Figura 56

CAPÍTULO 3 – TRABALHANDO NO BACKEND - AMBIENTE ADMINISTRATIVO DO JOOMLA   51

Perceba que os botões ou ícones Administrar Idioma e Configuração Global, desaparecem para o usuário com perfil de administrador. Estas mudanças também afetam a Barra de Menus Superior, basta você selecionar os mesmos com o mouse para perceber a mudança.

O terceiro nível de acesso à área de trabalho do backend do Joomla, é quando um usuário está logado com permissão de Gerente (permissões baixas). Perceba que algumas opções não aparecerão para este usuário, conforme figura abaixo:

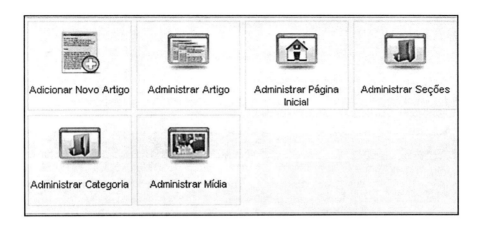

Figura 57

Perceba que os botões ou ícones Administrar Idioma, Configuração Global, Administrar Menu e Administrar Usuário, desaparecem para o usuário com perfil de gerente. Essas mudanças também afetam a Barra de Menus Superior, basta você selecionar os mesmos com o mouse para perceber a mudança.

O SubMenu Configuração Global

Clique no Menu Site e selecione o Submenu Configuração Global ou clique no botão Configuração Global, como mostra a figura a seguir:

Figura 58   *Figura 59*

Vai abrir uma janela, conforme figura a seguir:

Figura 60

CAPÍTULO 3 – TRABALHANDO NO BACKEND - AMBIENTE ADMINISTRATIVO DO JOOMLA 53

Esta é a parte mais importante do seu site, pois é nessa área que você vai configurar como seu site funcionará. Perceba que temos três Menus nessa área, são eles: Site, Sistema e Servidor. Clique no menu Site e vai aparecer uma janela, conforme figura abaixo:

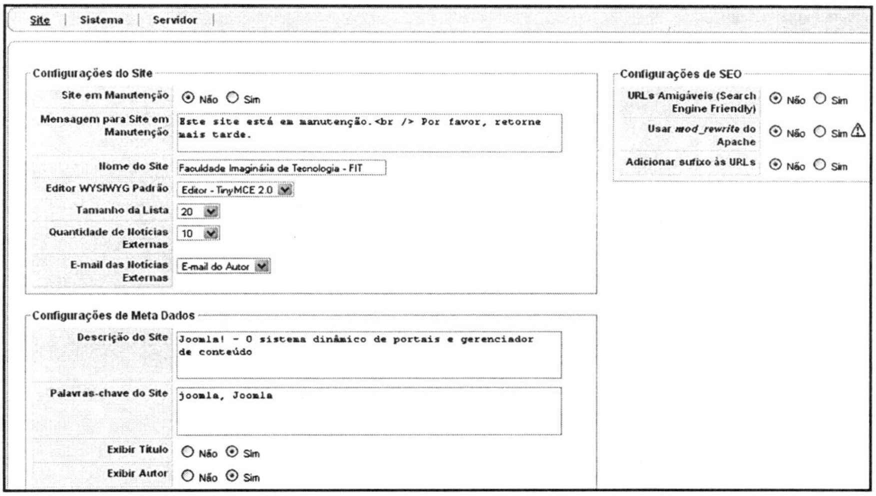

Figura 61

Todas as opções do Joomla são autoexplicativas. Basta você passar o mouse pela opção e aparecerá um *hint* ou descrição do que aquela função faz. Veja o exemplo do item Site em Manutenção da aba Configuração do Site, como mostra a figura abaixo:

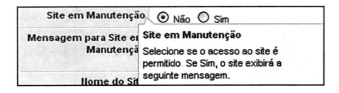

Figura 62

Isso é válido para todas as opções do Joomla. Este item serve para que você possa parar ou tirar o seu site do ar para fazer algum tipo de manutenção, como por exemplo, atualizar a versão do Joomla. Basta selecionar a opção Sim e clicar no botão Salvar 🖫 . Para ver o resultado, clique no menu Pré-visualizar e deve aparecer uma janela, como mostra a figura abaixo:

Figura 64

Vai avisar ao internauta que seu site está em manutenção. Você pode alterar a frase para uma que melhor lhe convier, basta apagá-la e digitar outra. No item nome do site, você pode alterar o nome do seu site, corrigir, se o nome estiver errado, ou digitar outro nome mais interessante que você tenha encontrado. Para que as alterações tenham efeito, não esqueça de clicar no botão Salvar 🖫 . Para voltar o seu site ao ar, no item Site em Manutenção basta selecionar a opção Não e clicar no botão Salvar. Se você não quiser ficar saindo a todo o momento da janela Configuração Global, basta clicar no botão Aplicar ✓ . Clique no menu Pré-visualizar para ver as alterações que foram feitas.

No item Editor WYSIWYG Padrão, que no momento é o TinyMCE 2.0, é como se fosse um editor de páginas Web, como o dreamweaver ou outro editor Web. Existem vários editores que podem ser instalados para serem utilizados pelo Joomla.

CAPÍTULO 3 – TRABALHANDO NO BACKEND - AMBIENTE ADMINISTRATIVO DO JOOMLA   55

No item Tamanho da Lista, é a forma como vai aparecer sua listagem no seu site. Por exemplo, se você tem 50 usuários registrados para acessar seu site, eles aparecerão de 20 em 20.

No item Quantidade de Notícias Externas, o Joomla vai selecionar o número de itens de conteúdo a serem exibidos nas notícias externas, ou seja, se você tem 30 notícias externas, ele vai exibir estas notícias em uma lista de 10 em 10.

Na aba Configurações de Meta Dados, e Configurações de SEO (Search Engine Optimization), que traduzido significa, otimização para motores de busca, ou seja, como os mecanismos de busca encontrarão nosso site, como por exemplo, o Google. Este assunto será melhor abordado em outro capítulo. Por este motivo, não iremos configurar este dois itens neste momento.

Clique no menu Sistema, Deve aparecer uma janela, conforme figura abaixo:

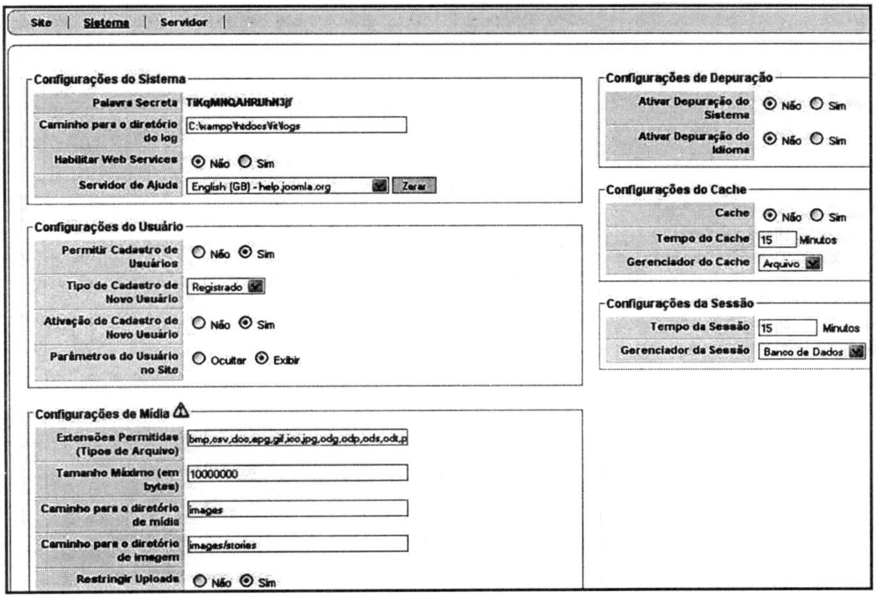

Figura 67

Neste item não precisaremos alterar quase nada, pois são configurações padrões do Joomla. No item Configurações do Sistema, temos a opção Palavra Secreta, que é muito importante se tivermos algum problema com a perda da senha de acesso ao Joomla. A opção Caminho para o diretório do log, deverá ser mudado quando nosso site estiver hospedado em um provedor de Internet.

A opção Habilitar Web Services, deixe marcado Não e na opção Servidor de Ajuda, deixe marcado o padrão help.joomla.org.

No item Configurações de Usuário, temos a opção Permitir Cadastro de Usuários, se você selecionar Sim, você terá no seu frontend, logo abaixo do formulário de login, a opção de registro de usuário, conforme figura abaixo:

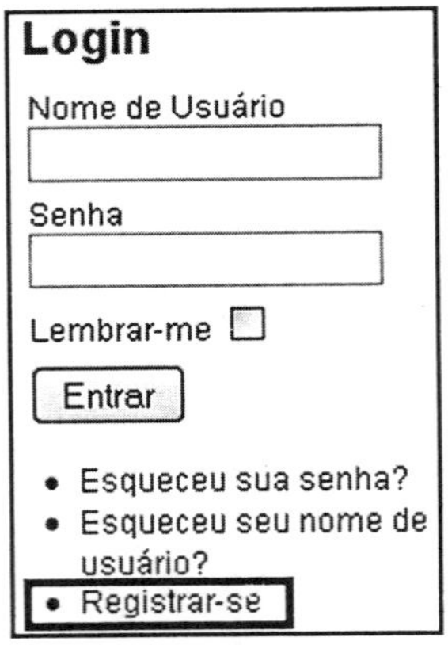

Figura 68

CAPÍTULO 3 – TRABALHANDO NO BACKEND - AMBIENTE ADMINISTRATIVO DO JOOMLA   57

Se você marcar a opção Não, e clicar no botão Aplicar, este item não aparece no seu frontend, conforme figura abaixo:

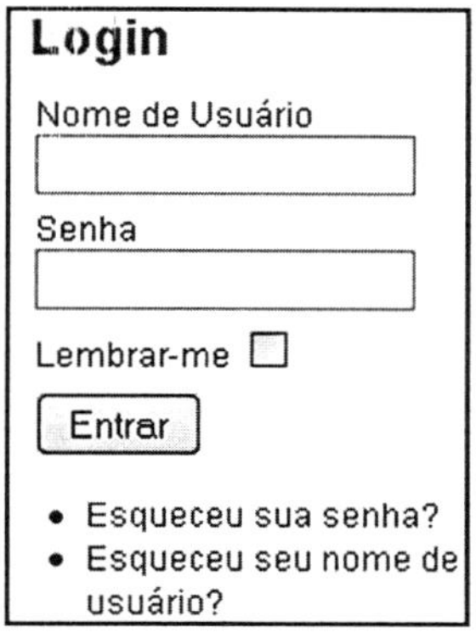

Figura 69

Note que se esta opção estiver ativa, somente você como superadministrador pode cadastrar novos usuários para terem acesso ao seu site. Neste caso você também fica responsável por enviar ao usuário o seu nome de login e a senha de acesso. Na opção Tipo de Cadastro de Novo Usuário, utilizaremos o padrão do Joomla que é Registrado.

Na opção Ativação de Cadastro de Novo Usuário, será enviado um link de ativação para o e-mail do usuário para que ele possa ativar sua conta para ter acesso ao site. É interessante esta opção, pois ficaremos com mais tempo para trabalhar ao invés de ter que cadastrar todos os usuários e enviar e-mails com login e senha para todos os usuários que cadastramos. Lembre-se de que esta opção só vai funcionar quando o site estiver hospedado no host.

Na opção Parâmetros do Usuário no Site, se estiver marcado a opção Exibir, o usuário poderá selecionar alguns itens, como por exemplo, o idioma, ajuda entre outros.

Na aba Configurações de Mídia, é onde estão configurados todos os tipos de arquivos de imagens, som e vídeo permitidos pelo Joomla. Na opção Extensões Permitidas (Tipos de Arquivo), temos os tipos de arquivos que o Joomla pode trabalhar. Na opção Tamanho Máximo (em bytes), temos o tamanho de um arquivo que pode ser enviado para o site.

Nas outras opções, basta passar o mouse sobre as mesmas para saber quais suas funções.

Na aba Configurações de Depuração, podemos observar se nosso site contém algum tipo de erro. Marque Sim, clique no botão Aplicar e, em seguida, clique em Pré-visualizar, vai aparecer uma janela, conforme figura abaixo:

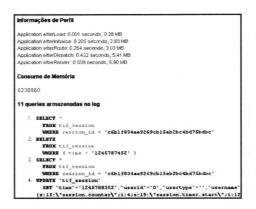

Figura 70

Vá até o final da página e verifique que agora aparece todo o código SQL do nosso site. Esta opção deverá ser ativada se, por acaso, você tiver alguma anormalidade ou alguma função do seu projeto Joomla que não esteja funcionando direito. Através do Debug, podemos identificar em qual objeto ou módulo ou extensão está ocorrendo o erro. Óbvio que para isto você deverá ter um conhecimento muito técnico sobre o assunto. O mesmo vale para a opção Ativar Depuração do Idioma, neste caso, ele vai debugar somente os arquivos referentes ao idioma do Joomla.

Na aba Configurações do Cache, vamos deixar o padrão do Joomla, marcado como Não, pois o Joomla trabalha dinamicamente não necessitando de cache.

CAPÍTULO 3 – TRABALHANDO NO BACKEND - AMBIENTE ADMINISTRATIVO DO JOOMLA   59

Na aba Configurações da Sessão, você define quanto tempo o seu backend ficará ativo, depois do tempo estipulado, você será desconectado da área administrativa do site. Este item serve para nossa proteção. Por exemplo, alguém nos chama para participar de uma reunião e esquecermos de nos desconectar do nosso projeto Joomla, se o item Tempo da Sessão estiver em 15 minutos, após este tempo de inatividade o backend será desconectado. Tome muito cuidado para não esquecer de se desconectar, pois se alguém estiver com intenções de abortar seu projeto, ele poderá detoná-lo sem que você saiba quem foi, pois o backend só vai se desconectar se estiver em um período de inatividade. Muito cuidado!!.

Clique no Menu Servidor, deve aparecer uma janela, conforme figura abaixo:

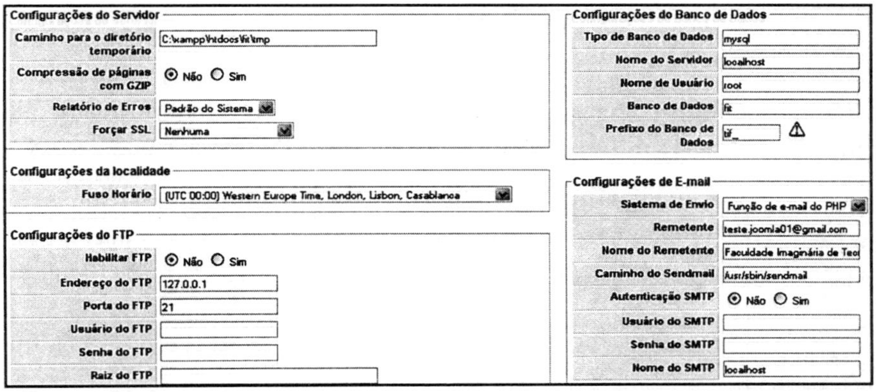

Figura 71

Na aba Configurações do Servidor, está o que podemos chamar de calcanhar de Aquiles para os iniciantes em Joomla, pois nesta aba estaremos trabalhando com a parte mais sensível do Joomla. Todas as configurações para funcionamento do seu site Joomla estão nesta aba.

As configurações vão depender se você está trabalhando localmente ou com seu site hospedado em um provedor de Internet. Para as configurações do nosso site quando estivermos trabalhando localmente, se estivermos usando o Xampp, devem estar como mostra a figura abaixo:

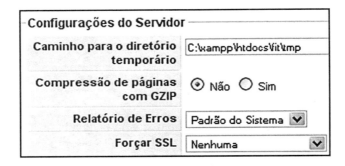

Figura 72

Para as configurações do nosso site quando estivermos trabalhando com um provedor de Internet, deve estar como mostra a figura abaixo:

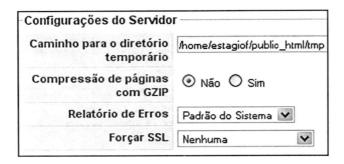

Figura 73

Estas informações são fornecidas pelo nosso host, ou provedor de serviços de Internet. Dependendo do host eles mesmos instalam o Joomla para você.

Na aba Configurações da localidade, devemos mudar para (UTC - 03:00) Brasil, Buenos Aires, Georgetown, basta selecionar na lista suspensa, tanto para o site local quanto para o site hospedado no host, conforme figura abaixo:

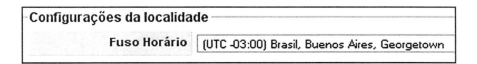

Figura 74

Na aba Configurações do FTP, mais uma vez quem nos fornece estas informações é o host onde iremos hospedar nosso site. Veremos mais adiante, quando formos hospedar nosso site, como preencher estas informações. Como estamos trabalhando localmente, deixe as configurações como mostrado na figura abaixo:

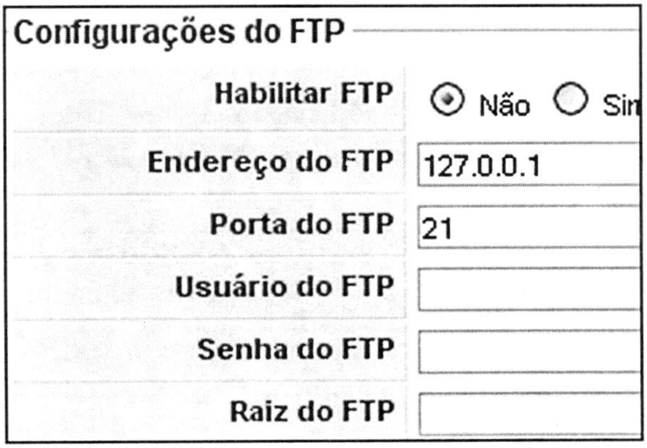

Figura 75

Na aba Configurações do Banco de Dados, é onde fica o cérebro do nosso projeto de implementação do site. Qualquer alteração nestas configurações pode fazer com que nosso site fique fora do ar. Veja, na figura abaixo, as configurações para nosso site quando estivermos trabalhando localmente:

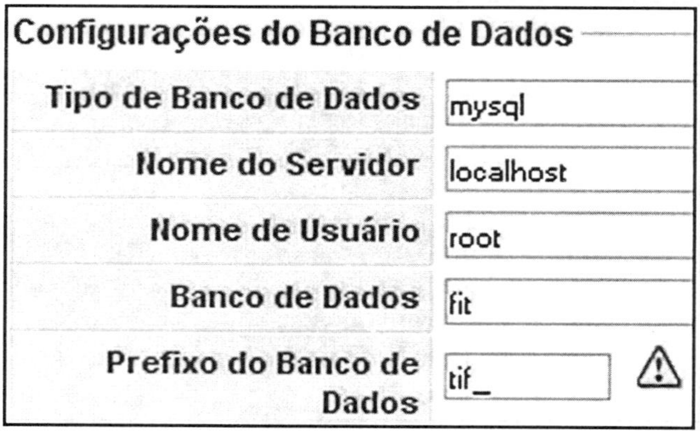

Configurações do Banco de Dados	
Tipo de Banco de Dados	mysql
Nome do Servidor	localhost
Nome de Usuário	root
Banco de Dados	fit
Prefixo do Banco de Dados	tif_

Figura 76

Veja na figura abaixo as configurações para nosso site quando estivermos trabalhando hospedado em um host ou provedor de Internet:

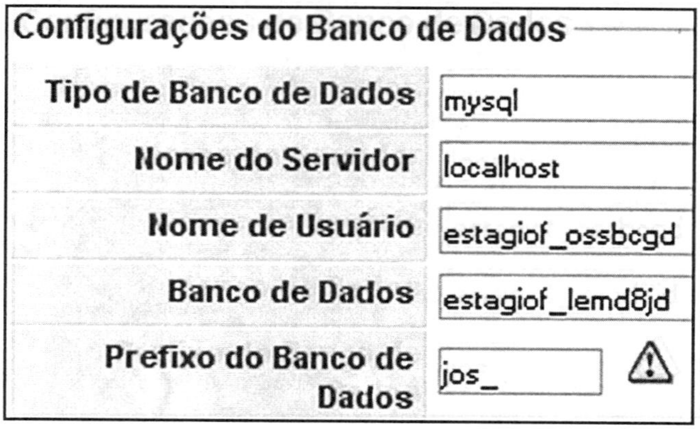

Configurações do Banco de Dados	
Tipo de Banco de Dados	mysql
Nome do Servidor	localhost
Nome de Usuário	estagiof_ossbcgd
Banco de Dados	estagiof_lemd8jd
Prefixo do Banco de Dados	jos_

Figura 77

CAPÍTULO 3 – TRABALHANDO NO BACKEND - AMBIENTE ADMINISTRATIVO DO JOOMLA   63

Bom e se eu, por acaso, alterar uma destas configurações, simplesmente eu perderei tudo que já fiz até o momento? A resposta é: depende do tipo de alteração que você fez. Vamos supor que você acidentalmente alterou o item Nome de Usuário que era *root* e você digitou *roott* e mandou salvar ou aplicar, conforme figura abaixo:

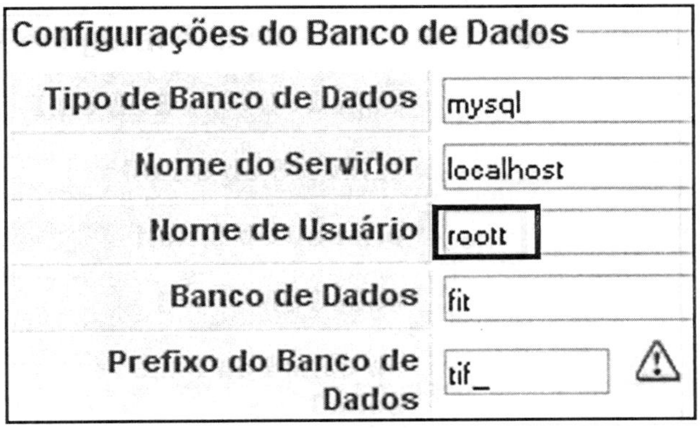

Figura 78

Neste caso, automaticamente vai aparecer uma janela, conforme figura abaixo:

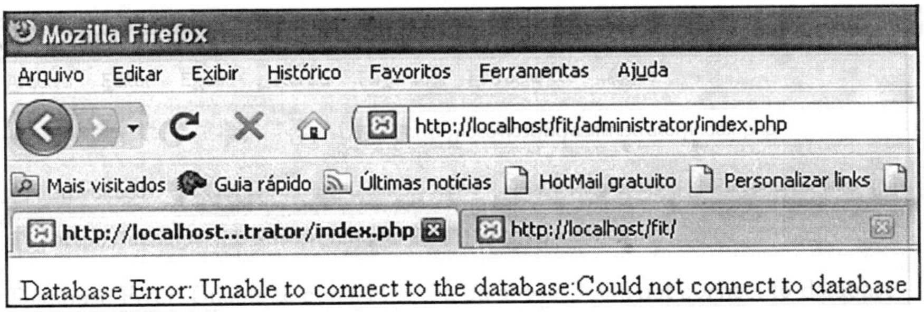

Figura 79

Aparecerá um erro dizendo que você não consegue se conectar ao seu banco de dados. Neste caso, você não vai conseguir acessar seu banco de dados nem pelo backend, nem pelo frontend, pois você não está tendo conexão com o seu banco de dados.

Como solucionar este problema? Vamos abrir o arquivo configuration.php. Para encontrá-lo, siga o seguinte caminho: Abra o Windows Explorer, clique em Meu computador, em seguida clique em Disco local (C:), se tiver renomeado seu disco local, clique no nome que você renomeou, em seguida, clique na pasta xampp. Se você estiver usando outro programa como servidor apache, vá até a pasta onde este programa foi instalado. Clique na pasta htdocs, em seguida, clique na pasta fit. Procure o arquivo configuration Arquivo PHP e clique com o botão direito do mouse sobre o mesmo. Selecione a opção *Abrir com* e selecione o programa Aplicativo WordPad MFC, conforme figura abaixo:

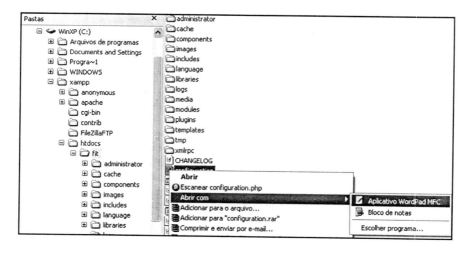

Figura 80

CAPÍTULO 3 – TRABALHANDO NO BACKEND - AMBIENTE ADMINISTRATIVO DO JOOMLA 65

Vai abrir uma janela, conforme figura abaixo:

```
<?php
class JConfig {
    var $offline = '0';
    var $editor = 'tinymce';
    var $list_limit = '20';
    var $helpurl = 'http://help.joomla.org';
    var $debug = '0';
    var $debug_lang = '0';
    var $sef = '0';
    var $sef_rewrite = '0';
    var $sef_suffix = '0';
    var $feed_limit = '10';
```

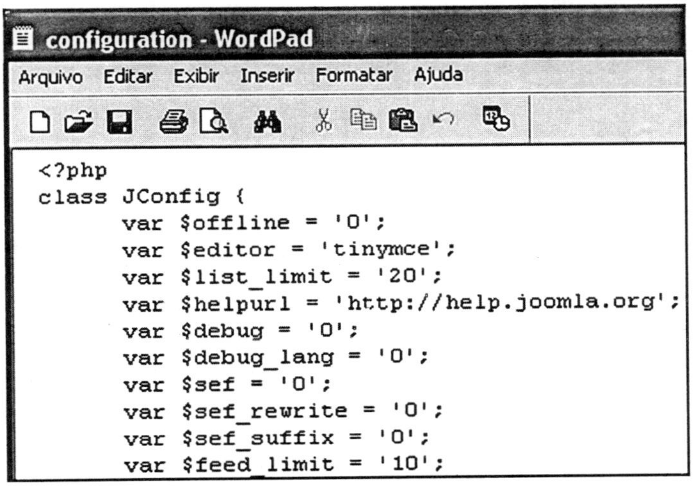

Figura 81

A princípio, não sabemos qual foi o erro cometido. A única coisa que temos certeza é que não temos acesso ao nosso banco de dados. Então, teremos que procurar por cinco variáveis que podem estar com erro. São elas: o tipo de banco de dados, var $dbtype; o meu host, var $host; o meu usuário, var $user; o nome da minha tabela, var $db; e, finalmente, o prefixo da minha tabela, var $dbprefix.

Neste caso específico, vamos notar que a variável usuário está com o nome errado, conforme figura abaixo:

```
var $user = 'roott';
```

Figura 82

Então, vamos alterar o nome do usuário para o nome correto, root, conforme figura abaixo:

```
var $user = 'root';
```

Figura 83

Feito esta alteração, basta salvar o arquivo e teremos nosso site funcionando novamente. Fica aqui a lição, não mexer nas configurações de banco de dados.

Na aba Configurações de E-mail, as configurações vão depender se estamos trabalhando localmente ou hospedado em um host. A figura abaixo mostra as configurações para o site trabalhando localmente:

Figura 84

A configuração do site, quando hospedado em um host, ficará como mostra a figura abaixo:

Configurações de E-mail	
Sistema de Envio	Função de e-mail do PHP
Remetente	teste.joomla01@gmail.com
Nome do Remetente	estagiofebsb.pro.br
Caminho do Sendmail	/usr/sbin/sendmail
Autenticação SMTP	⦿ Não ○ Sim
Usuário do SMTP	
Senha do SMTP	
Nome do SMTP	localhost

Figura 85

Alguns hosts ou provedores não trabalham com função de e-mail do PHP, por isso é importante obter estes dados do host para que você possa configurar corretamente seu e-mail. Dependendo do host onde iremos hospedar nosso site, eles mesmos fazem esta configuração.

RECUPERANDO A SENHA DO ADMIN

Outro erro muito comum, que não é um erro na sua essência, mas pode ocorrer, é perdermos a senha de acesso ao backend, ou Administrador do site. Se isto acontecer, temos que fazer o seguinte procedimento: Abra seu navegador web e digite http://localhost/, deve aparecer uma janela, conforme figura abaixo:

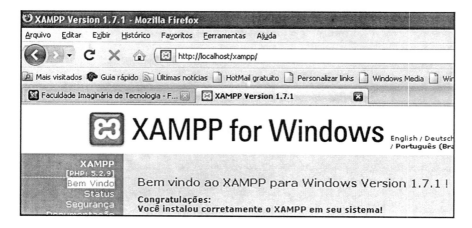

Figura 86

No menu Ferramentas localizado na coluna do lado esquerdo clique no item phpMyAdmin, deve aparecer uma janela, conforme figura abaixo:

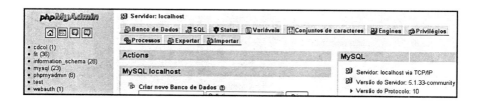

Figura 87

CAPÍTULO 3 – TRABALHANDO NO BACKEND - AMBIENTE ADMINISTRATIVO DO JOOMLA   69

Abra o banco de dados que foi criado para o site, no nosso caso, fit, que fica no menu do lado esquerdo. Deve aparecer uma janela, conforme figura abaixo:

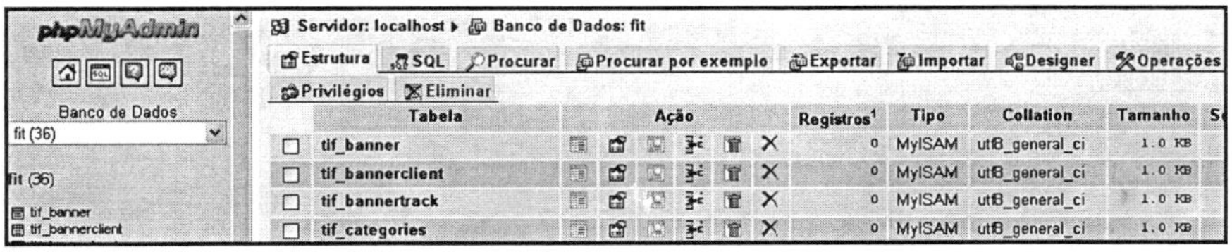

Figura 88

No menu do lado esquerdo, procure pela tabela que foi criada no momento que instalamos o Joomla. No nosso caso ela se chama tif_users ou jos_users. Muito cuidado aqui, pois temos que ter certeza do nome correto e do prefixo que usamos para criar nossa tabela. Veja a figura abaixo:

Figura 89

Clique duas vezes sobre a tabela ou tif_users ou jos_users. Deve aparecer uma janela, conforme a figura abaixo:

Figura 90

Selecione o primeiro item (registro) desta tabela, neste caso, Administrator e clique no ícone do lápis (editar). Deve aparecer uma janela, conforme a figura abaixo:

Campo	Tipo	Funções	Nulo	Valor
id	int(11)			62
name	varchar(255)			Administrator
username	varchar(150)			campus
email	varchar(100)			teste.joomla01@gmail.com
password	varchar(100)			07b6c9598217dea3e4200d71b4e3cd84:7Q6
usertype	varchar(25)			Super Administrator
block	tinyint(4)			0
sendEmail	tinyint(4)		☐	1
gid	tinyint(3) unsigned			25
registerDate	datetime			2009-06-23 17:05:37
lastvisitDate	datetime			2009-06-23 20:06:56
activation	varchar(100)			
params	text			admin_language= language= editor= helpsite= timezone=0

Figura 91

Observe o campo password e veja o valor deste campo. Claro que nós não conseguiremos saber qual a senha que está escrita ali, pois o mesmo está criptografado. Este é um tipo de criptografia chamado de MD5, que significa (Message-Digest algorithm 5) é um algoritmo de *hash* de 128 bits unidirecional desenvolvido pela RSA Data Security, Inc., descrito na RFC 1321, e muito utilizado por softwares com protocolo ponto-a-ponto (P2P, ou *Peer-to-Peer*, em inglês), verificação de integridade e *logins*.

Na realidade, nós vamos inserir ou trocar a senha que perdemos por uma nova senha. Para fazer este procedimento, continue com a janela da tabela tif_users ou jos_users aberta, abra uma nova aba no seu navegador

CAPÍTULO 3 – TRABALHANDO NO BACKEND - AMBIENTE ADMINISTRATIVO DO JOOMLA   71

web e digite o seguinte endereço http://www.md5encrypter.com/, deve aparecer uma janela, conforme figura abaixo:

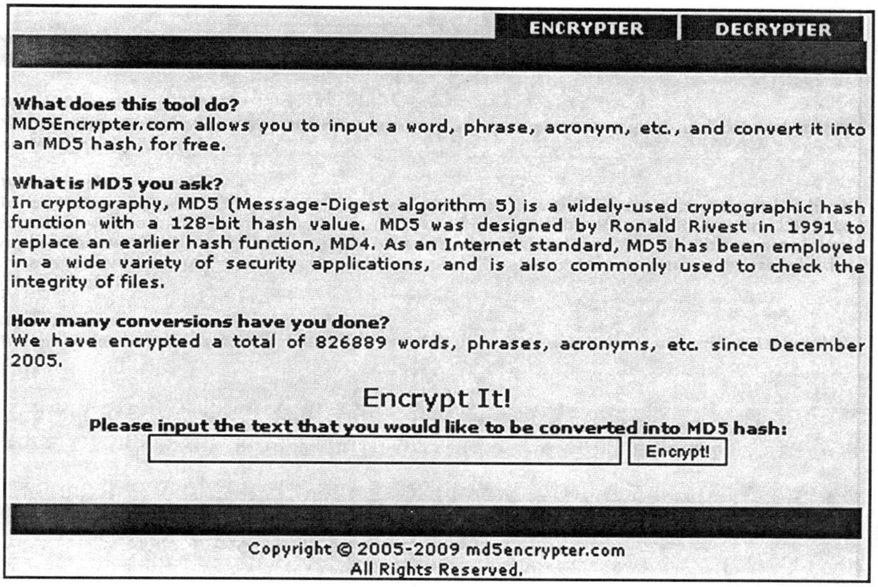

Figura 92

No campo *Please input the that you would like to be converted into MD5 hash*, digite a nova senha, no nosso caso vamos digitar a seguinte senha: joomlamd5, conforme figura abaixo:

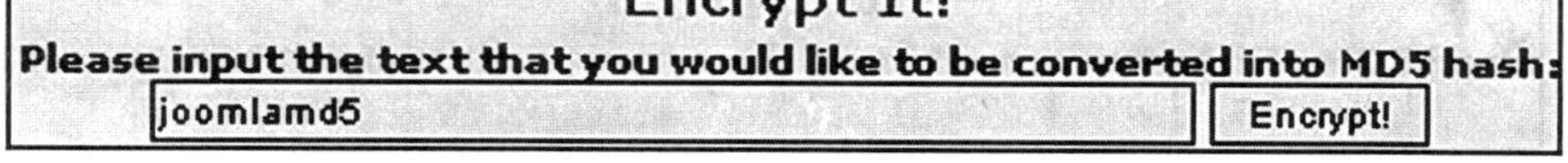

Figura 93

Clique no botão Encrypt!. Deve aparecer uma janela com o resultado, conforme figura abaixo:

```
Results
Normal Text: joomlamd5
Md5 Hash: 8b4c8d3b21a8374d053a00c2be14f436
```

Figura 94

Este é o resultado do texto digitado e criptografado para o formato MD5 Hash. Selecione a sequência de símbolos criptografados e copie. Vá até a janela onde abrimos nossa tabela tif_users ou jos_users, no campo password, no item valor, apague a sequência de símbolos deste campo e cole a nova sequência que acabamos de gerar. Clique no botão Executar.

Pronto, sua nova senha do Admin foi gerada. Para testar seu funcionamento, basta você entrar novamente no backend do seu site e digitar a nova senha. Não se esqueça de anotá-la para não ter mais este problema. Este procedimento é o mesmo quando seu site estiver hospedado no provedor.

ATUALIZANDO A VERSÃO DO JOOMLA 1.5

A atualização da versão do Joomla é muito importante para que possamos corrigir problemas de segurança do nosso site. Para saber qual a versão atual do Joomla que estamos utilizando, clique no menu Ajuda e em seguida selecione Info Sistema, conforme figura abaixo:

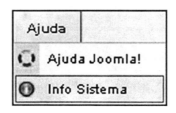

Figura 95

CAPÍTULO 3 – TRABALHANDO NO BACKEND - AMBIENTE ADMINISTRATIVO DO JOOMLA   73

Deve aparecer uma janela, conforme figura abaixo:

Informação do Sistema	
Diretiva	Valor
PHP executando em:	Windows NT DIDL-M01 5.1 build 2600
Versão do Banco de Dados:	5.1.33-community
Collation do Banco de Dados:	utf8_general_ci
Versão do PHP:	5.2.9
Servidor Web:	Apache/2.2.11 (Win32) DAV/2 mod_ssl/2.2.11 OpenSSL/0.9.8i PHP/5.2.9
Interface PHP com servidor Web:	apache2handler
Versão do Joomla!:	Joomla! 1.5.13 Stable [Wojmamni Ama Baji] 23-July-2009 04:00 GMT
Agente do usuário:	Mozilla/5.0 (Windows; U; Windows NT 5.1; pt-BR; rv:1.9.0.13) Gecko/2009073022 Firefox/3.0.13 (.NET CLR 3.5.30729)

Figura 96

Observe o item Versão do Joomla, está dizendo o seguinte: **Joomla! 1.5.13 Stable [Wojmamni Ama Baji] 23-July-2009 04:00 GMT**, ou seja, que a versão que estamos utilizando neste momento é a 1.5.13. Lembrem-se de que falei que iria instalar esta versão só pra que pudéssemos mostrar como fazer a atualização, pois no momento em que este livro está sendo escrito, a versão atual é 1.5.14.

Outra maneira de saber qual versão do Joomla estamos utilizando é verificar no final da barra de título, qual o nº da versão, conforme figura abaixo:

Figura 97

Então, vamos atualizar a versão do Joomla, para 1.5.14. Primeiro, se você estiver trabalhando localmente, a atualização pode ser feita diretamente no nosso site. Agora se o seu site estiver hospedado em um host, antes de fazer a atualização é necessário fazer backup do site e do banco de dados. Geralmente isto é feito pelo próprio host, ou você pode usar um componente de backup.

Como nosso site está local, vamos fazer a atualização direta. Abra seu navegador web, se já estiver aberto, abra uma nova aba, e digite o seguinte endereço: http://joomlacode.org/gf/project/joomla/frs/?action=FrsRelease View&release_id=10786, na janela que aparece, clique na aba Files, em seguida, clique sobre o arquivo Joomla_1.5.13_to_1.5.14-Stable-Patch_Package.zip, conforme a figura abaixo:

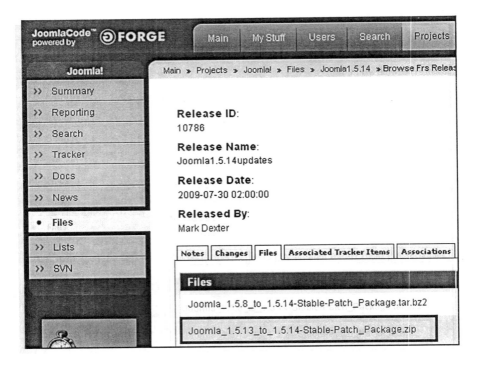

Figura 98

CAPÍTULO 3 – TRABALHANDO NO BACKEND - AMBIENTE ADMINISTRATIVO DO JOOMLA   75

Aguarde abrir a janela de download do seu navegador, clique no botão Ok, conforme figura abaixo:

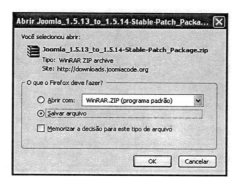

Figura 99

Na janela que abre, clique em Meu computador, em seguida clique no diretório raiz do Windows, no meu caso WinXP(C:). Em seguida clique na pasta xampp, em seguida clique na pasta htdocs e finalmente clique na pasta fit. Clique no botão Salvar e aguarde o término do salvamento, conforme figura abaixo:

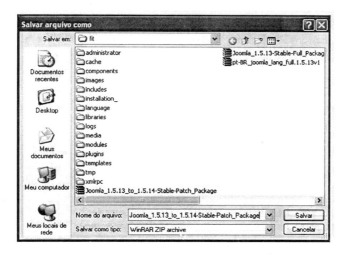

Figura 100

Uma vez salvo o arquivo de atualização, vamos abrir a pasta onde ele se encontra. Abra o Windows Explorer, no meu caso o caminho foi o seguinte: clique no diretório raiz do Windows, no meu caso WinXP(C:). Em seguida, clique na pasta xampp, clique na pasta htdocs e, finalmente, clique na pasta fit.

Localize o arquivo de atualização, clique com o botão direito do mouse sobre o arquivo e selecione a opção Extrair aqui, conforme figura abaixo:

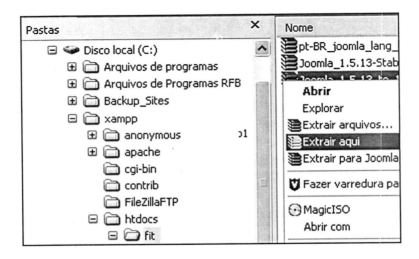

Figura 101

CAPÍTULO 3 – TRABALHANDO NO BACKEND - AMBIENTE ADMINISTRATIVO DO JOOMLA   77

Em seguida deverá aparecer uma janela pedindo para confirmar a substituição dos arquivos, clique no botão Sim p/ Todos e aguarde o final da substituição dos arquivos, conforme figura abaixo:

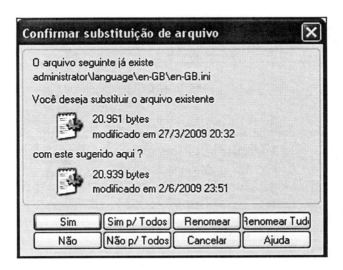

Figura 102

Após o término, delete o arquivo Joomla_1.5.13_to_1.5.14-Stable-Patch_Package.zip. Pronto, seu Joomla já está atualizado. Para verificar se tudo correu bem, basta abrir o backend e verificar na barra de título ou no menu Ajuda Info Sistema, o nº da versão do Joomla atualmente instalado, conforme figura abaixo:

Figura 103

Informação do Sistema	
Diretiva	Valor
PHP executando em:	Windows NT DIDL-M01 5.1 build 2600
Versão do Banco de Dados:	5.1.33-community
Collation do Banco de Dados:	utf8_general_ci
Versão do PHP:	5.2.9
Servidor Web:	Apache/2.2.11 (Win32) DAV/2 mod_ssl/2.2.11 OpenSSL/0.9.8i PHP/5.2.9
Interface PHP com servidor Web:	apache2handler
Versão do Joomla!:	Joomla! 1.5.14 Stable [Wojmamni Ama Naiki] 30-July-2009 23:00 GMT
Agente do usuário:	Mozilla/5.0 (Windows; U; Windows NT 5.1; pt-BR; rv:1.9.0.13) Gecko/2009073022 Firefox/3.0.13 (.NET CLR 3.5.30729)

Figura 104

Se você tem mais de um site Joomla, este procedimento deve ser feito em todos eles. Não se esqueça de estar sempre verificando as atualizações do Joomla, isto é de vital importância para a segurança do site de seu cliente e também para seu projeto.

O Submenu Administrar Usuário

Clique no Menu Site e selecione o Submenu Administrar Usuário ou clique no botão Administrar Usuário, conforme figura abaixo:

Figura 105   *Figura 106*

CAPÍTULO 3 – TRABALHANDO NO BACKEND - AMBIENTE ADMINISTRATIVO DO JOOMLA 79

Deve aparecer uma janela, conforme figura abaixo:

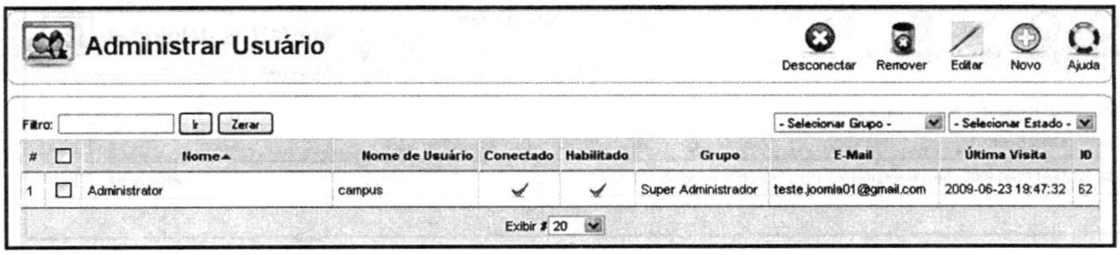

Figura 107

Aqui é o local onde vamos gerenciar nossos usuários, através do ACL (Access Control Level) ou Níveis de Controle de Acesso. Foi falado anteriormente sobre os três níveis de acesso de Administrador para o backend, o primeiro nível é o Super administrador (permissões máximas), o segundo nível é a permissão de Administrador (permissões intermediárias) pode administrar usuários e o terceiro nível de acesso é a permissão de Gerente (permissões baixas) não administra usuários.

Não podemos esquecer que o usuário para se cadastrar pelo site, no menu Configuração Global, menu Sistema, no item Configurações de Usuário, a opção Permitir Cadastro de Usuários deve estar habilitada. Deste modo, o item Registre-se vai aparecer no frontend para que o usuário possa se cadastrar. Caso Contrário, somente o Super Administrador pode cadastrar usuário.

Repare que, no primeiro momento, temos apenas o usuário admin, que é o Super Administrador. Clique sobre o Nome Administrador, deve aparecer uma janela com várias configurações, observe a aba Detalhes do usuário, conforme figura abaixo:

Detalhes do Usuário	
Nome	Administrator
Nome de Usuário	campus
Email	teste.joomla01@gmail.com
Nova Senha	
Verificar Senha	
Grupo	Público do Site . - Registrado . - Autor . - Redator . - Editor - Público da Administração . - Gerente . - Administrador . - Super Administrador
Bloquear Usuário	● Não ○ Sim
Receber e-mail do Site	○ Não ● Sim
Data do Registo	2009-06-23 14:05:37
Data da Última Visita	2009-06-23 19:47:32

Figura 108

Na aba, temos o item Nome, que é o nome comum que o usuário utiliza no seu dia-a-dia. O item Nome de Usuário, é o nome que ele vai usar para acessar o frontend ou o backend, dependendo do nível de acesso que ele tenha. Mude o nome admin para um nome que tenha a ver com o seu site, no meu caso eu usei campus. É uma questão de segurança. No item Email, o usuário deverá digitar um e-mail válido. Os itens Nova Senha e Verificar Senha, só aparecem para usuários do grupo Super Administrador, e serve para você mudar a senha de acesso ao backend e ao frontend.

Observe atentamente o item Grupo. É neste item que mudamos o nível de acesso do nosso usuário. Perceba que ele está dividido em Público do Site, ou seja, os níveis de acesso ao nosso frontend e Público da Administração, ou seja, os níveis de acesso ao nosso backend ou site Administrativo.

No Item Bloquear Usuário, se for marcado Sim, seu usuário fica sem acesso ao seu site. Deixe marcado Não. O item Receber e-mail do Site é interessante para que você possa controlar os usuários que fazem o cadastro, você como Super Administrador recebe um e-mail de cada usuário que faz o cadastro. E também é prático para mandarmos e-mails para os usuários que se cadastram em nosso site.

O item Data do Registro se refere à data em que o usuário se cadastrou no nosso site. No caso do Super Administrador, é a data que instalamos o Joomla. E o item Data da Última Visita se refere ao acesso feito pelo usuário, seja no frontend ou no backend.

Agora observe a aba Parâmetro, conforme figura abaixo:

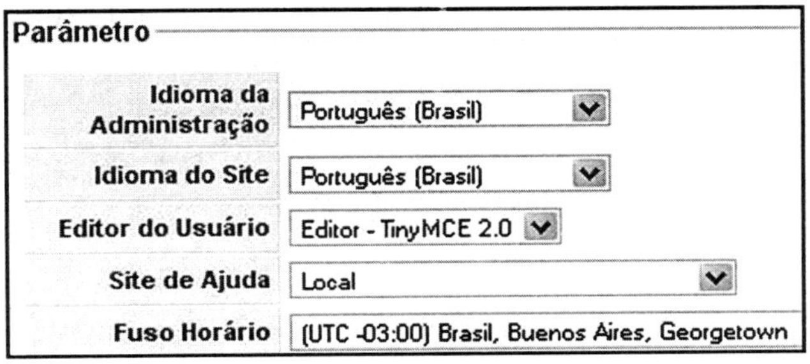

Figura 109

Temos o item Idioma da Administração, selecione Português (Brasil). No item Idioma do Site, selecione Português (Brasil). No item Editor do Usuário, selecione Editor – TinyMCE 2.0. No item Site de Ajuda, selecione Local e, finalmente, no item Fuso Horário, selecione (UTC -03:00) Brasil, Buenos Aires, Georgetown. Na aba Informações do Contato, não tem nada, pois nosso usuário não preencheu as informações do tipo, endereço, telefone, entre outros. Clique no botão Aplicar.

Vamos registrar nosso usuário utilizando o frontend. Para isto, clique no botão Pré-visualizar. Deve aparecer a página inicial do nosso frontend. Eu não tenho o formulário de login, como vou fazer? Calma, retorne ao nosso site administrativo ou backend. Clique no menu Administrar Módulo, conforme figura abaixo:

Figura 110

Na janela que abre, Administrar Módulos, verifique se você está na aba site clique no botão Novo. Na janela que abre Módulo: [Novo] selecione Login e clique no botão Próximo. Na janela que abre, na aba Detalhes, no item Título, digite na caixa de texto Login. No item Exibir Título, selecione Sim. No item Habilitado, selecione Sim. No item Posição, selecione na caixa de seleção, left. Não altere os demais itens, conforme figura abaixo:

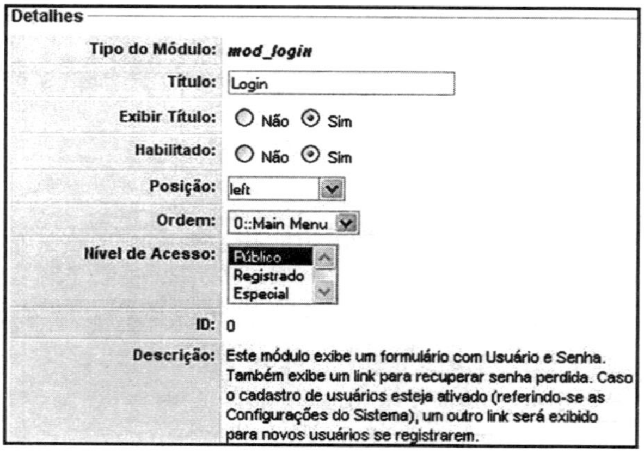

Figura 111

Feitas as devidas configurações, clique no botão Salvar. Clique no botão Pré-visualizar, e deve aparecer a página inicial do nosso frontend. Localize o link Registrar-se, que está localizado logo abaixo do menu de Login, conforme figura abaixo:

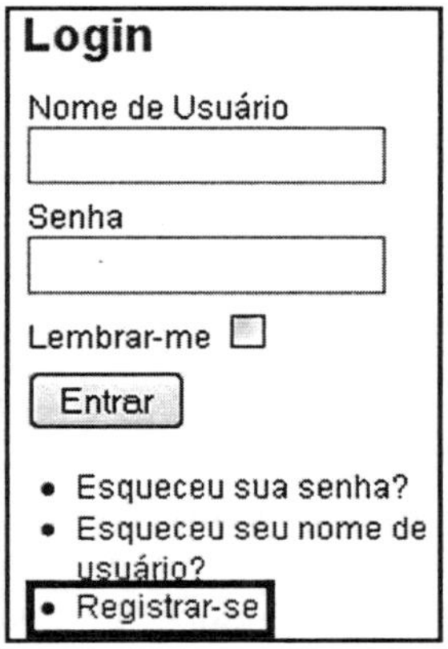

Figura 112

Vamos criar um usuário fictício, para isto, clique no link Registrar-se, na janela que abre, observe que todos os campos são obrigatórios, pois têm um asterisco do lado. No campo Nome, digite um nome usual, por exemplo, José Soares de Oliveira. No campo Nome de Usuário, digite o nome que você vai usar para acessar o site, recomenda-se usar um nome que você não esqueça, no nosso exemplo, jose.soares.

No campo E-mail, digite um e-mail válido, por exemplo, teste.joomla01@gmail.com. No campo Senha, digite uma senha segura e que você não esqueça com facilidade e, no campo Verificar Senha, repita a senha. Observe a figura abaixo para se certificar de ter digitado os dados corretos:

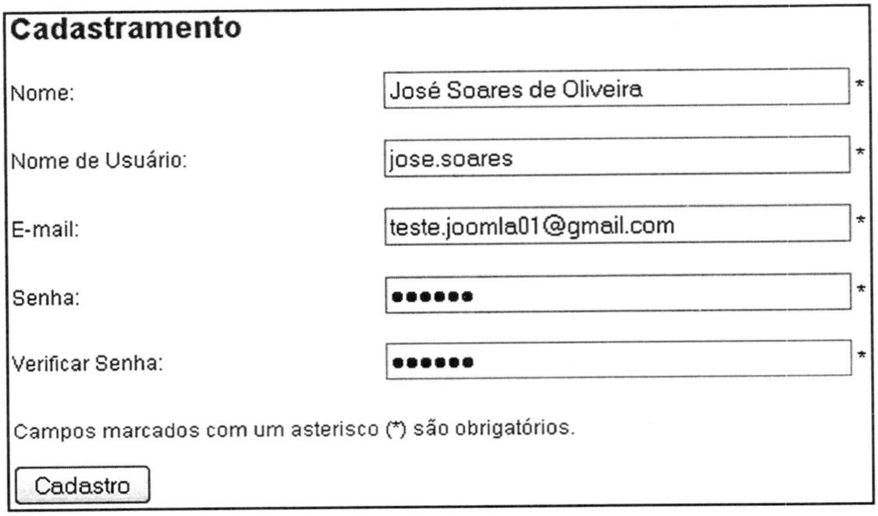

Cadastramento		
Nome:	José Soares de Oliveira	*
Nome de Usuário:	jose.soares	*
E-mail:	teste.joomla01@gmail.com	*
Senha:	••••••	*
Verificar Senha:	••••••	*

Campos marcados com um asterisco (*) são obrigatórios.

[Cadastro]

Figura 113

Feito isso, basta clicar no botão Cadastro. Observe que aparecerá uma mensagem no topo da página, dizendo que a conta foi criada e que um link de ativação foi enviado para o e-mail do usuário, conforme figura abaixo:

Figura 114

Lembre-se de que este e-mail só vai ser enviado para o usuário se nosso site estiver on-line e as configurações de e-mail estiverem ativas. Neste caso, o usuário receberá um e-mail, conforme figura abaixo:

Olá José Soares,

Obrigado por se registrar em estagiofebsb.pro.br. Sua conta foi criada e deve ser ativa antes de ser usada.
Para ativar a conta, clique no link ou copie-cole o mesmo em seu navegador:
http://www.estagiofebsb.pro.br/index.php?option=com_user&task=activate&activation=076a816fdaf9a3cd202dd554bd26a97f

Após a ativação você pode efetuar o login em http://www.estagiofebsb.pro.br/ usando o Nome de Usuário de senha:

Nome de Usuário - jose.soares
Senha - 123456

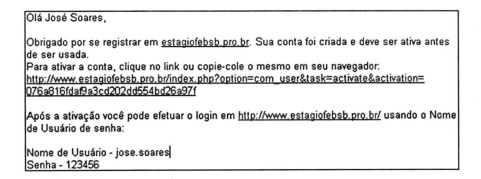

Figura 115

Basta clicar no link de ativação para ter acesso ao frontend do site. Se estivermos trabalhando localmente, temos que acessar o nosso backend com senha de Super Administrador ou Administrador e ativarmos o acesso do nosso usuário ao frontend, clique no item Administrar Usuário, deve aparecer uma janela, conforme figura abaixo:

#		Nome	Nome de Usuário	Conectado	Habilitado	Grupo	E-Mail	Última Visita	ID
1		Administrator	campus	✓	✓	Super Administrador	teste.joomla01@gmail.com	2009-06-23 21:12:00	62
2		José Soares de Oliveira	jose.soares			Registrado	professor.rafael.fe@gmail.com	Nunca	63

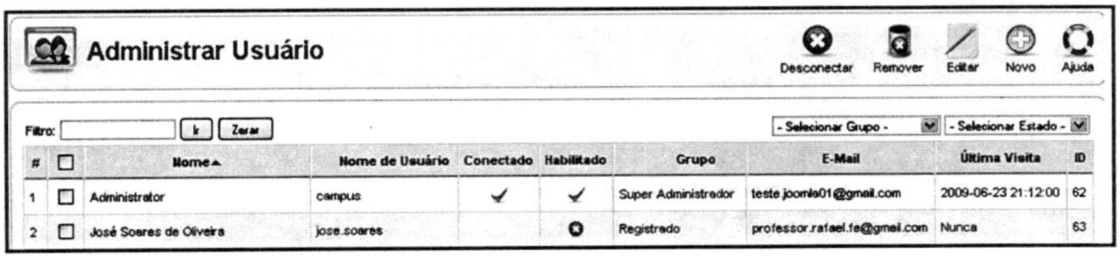

Figura 116

Observe o item Habilitado, perceba que ele está com um círculo vermelho com um x dentro, basta que você clique sobre esta bolinha vermelha e pronto, seu usuário já está habilitado para acessar o seu site ou frontend, conforme figura abaixo:

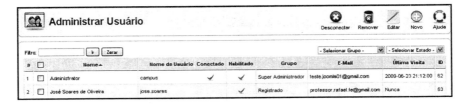

Figura 117

Observe o item Grupo. O nosso usuário jose.soares tem um nível de acesso apenas para o frontend, se ele tentar acessar o backend, o nosso site Administrativo, ele não vai conseguir. Deve aparecer uma mensagem, conforme figura abaixo:

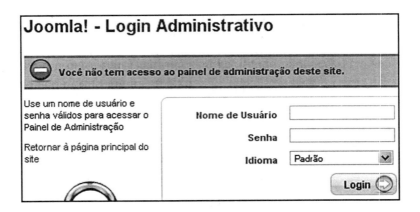

Figura 118

CAPÍTULO 3 – TRABALHANDO NO BACKEND - AMBIENTE ADMINISTRATIVO DO JOOMLA   87

O nível de acesso do usuário ao frontend por padrão é Registrado, ou seja, este usuário apenas poderá fazer consultas e downloads no seu site. Para acessar o site, basta digitar o Nome de Usuário e a Senha no formulário de login e clicar no botão Entrar, em seguida, o usuário receberá uma mensagem de boas vindas e logo abaixo o botão de Logout, caso ele queira se desconectar do site, conforme figura abaixo:

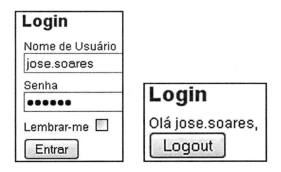

Figura 119   *Figura 120*

Você pode, através do site administrativo ou backend, alterar o nível de acesso do usuário. Para que o usuário possa acessar o backend, você tem que ter permissão de Super Administrador, permissões totais ou de Administrador para mudar o nível apenas para Gerente. Para mudar o nível de acesso do usuário ao frontend, você deve ter no mínimo, nível de acesso de Administrador.

Vamos alterar o nosso usuário jose.soares, para ter acesso ao backend com um nível de Gerente. Para isto, abra o backend e clique no botão Administrar Usuário. Na janela que abre, observe o item Grupo, nosso usuário está no Grupo Registrado de acesso ao frontend. Clique no Nome do Usuário, José Soares, e deve abrir uma janela, como mostra a figura abaixo:

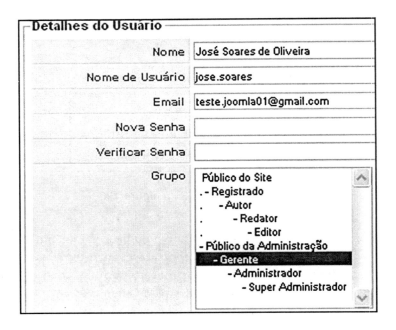

Figura 121

CAPÍTULO 3 – TRABALHANDO NO BACKEND - AMBIENTE ADMINISTRATIVO DO JOOMLA 89

No item Grupo, em –Público da Administração, para acessar o backend, selecione –Gerente. No item Parâmetros, selecione, conforme a figura abaixo:

Parâmetro	
Idioma da Administração	Português (Brasil)
Idioma do Site	Português (Brasil)
Editor do Usuário	Editor - TinyMCE 2.0
Site de Ajuda	Local
Fuso Horário	(UTC -03:00) Brasil, Buenos Aires, Georgetown

Figura 122

Clique no botão Salvar. Desconecte-se do backend e tente entrar com o nosso usuário jose.soares, já com o novo nível de acesso. Perceba que o usuário teve acesso ao nosso backend. Este nível de acesso só deve ser concedido se você tiver que delegar algumas funções de administração a outro usuário. É recomendado que fique somente uma pessoa com nível de acesso ao backend, de preferência como Super Administrador. Faça outros testes mudando o nível de usuário para Administrador e Super Administrador.

Abra o backend e clique no botão Administrar Usuário. Na janela que abre, observe o item Grupo, no item Público do Site, selecione o item Autor e na aba Parâmetros, selecione conforme figura abaixo e clique no botão Salvar:

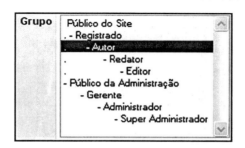

Figura 123

Figura 124

Acesse o frontend clicando no item Pré-visualizar e no formulário de login entre com o nome do usuário e senha e clique no botão Entrar. Observe o Menu User Menu de um usuário com nível de acesso Registrado, conforme figura abaixo:

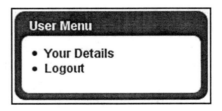

Figura 125

Agora observe o User Menu de um usuário com nível de acesso Autor, conforme figura abaixo:

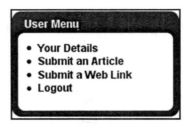

Figura 126

CAPÍTULO 3 – TRABALHANDO NO BACKEND - AMBIENTE ADMINISTRATIVO DO JOOMLA   91

A diferença é que o usuário com nível de acesso Autor pode submeter Artigos e Links para o site, os quais devem ser aprovados pelo Administrador do site antes de ser publicado. Agora mude o nível de acesso do usuário jose.soares para Redator, conforme procedimento anterior. Acesse o frontend clicando no item Pré-visualizar e no formulário de login entre com o nome do usuário e senha e clique no botão Entrar. Observe o Menu User Menu, não houve mudança alguma, ou seja, o Redator tem os mesmos privilégios de um Autor. Mas com uma diferença, observe no corpo do site que apareceu um ícone de um lápis, ou seja, um redator pode fazer alterações nos conteúdos publicados. Veja a figura abaixo:

Figura 127

Clique no botão Editar Artigo, deve aparecer uma janela conforme figura abaixo:

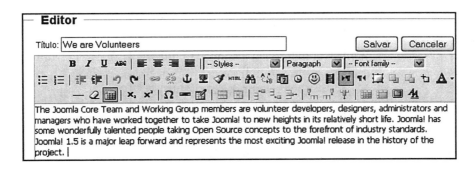

Figura 128

Faça algum tipo de alteração e clique no botão Salvar. Perceba que a alteração ocorre no mesmo instante, conforme figura abaixo:

We are Volunteers
Escrito por Administrator
Sáb, 07 de Julho de 2007 09:54
The Joomla Core Team!
Última atualização em Qua, 24 de Junho de 2009 18:37

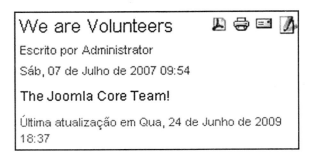

Figura 129

Mas a submissão de artigos e links tem que ser aprovada pelo Administrador do site. Agora mude o nível de acesso do usuário jose.soares para Editor, conforme procedimento anterior. Acesse o frontend clicando no item Pré-visualizar e no formulário de login entre com o nome do usuário e senha e clique no botão Entrar. Observe o Menu User Menu, não houve mudança alguma, ou seja, o Editor tem os mesmos privilégios de um Redator. Mas com uma diferença, o Editor pode enviar artigos para o seu site sem a necessidade de aprovação do Administrador. Observe a figura abaixo:

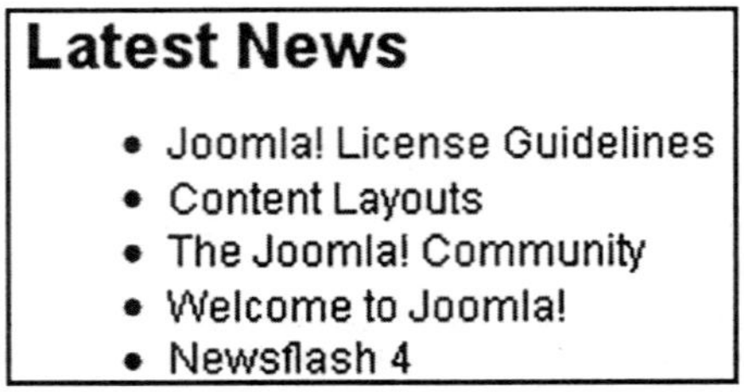

Latest News
Joomla! License Guidelines
Content Layouts
The Joomla! Community
Welcome to Joomla!
Newsflash 4

Figura 130

CAPÍTULO 3 – TRABALHANDO NO BACKEND - AMBIENTE ADMINISTRATIVO DO JOOMLA   93

Vamos inserir um artigo nesta área do site. Verifique se você está logado com o usuário jose.soares. Para isto clique no link Submit an Article do menu User Menu. Na janela que abre, Enviar um Artigo, digite no Título o seguinte texto: Artigo de Teste, no corpo do editor digite o seguinte texto: Vamos usar este artigo como teste. Na aba Publicando, no item Seção selecione About Joomla e no item Categoria selecione The Project. O restante das configurações deixe como se encontram. Feito isso, clique no botão salvar, conforme figura abaixo:

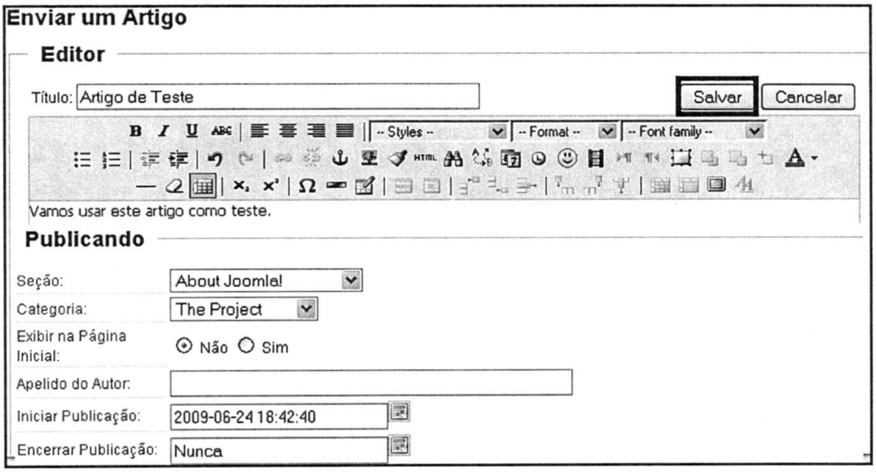

Figura 131

Observe agora o novo artigo que foi publicado em nosso site, sem a necessidade de aprovação do Administrador, conforme figura abaixo:

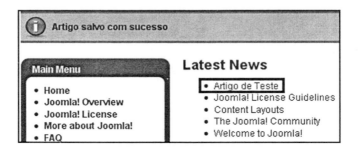

Figura 132

Sem contar que você ainda tem autonomia para alterar o artigo, basta clicar no ícone do lápis para fazê-lo. Estes níveis de acesso devem ser atribuídos quando você tem um número muito grande de conteúdo a ser incluído no seu site. Vamos trabalhar muito com estes tipos de usuários quando estivermos falando sobre conteúdos.

O Submenu Administrar Mídia

Clique no Menu Site e selecione o Submenu Administrar Mídia ou clique no botão Administrar Mídia, conforme figura abaixo:

Figura 133   *Figura 134*

CAPÍTULO 3 – TRABALHANDO NO BACKEND - AMBIENTE ADMINISTRATIVO DO JOOMLA   95

Deve aparecer uma janela, conforme a figura abaixo:

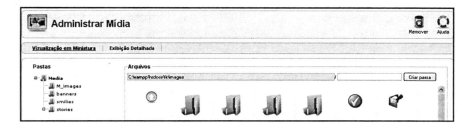

Figura 135

Como o próprio nome diz, aqui nós gerenciaremos toda a parte de mídia do Joomla. Isto significa que todos os arquivos de imagens, som e vídeo são guardados nestas pastas. Os arquivos que aparecem nestas pastas pertencem ao template do Joomla que foi instalado. Para visualizar estes arquivos, basta clicar no item Visualização em Miniatura, que é o padrão ou Exibição Detalhada, que vai mostrar os arquivos com maiores detalhes, conforme figura abaixo:

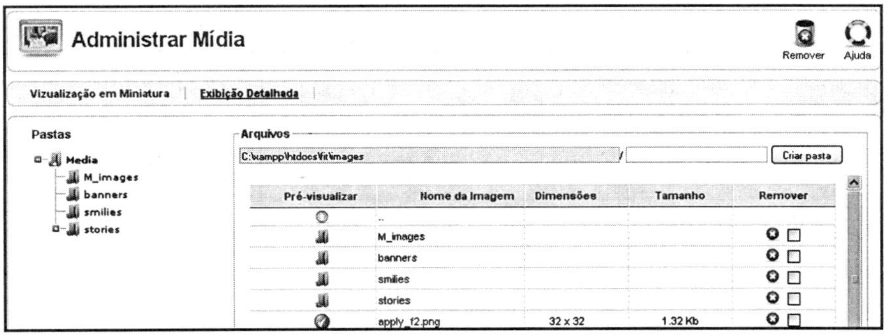

Figura 136

Nós podemos deletar arquivos ou incluir novos arquivos. Para deletar um ou mais arquivos basta selecionar o quadradinho em frente ou abaixo do(s) arquivo(s) desejado(s) e, em seguida, clicar no botão Remover.

Lembrando que a maioria das imagens pertence ao template instalado, portanto não é aconselhável removê-las.

A pasta que nós temos que trabalhar e a pasta stories. Nesta pasta estão armazenadas as imagens comuns do Joomla. Vamos criar uma nova pasta, dentro da pasta stories, chamada nossas_imagens. Estas pastas não podem conter números nem espaços.

Para isto, no item Pastas, clique em stories, em seguida, na aba Arquivos, você vai visualizar o caminho onde a pasta stories está criada. Logo depois deste caminho tem uma caixa de texto, digite dentro dela nossas_imagens e em seguida clique no botão Criar pasta, conforme figura abaixo:

Figura 137

Em seguida, veja a pasta nossas_imagens criada dentro da pasta sotories, conforme figura abaixo:

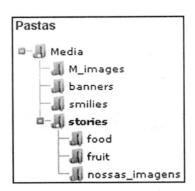

Figura 138

CAPÍTULO 3 – TRABALHANDO NO BACKEND - AMBIENTE ADMINISTRATIVO DO JOOMLA   97

Clique na nova pasta criada, nossas_imagens. Perceba que ela está vazia e só aparece um ícone de uma bola verde com uma seta para cima. Se você clicar neste ícone, ele vai te enviar para um nível acima, ou seja, a pasta anterior, que no nosso caso é stories. Vamos inserir uma imagem dentro desta pasta. Certifique-se de que você está dentro da pasta nossas_imagens, ela deve estar vazia. Logo abaixo da aba Arquivos há a aba Enviar Arquivo [Máx = 10M], conforme figura abaixo:

Figura 139

Clique no botão Arquivo..., vai aparecer a janela Enviar arquivo. Procure a pasta onde você salvou o arquivo que quer enviar, selecione o arquivo e clique no botão Abrir. Em seguida, clique no item Iniciar Envio. Aguarde o término do envio. Observe na figura abaixo que o arquivo foi enviado:

Figura 140

Você deve estar se perguntando se pode fazer este procedimento diretamente no Windows Explorer. Pode. Basta você seguir este caminho: abra o Windows Explorer, em seguida, clique no disco padrão (C:), clique na pasta xampp, e clique na pasta htdocs, em seguida, clique na pasta fit, na pasta images, e clique na pasta stories. Dentro da pasta stories, clique com o botão direito do mouse em uma área vazia, selecione Novo e em seguida Pasta. Digite o nome da pasta, nossas_imagens. Copie e cole os arquivos desejados dentro desta nova pasta. Conforme figura abaixo:

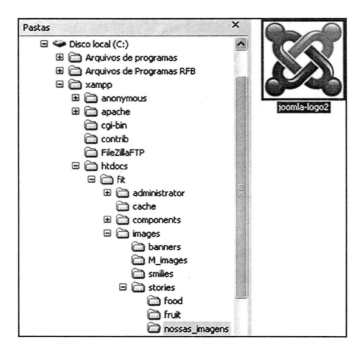

Figura 141

Quando você clicar no botão Administrar Mídia no nosso backend, esta pasta deverá aparecer da mesma forma que fizemos anteriormente. Vimos até aqui os principais recursos do backend ou site administrativo do Joomla.

Os outros menus e ferramentas nós iremos trabalhar e visualizar no decorrer do desenvolvimento de nosso projeto, principalmente no frontend ou site público.

Capítulo 4

Trabalhando no Frontend – Templates (Modelos)

Lembre-se de que no capítulo 2 nós falamos sobre os três principais elementos, ou tripé do Joomla, conteúdo, módulos e o template. Um *template* (ou modelo) é simplesmente um conjunto de regras sobre apresentação. Por exemplo, um modelo determina quantas colunas usar e quais cores serão utilizadas nos títulos. Um modelo também determina o layout ou posicionamento da página web. Podemos considerar como um conjunto de arquivos que controlam o conteúdo do seu site, ou seja, a parte gráfica.

Deve seguir padrões web, como por exemplo, os padrões ditados pelo W3C Consortium. O Consórcio World Wide Web (W3C) é um consórcio internacional no qual organizações filiadas, uma equipe em tempo integral e o público trabalham juntos para desenvolver padrões para a Web. A missão do W3C é conduzir a World Wide Web para que atinja todo seu potencial, desenvolvendo protocolos e diretrizes que garantam seu crescimento de longo prazo.

Temos que pensar, também, na questão da usabilidade, acessibilidade e mecanismos de otimização de busca(SEO), que devem ser utilizados em conjunto para criarmos um site de qualidade. Estes padrões são importantes para que possamos desenvolver sites em plataformas comum, ou seja, que seja acessível em qualquer navegador web.

Usabilidade, segundo Jakob Nielsen, o guru deste assunto, *é um atributo de qualidade relacionado à facilidade do uso de algo. Mais especificamente, refere-se à rapidez com que os usuários podem aprender a usar alguma coisa, a eficiência deles ao usá-la, o quanto lembram daquilo, seu grau de propensão a erros e o quanto gostam de utilizá-la. Se as pessoas não puderem ou não utilizarem um recurso, ele pode muito bem não existir.*

O que Jakob Nielsen quis dizer é que nós devemos criar sites simples, clean, mas que nosso usuário possa utilizar de maneira rápida e ágil, sem perder tempo com firulas e textos dançantes.

Acessibilidade à Web significa que pessoas portadoras de necessidades especiais sejam capazes de usar a Web. Mais concretamente, significa uma Web projetada de modo a que estas pessoas possam perceber, entender, navegar e interagir de uma maneira efetiva com a Web, bem como criar e contribuir com conteúdos para a Web. Isto significa que temos que ficar atentos a quem está acessando nosso site e prover a estes usuários o mínimo de acessibilidade. Não significa que temos que prover todos os recursos exigidos de acessibilidade, mas o mínimo.

Outro detalhe que temos que ficar atentos quanto ao nosso template, é com relação ao código semântico, ou seja, com o que nós chamamos de Cascading Style Sheets (CSS), traduzindo para o português, Folha de Estilo em Cascata, que serve para controlar a aparência e o layout de um site web, no que diz respeito a adicionar formatação, como por exemplo, fontes, cores, espaçamentos, dentre outros. Não vou entrar em detalhes sobre o CSS, pois este assunto daria para escrever outro livro. No decorrer do desenvolvimento de nosso projeto, veremos mais sobre este assunto.

Temos que nós atentar quanto ao tema do nosso site, ou seja, para que tipo de negócio nosso site vai ser construído. No nosso caso, vamos trabalhar com um site para uma instituição de ensino superior. Por minha experiência em mais de 10 anos como professor universitário, posso dizer que um site deste tipo é de médio para grande porte. Uma instituição de ensino é um tipo de organização bastante complexa, portanto, perfeita para se ter um site amplo.

Um site para uma instituição de ensino tem um público bem definido, tais como Alunos, Professores e Administradores. Cada qual com suas necessidades de informação. Os alunos, estão mais preocupados com sua vida acadêmica, tais como tarefas, avaliações, notas etc. Os professores com os seus conteúdos, avaliações e com a devida segurança, divulgação de notas. Os administradores, com a parte administrativa e pedagógica da instituição.

Um site de uma instituição de ensino tem várias características que são necessárias, tais como:

- Registro de Usuário;
- Calendário Acadêmico;
- Documentos para Downloads;
- Enquete;
- Quadro de Funcionários;
- Quadro de Professores;
- Cursos;
- Notícias por E-mail;
- RSS;
- Imagens Aleatórias;
- Mapa do site;
- Outras.

Vamos nomear nossa instituição de ensino como Faculdade Imaginária de Tecnologia – FIT. Por este motivo, temos que escolher um template com um tema voltado para ensino ou educação, sem esquecer dos padrões mencionados anteriormente.

INSTALANDO UM TEMPLATE

Antes de instalar o template, vá até a pasta fit, delete todos os arquivos e faça uma nova instalação do Joomla como vimos no no capítulo 2. No sexto passo não clique no botão Instalar exemplo de conteúdo.

Os templates podem ser gratuitos ou pagos. Os templates pagos são muito utilizados por profissionais em desenvolvimento de sites. Vamos utilizar um template gratuito para nosso projeto, pois somos iniciantes e não temos tanto dinheiro, ainda, para pagar por um template.

Abra seu navegador Web e digite o seguinte endereço: http://www.bestofjoomla.com/component/option,com_bestoftemplate/task,detail/Itemid,46/id,1208/, deve aparecer uma janela conforme figura abaixo:

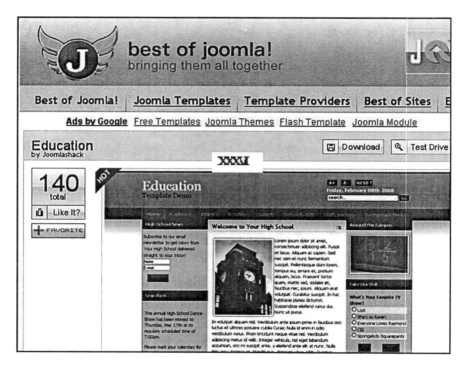

Figura 142

Clique no botão Download. Deve aparecer uma janela conforme figura abaixo:

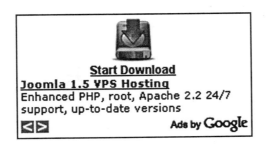

Figura 143

Clique no link Start Download. Vai abrir a janela de download do seu navegador Web. Escolha uma pasta para salvar seu arquivo e aguarde o término do download. Vá até a pasta que você escolheu para salvar o template, clique com o botão direito do mouse sobre o mesmo, em seguida, selecione a opção Extrair aqui, conforme figura abaixo:

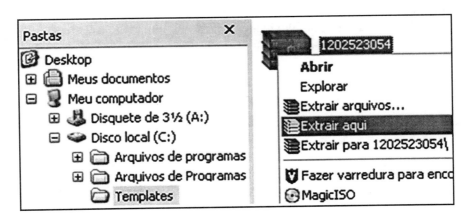

Figura 144

Em seguida delete o arquivo 1202523054, e observe que você agora tem quatro templates para trabalhar no Joomla, conforme figura abaixo:

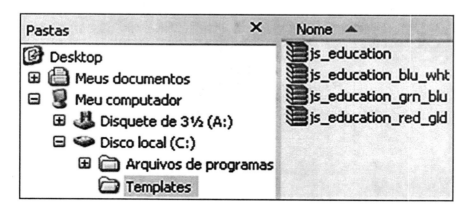

Figura 145

Vamos instalar nosso template, para isto, abra nosso backend. Vamos utilizar o Menu Extensões. As extensões podem ser de diversos tipos, tais como, componentes, módulos, plugins, templates e idiomas. Os componentes, devido a sua complexidade, ficam em um menu separado.

CAPÍTULO 4 – TRABALHANDO NO FRONTEND – TEMPLATES (MODELOS)

A maioria destas extensões é desenvolvida por terceiros e estão disponíveis gratuitamente para uso. Algumas são de ótima qualidade e outras nem vale a pena instalar. Podem estar traduzidas ou não para o português. Algumas extensões podem não ser compatíveis com o Joomla 1.5, por esta razão, existe um plugin de Compatibilidade de Sistema que deve ser habilitado, para isto clique no Menu Extensões, em seguida, no submenu Administrar Plugin, conforme figura abaixo:

Figura 146

Deve aparecer uma janela, conforme figura abaixo:

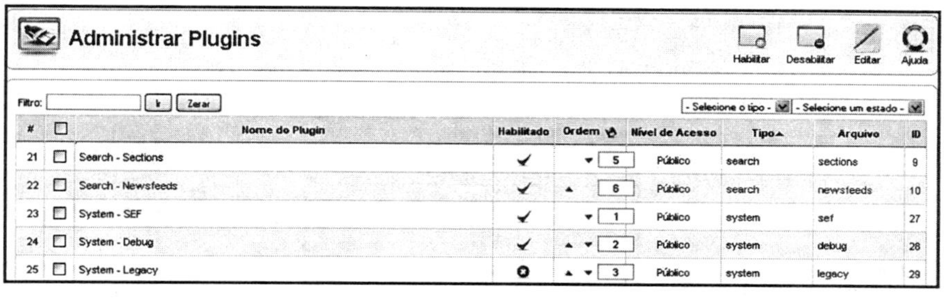

Figura 147

Vá ate o final da página e clique no botão Próximo. Nesta nova página, encontre o item chamado System – Legacy e clique na bolinha vermelha com um x dentro. Pronto, já podemos instalar nossas extensões mesmo que elas tenham sido projetadas para outra versão do Joomla.

Agora vamos instalar nosso template, para isto, clique no Menu Extensões, em seguida, selecione o submenu Instalar/Desinstalar, conforme figura abaixo:

Figura 148

Deve aparecer a janela Administrar Extensões, conforme figura abaixo:

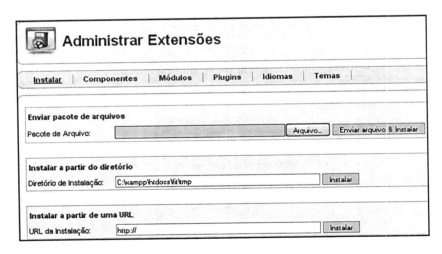

Figura 149

CAPÍTULO 4 – TRABALHANDO NO FRONTEND – TEMPLATES (MODELOS)   107

Observe que por padrão o Menu Instalar já está selecionado, portanto, no item Enviar pacote de arquivos, clique no botão Arquivo..., deve aparecer a janela Enviar arquivo. Abra a pasta onde você salvou o template, selecione o template js_education, em seguida, clique no botão Abrir. Clique no item Enviar arquivo & Instalar. Se correu tudo bem, deve aparecer uma mensagem, conforme figura abaixo:

Figura 150

Para instalar outro tema, o procedimento é o mesmo. Agora vamos visualizar como ficou nosso tema, para isto clique no Menu Extensões, em seguida clique no submenu Administrar Tema, conforme figura abaixo:

Figura 151

Deve aparecer uma janela, conforme figura abaixo:

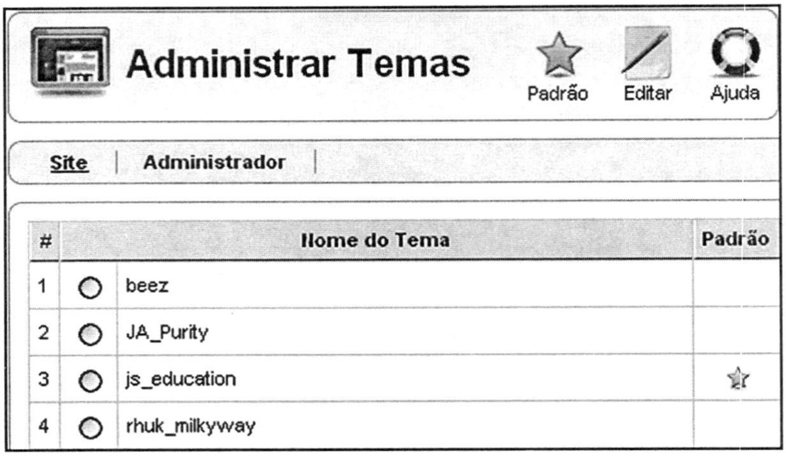

Figura 152

Selecione o tema js_education e clique no botão Padrão, a estrela amarela que fica no topo da página. Perceba que você pode visualizar uma miniatura do site, para isto, basta passar o mouse sobre o nome do tema. Para visualizar o seu novo tema no frontend, basta clicar no item Pré-visualizar, deve aparecer uma janela com o novo tema aplicado ao frontend, conforme figura abaixo:

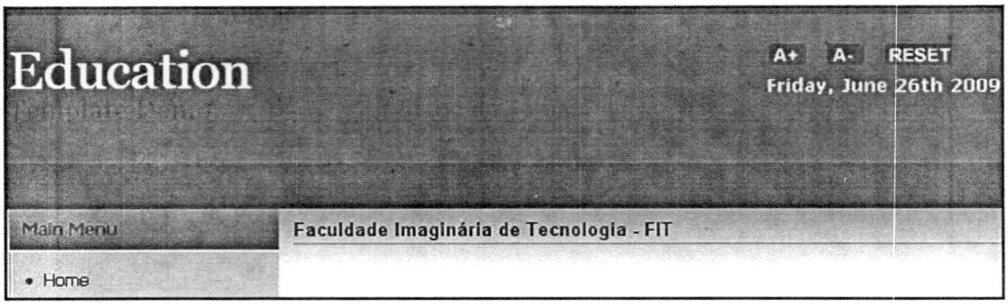

Figura 153

CAPÍTULO 4 – TRABALHANDO NO FRONTEND – TEMPLATES (MODELOS) 109

Uma vez definido o tema para nosso site, sempre remova os temas que não irá utilizar. Isto deve ser feito por uma questão de segurança do Joomla. Para remover os temas que não iremos utilizar, clique no Menu Extensões, em seguida, clique no submenu Instalar/Desinstalar. Na janela que abre, clique no menu Temas. Deve aparecer uma janela, conforme figura abaixo:

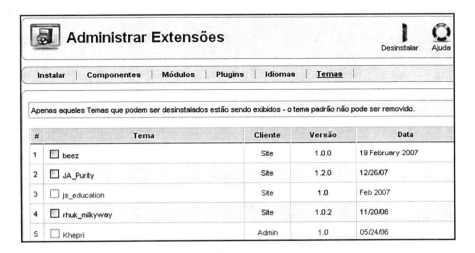

Figura 154

Observe que aparece uma mensagem dizendo que apenas aqueles temas que podem ser desinstalados estão sendo exibidos, o tema padrão não pode ser removido. Neste caso os temas padrões do backend e do frontend ficam desabilitados. Marque os quadrinhos que estão vazios nos temas que não iremos utilizar. Em seguida, depois de selecionados, clique no botão Desinstalar. Nossos temas devem ficar como mostra a figura abaixo:

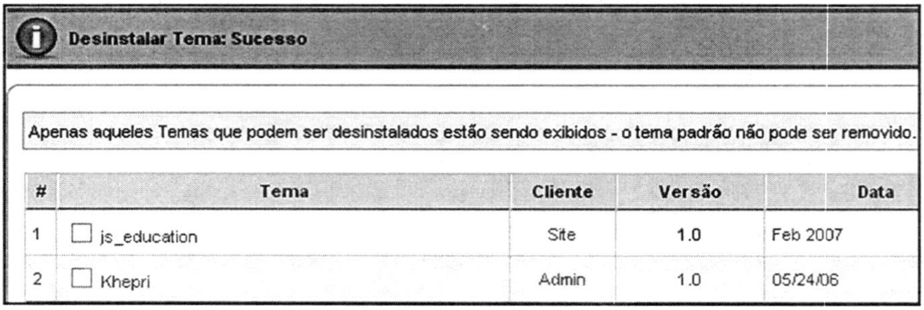

Figura 155

Pronto. Agora temos apenas os temas para o backend e o frontend instalados.

CONHECENDO O TEMPLATE

Você deve estar se perguntando, quem fez este template. Foi um profissional chamado designer gráfico. O que nós vamos fazer é simplesmente customizar o template de acordo com as necessidades do nosso cliente, colocando a logo da instituição de ensino. Vamos fazer alguns pequenos ajustes, pois o template já está de acordo com os padrões do W3C Consortium. Também iremos trabalhar com os módulos, um dos elementos essenciais do joomla, que adicionam funcionalidades a este template, como vimos no capítulo 2.

Capítulo 5

Trabalhando no Frontend – Módulos e Conteúdos

Como foi visto no capítulo 2, os módulos são um dos alicerces do Joomla, pois ele é que dá as funcionalidades que precisamos para trabalhar com o nosso website.

Vamos analisar as posições dos módulos, característicos deste template que estamos usando, conforme figura abaixo:

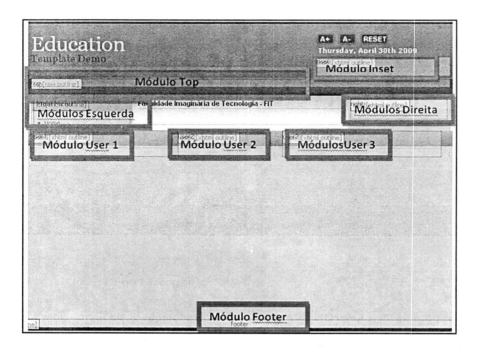

Figura 156

No cabeçalho (header) nós temos a logo em formato texto, como também a data, que está em inglês e iremos alterar, tanto o texto da logo, quanto a data, para português. Temos ainda um botão para mudança de tamanho de fonte, pensando na idéia de usabilidade e acessibilidade. O restante das partes do template são módulos. Vejamos, na tebala abaixo, os principais módulos deste template.

Módulo	Descrição
inset	Reservado para o módulo de pesquisa (search).
top	Reservado para o módulo de menu horizontal.
left	Coluna vertical da esquerda, podemos inserir qualquer módulo neste espaço.
right	Coluna vertical da direita, podemos inserir qualquer módulo neste espaço.
user1	Coluna da esquerda, entre o módulo principal e o rodapé. Podemos inserir qualquer módulo neste espaço.
user2	Coluna central, entre o módulo principal e o rodapé. Podemos inserir qualquer módulo neste espaço.
user3	Coluna da direita, entre o módulo principal e o rodapé. Podemos inserir qualquer módulo neste espaço.
footer	Rodapé. Podemos inserir qualquer módulo neste espaço.

Vamos alterar o título do cabeçalho, para isto, abra o Windows Explorer. Clique em seu Disco padrão. Em seguida, clique na pasta xampp. Em seguida, clique na pasta htdocs. Depois, clique na pasta fit. Em seguida, clique na pasta templates, clique na pasta js_education. Antes de fazer qualquer alteração em um arquivo do template, faça uma cópia de segurança do arquivo original para outra pasta. Se ocorrer algum erro, basta copiar o arquivo original de volta.

Selecione o arquivo index, com o botão direito do mouse clique no menu Abrir com, em seguida, selecione o item Aplicativo WordPad MFC, conforme figura abaixo:

Figura 157

Ao abrir o arquivo, selecione o Menu Editar e clique no item Localizar..., ou pressione as teclas CTRL+F simultaneamente. Na janela que abre, digite na caixa de texto Education e clique no botão Localizar próxima, conforme figura abaixo:

Figura 158

CAPÍTULO 5 – TRABALHANDO NO FRONTEND – MÓDULOS E CONTEÚDOS   115

Observe que a palavra "Education" está em uma linha que começa com o comando <h1> e termina com o comando </h1>, são comandos HTML para determinar o tamanho do texto. Substitua para <h2> e </h2>. Apague a palavra Education e digite Faculdade Imaginária de Tecnologia - FIT, os caracteres que você digitou depois da letra n, servem para colocar acentuação. Na linha abaixo temos o texto "Template Demo" começando com o comando <h2> e terminando com o comando </h2>. Apague o comando <h2> e digite <h3>. Apague o comando </h2> e digite </h3>. Apague o texto Template Demo e digite Educação Profissional de Qualidade. Va até o Menu Arquivo e selecione o item Salvar e salve o arquivo. Veja como ficou o código alterado abaixo:

```
<h2><a href="<?php echo $mosConfig_live_site;?>/
index.php?option=com_frontpage&amp;Itemid=1" title="<?php
echo $mosConfig_sitename; ?>">Faculdade Imagin&aacute;ria
de Tecnologia - FIT</a></h2>
<h3>Educa&ccedil;&atilde;o Profissional de Qualidade</h3>
```

Para visualizar a alteração, digite no seu navegador web o seguinte endereço: http://localhost/fit/. Se você estiver no backend ou site administrativo clique no item Pré-visualizar e veja como ficou a alteração dos textos do cabeçalho, conforme figura abaixo:

Figura 159

116   JOOMLA! PARA INICIANTES

Não feche o arquivo ainda, pois vamos alterar a data. Selecione o Menu Editar e clique no item Localizar..., ou pressione as teclas CTRL+F simultaneamente. Na janela que abre, digite na caixa de texto class="date" e clique no botão Localizar próxima, conforme figura abaixo:

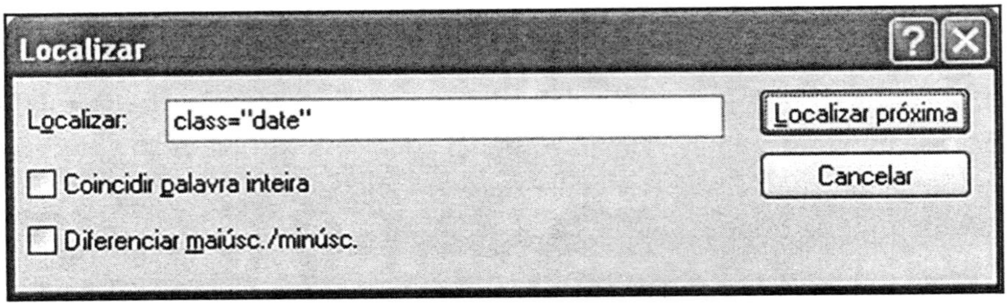

Figura 160

Após a frase <p class="date">, apague a linha que diz <?php echo date('l, F dS Y'); ?></p>, aperte a tecla Enter e na linha abaixo você vai digitar o código para alterar a data, conforme abaixo:

```
<?php
$hora = date("H");
if($hora >= 0 && $hora < 6) {
echo "Boa madrugada"; }
elseif ($hora >= 6 && $hora < 12){
echo "Bom dia"; }
elseif ($hora >= 12 && $hora < 18) {
echo "Boa tarde"; }
else{
echo "Boa noite"; }
?>
-
<?php
setlocale(LC_TIME,'pt_BR','ptb');
$t = 3600;

echo strftime('%A, %d de %B de %Y
',mktime(0,0,0,date('n'),date('d'),date('Y')));

?>
-
```

```
<?php
echo "
horas: ". date('H:i:s');

?>
```

Após esta alteração, salve o arquivo. Para visualizar a alteração, digite no seu navegador web o seguinte endereço: http://localhost/fit/. Se você estiver no backend ou site administrativo, clique no item Pré-visualizar e veja como ficou a alteração dos textos do cabeçalho, conforme figura abaixo:

Figura 161

Observe que os caracteres com acentuação não estão aparecendo, para que isto não ocorra, vá até o menu Exibir do seu navegador e selecione no submenu Codificação, o item Ocidental (ISSO-8859-1). Outro detalhe é o botão do menu de acessibilidade que está em Inglês. Como você pode perceber, este botão é uma imagem e para alterar você precisa de um editor de imagem, como photoshop ou outro que você domine. Para abrir a imagem, abra o Windows Explorer e clique no seu Disco padrão. Em seguida, clique na pasta xampp, clique na pasta htdocs. Em seguida, clique na pasta fit,clique na pasta templates. Após, clique na pasta js_education. Em seguida, clique na pasta images. Procure o arquivo de imagem chamado reset.png. Abra este arquivo no editor de sua preferência apague RESET e digite NORMAL e salve o arquivo.

Para visualizar a alteração, digite no seu navegador web o seguinte endereço: http://localhost/fit/. Se você estiver no backend ou site administrativo, clique no item Pré-visualizar e veja como ficou a alteração dos textos do cabeçalho, conforme figura abaixo:

Figura 162

Inserindo uma Caixa de Pesquisa

Vamos, agora, inserir um módulo de pesquisa para nosso site. Para isto, vá para o backend, clique no Menu Extensões, em seguida, selecione o submenu Administrar Módulo, conforme figura abaixo:

Figura 163

CAPÍTULO 5 – TRABALHANDO NO FRONTEND – MÓDULOS E CONTEÚDOS   119

Na janela que abre, clique no botão Novo. Deve abrir uma janela, conforme figura abaixo:

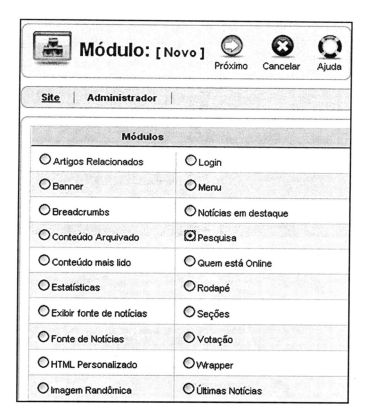

Figura 164

Verifique se o item Site está selecionado. Em seguida, procure pelo módulo Pesquisa, marque este módulo e clique no botão Próximo. Na janela que abre, no Menu Detalhes, digite para o item Título: Pesquisa. Em Exibir Título, marque Não. No Item Habilitado, deixe marcado Sim. No item Posição, selecione inset na caixa de seleção. No item Nível de Acesso, deixe marcado Público. Sua configuração tem que ficar como mostra a figura abaixo:

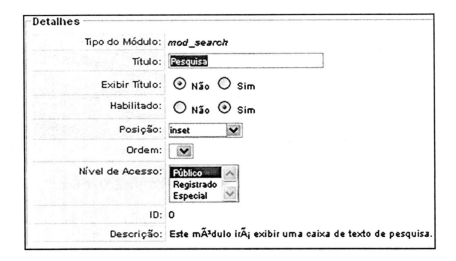

Figura 165

CAPÍTULO 5 – TRABALHANDO NO FRONTEND – MÓDULOS E CONTEÚDOS   121

No Menu Parâmetros, digite no item Sufixo de Classe do Módulo, -search, no item Botão Pesquisar, selecione Sim. No item Posição do Botão, selecione Direita na caixa de seleção; no item Botão pesquisar como uma imagem, selecione Não e, finalmente, no item Texto do Botão, digite Ir...; as outras configurações deixe como estão. Sua configuração tem que ficar como mostra a figura abaixo:

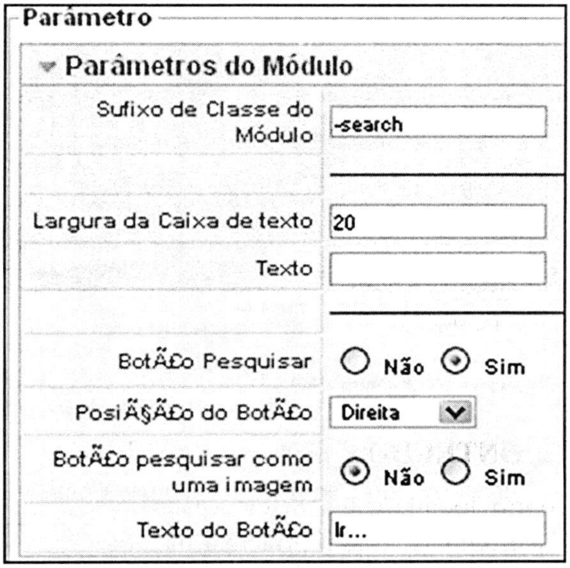

Figura 166

Clique no botão Salvar. Para visualizar o módulo de pesquisa, digite no seu navegador web o seguinte endereço: http://localhost/fit/. Se você estiver no backend ou site administrativo, clique no item Pré-visualizar e veja como ficou, conforme figura abaixo:

Figura 167

Antes de trabalhamos com os módulos do tipo Menu, temos que conhecer um pouco sobre outro elemento que faz parte do tripé do Joomla, os conteúdos.

CRIANDO CONTEÚDOS

Como o próprio Joomla é um Sistema Gerenciador de Conteúdo, fica óbvio deduzir que o conteúdo é a principal matéria prima de um site feito em Joomla. A grande dificuldade para nós, iniciantes neste sistema, é compreender que o Joomla não cria páginas Html estáticas como estamos acostumados com software do tipo Dreamweaver, Frontpage, Nvu, entre outros.

O Joomla trabalha com o que denominamos de placeholders, ou seja, espaço reservado pra adicionar conteúdo futuro, que na realidade vai ficar armazenado no banco de dados MySql. Um exemplo seria um Menu com o nome dos cursos da nossa instituição de ensino fictícia, no qual o espaço deste menu seria preenchido pelo conteúdo, ou seja, o nome dos cursos, que estaria armazenado no banco de dados. Um CMS, como o Joomla, torna as páginas dinâmicas e fáceis de serem gerenciadas por usuários com as mais modestas habilidades técnicas, com isto o web designer vai se preocupar com o que realmente interessa, a parte de design ou apresentação visual do site, dividindo a parte de publicação de conteúdos com outros usuários.

Não só de vantagens vivem os CMS[s], pois eles podem ser extremamente complexos, contendo muitos arquivos, scripts, banco de dados. Isto significa que uma equipe técnica ficará a cargo de modelar e criar o site e, usuários sem habilidades técnicas, vão ficar responsáveis pelo gerenciamento do site. Este livro tem como objetivo guiar os usuários, sem as habilidades técnicas, a criarem e gerenciarem um site feito com o Joomla. Para definir melhor nosso conteúdo, é importante criarmos o que chamamos de mapa do site, que é uma ferramenta padrão de planejamento para criação de um site. É apresentado como um diagrama em forma de árvore que mostra todas as páginas que vão compor nosso site Joomla. Veja uma sugestão de como poderia ficar nosso site na figura abaixo:

124 JOOMLA! PARA INICIANTES

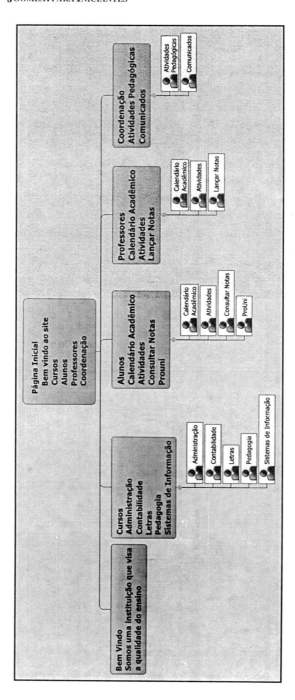

Figura 168

Lembrando que é apenas uma sugestão, cada instituição tem suas próprias necessidades. Analisando a figura acima, podemos dizer que cada caixa seria uma página e os itens dentro das caixas seriam os links com seus devidos conteúdos. Existem duas maneiras principais para criar conteúdos no Joomla. A primeira é através de componentes, com artigos organizados em seções e categorias ou não categorizados, entre outros. A segunda é através dos módulos, tais como os menus. Vamos fazer uma analogia bem interessante com o Arquivo de aço com várias gavetas. O arquivo em si é o nosso site, as pastas suspensas são as seções e os envelopes dentro das pastas são as categorias, e os papéis dentro dos envelopes são os artigos. Não aconselho a trabalhar com artigos não categorizados, pois com o crescimento do site ficará difícil de manipulá-los.

Seções, Categorias e Artigos

As Seções são as camadas mais altas da hierarquia de conteúdos do Joomla, por isso são chamadas de pai das categorias. Uma seção pode ter um ou mais filhos (categorias), como podem não ter nenhum filho, nesse caso, ela não vai ser visualizada pelos internautas.

As categorias são as camadas do meio da hierarquia de conteúdos do Joomla, por isso são chamadas de filhos das seções. Uma categoria só existe se tiver um pai, nesse caso uma seção e podem ter um ou mais filhos que são os artigos, ou nenhum, nesse caso não vai ser visualizada pelos internautas.

Os artigos são as camadas mais baixas da hierarquia de conteúdos do Joomla, e não é por acaso que são as mais importantes, pois são nos artigos que vamos visualizar os conteúdos do nosso site, ou o que podemos chamar de páginas. Não podem existir sem as categorias. Vamos pegar como exemplo a categoria Cursos do nosso site para visualizarmos os conceitos acima. Nosso planejamento ficaria como no exemplo abaixo:

- Cursos (Seção)
    - Administração (Categoria)
        - Professores do Curso (Item de Conteúdo ou Artigo)

↪   Contabilidade (Categoria)
  • Professores do Curso (Item de Conteúdo ou Artigo)
↪   Letras (Categoria)
  • Professores do Curso (Item de Conteúdo ou Artigo)
↪   Pedagogia (Categoria)
  • Professores do Curso (Item de Conteúdo ou Artigo)
↪   Sistemas de Informação (Categoria)
  • Professores do Curso (Item de Conteúdo ou Artigo)

Após essa explicação sobre conteúdos, estamos aptos a trabalhar com os módulos de menu e nossas extensões.

MENUS DE NAVEGAÇÃO

Um site de uma instituição de ensino, possui muitos departamentos e seções, o que é perfeito para um menu do tipo Drop-down, ou seja, quando você clica no item aparecem, os subitens logo abaixo. Quando iniciamos nossa página no Joomla, perceba que ela está com um único menu principal, chamado Home, localizado à esquerda do nosso site, conforme figura abaixo:

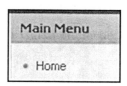

Figura 169

CAPÍTULO 5 – TRABALHANDO NO FRONTEND – MÓDULOS E CONTEÚDOS   127

Caso você tenha instalado os Exemplos de Conteúdo na instalação do Joomla, este menu irá conter mais itens. Vamos inserir o Menu Home na posição horizontal, no nosso caso, na área denominada top. Vá até o Menu Extensões, em seguida, clique no submenu Administrar Módulo, conforme figura abaixo:

Figura 170

Na janela que abre, clique no item Main Menu, abrirá uma janela conforme figura abaixo:

Figura 171

Na janela Detalhes, a única coisa a ser mudada é no item Posição, selecione na caixa de seleção top. Na janela Parâmetros, no item Parâmetros do Módulo, no item Estilo do Menu, selecione na caixa o tipo Lista. No item Sempre exibir itens do submenu, marque Sim, conforme figura abaixo:

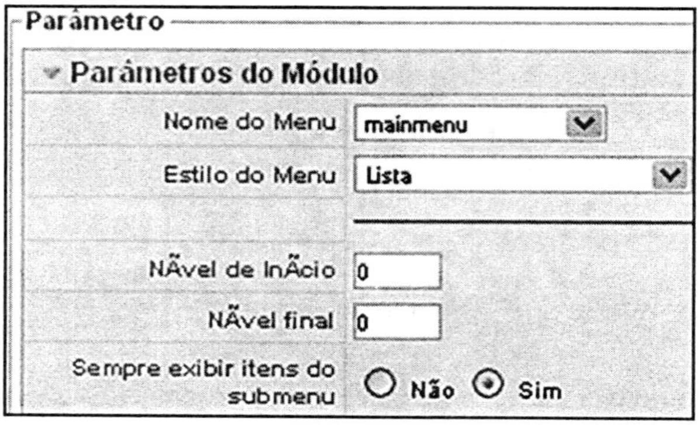

Figura 172

Na janela Parâmetros Avançados, a única coisa que você vai mexer é no item Sufixo de Classe do Menu, verifique se a caixa de texto está vazia e no item Sufixo de Classe do Módulo, verifique se a caixa de texto está vazia, conforme figura abaixo:

Figura 173

CAPÍTULO 5 – TRABALHANDO NO FRONTEND – MÓDULOS E CONTEÚDOS   129

Feitas estas configurações, clique no botão salvar. Mas o nome está em inglês. Tem como mudar para português, ao invés de Home colocar Início? Sim tem como mudar. Para isso, vá até o Menu Menus e selecione o submenu Main Menu, conforme figura abaixo:

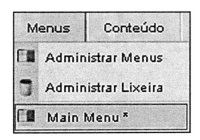

Figura 174

Na janela que abre, clique no item Home. Abrirá uma nova janela, na aba Detalhes do item de Menu, no item Título, apague o nome Home e digite Início e no item, Apelido, apague home e digite inicio, conforme figura abaixo:

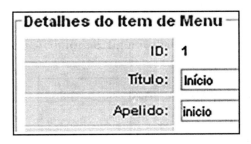

Figura 175

Feitas estas configurações, clique no botão Salvar. Para visualizar a alteração feita, digite no seu navegador web o seguinte endereço: http://localhost/fit/. Se você estiver no backend ou site administrativo, clique no item Pré-visualizar e veja como ficou, conforme figura abaixo:

Figura 176

MENUS E CONTEÚDOS

O núcleo de um site Joomla, são os menus. São através deles que vamos navegar e visualizar os conteúdos de nosso site. Cada menu tem um módulo que controla onde e como ele aparece na nossa página. Para visualizar os menus instalados no Joomla, clique no item Menus, em seguida, clique no submenu Administrar Menu, conforme figura abaixo:

Figura 177   *Figura 178*

CAPÍTULO 5 – TRABALHANDO NO FRONTEND – MÓDULOS E CONTEÚDOS   131

Se na instalação do Joomla, no capítulo 2, no sexto passo, você tiver clicado no botão Instalar exemplo de conteúdo, você verá um menu com seis itens que é o padrão, caso contrário, você verá um menu somente com o item Main Menu, conforme figuras abaixo:

#		Título	Tipo
1	○	Main Menu	mainmenu
2	○	User Menu	usermenu
3	○	Top Menu	topmenu
4	○	Resources	othermenu
5	○	Example Pages	ExamplePages
6	○	Key Concepts	keyconcepts

Figura 179

#		Título
1	○	Main Menu

Figura 180

Cada Menu tem, pelo menos, um módulo associado a ele, o qual é responsável pelas posições onde o menu aparecerá em nosso site, ou seja, no topo, na coluna da esquerda, na coluna da direita, etc. Veremos uma pequena análise destes menus.

- **Menu Principal (Main Menu):** é o que contém a navegação para o conteúdo principal do nosso site;
- **Menu do Usuário (User Menu):** este menu contém algumas funções para nossos usuários. Pode-se definir qual usuário tem ou não acesso ao conteúdo através dos níveis de acesso;
- **Menu de Topo (Top Menu):** é a duplicação de alguns links que estão no menu principal (main menu);

- **Outros Menus (Other Menus):** exibe links, para fora do site, relacionados ao Joomla;
- **Páginas de Exemplo (Example Pages):** são links que nos mostram diferentes layouts para o Joomla;
- **Conceitos-Chave (Key Concepts):** são links para sites que fazem explicações sobre layouts e extensões do Joomla.

Feitas estas considerações, vamos criar os conteúdos para serem associados ao nosso menu de navegação horizontal.

CRIANDO CONTEÚDOS

Vamos utilizar o mapa do site que fizemos. Primeiro vamos criar uma Seção chamada Cursos, para isto, no backend, clique no menu Conteúdo, após clique no submenu Administrar Seção ou clique no botão Administrar Seções, conforme figuras abaixo:

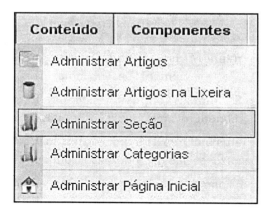

Figura 181

Figura 182

Na janela que abre, clique no botão Novo. Na aba Detalhes, no item Título, digite Cursos na caixa de texto. No item Apelido, digite cursos , em minúsculo, na caixa de texto. Neste campo não se pode usar espaço em branco para separar nomes, use hífen ou underscore. No item Publicado, selecione Sim. Não altere os outros itens, sua configuração deve ficar como mostra a figura abaixo:

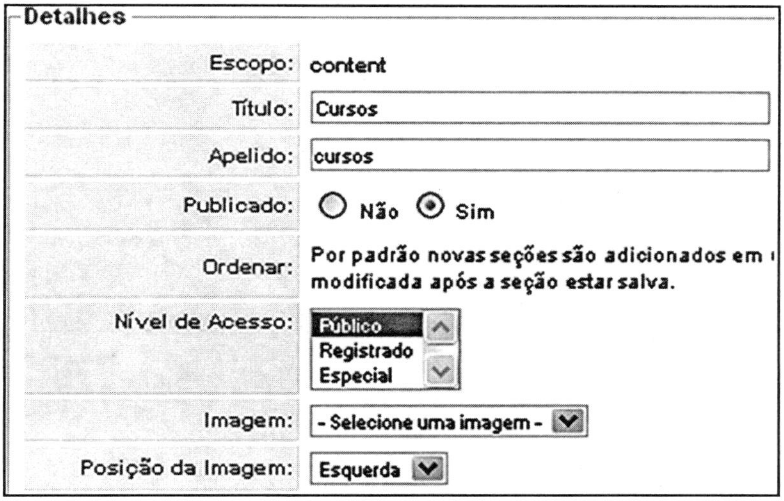

Figura 183

Na aba descrição, perceba que você tem todas as funcionalidades de um processador de texto, digite o seguinte texto: *"Os cursos da Faculdade Imaginária de Tecnologia - FIT, são todos reconhecidos pelo Ministério da Educação e, principalmente, pelo mercado de trabalho."* Selecione o texto e, na caixa de seleção Format, selecione Heading 3, em seguida, clique no botão justificar . Veja se as configurações estão de acordo com o mostrado na figura abaixo:

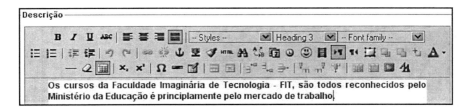

Figura 184

Feitas as devidas configurações, clique no botão Salvar. Agora clique no menu Conteúdo, clique no submenu Administrar Categorias, ou clique no botão Administrar Categoria, conforme figuras abaixo:

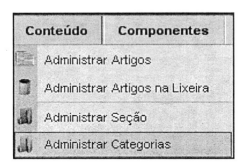

Figura 185   **Figura 186**

Na janela que abre, clique no botão Novo. Na aba Detalhes, no item Título. Digite, na caixa de texto, Administração. No item Apelido, digite administração, em minúsculo e sem acentuação, na caixa de texto. Lembre-se que neste campo não se pode usar espaço em branco para separar nomes, use hífen ou underscore. No item Publicado, selecione Sim. Observe que aparece um novo item, chamado Seção, pois uma categoria não pode existir sem antes criarmos a seção. Neste caso, a Seção

Cursos, chamamos de pai e a categoria Administração, chamamos de filho. Não altere os outros itens da aba Detalhes, conforme figura abaixo:

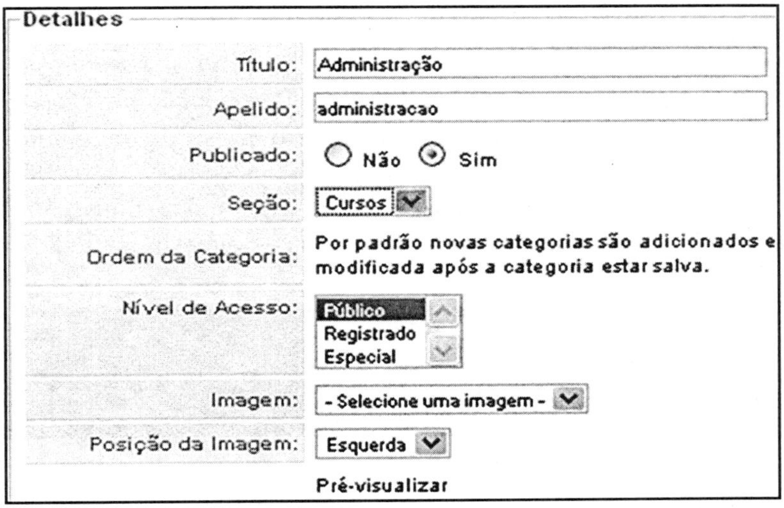

Figura 187

Na aba descrição, perceba que você tem todas as funcionalidades de um processador de texto, digite o seguinte texto: Na primeira linha, BACHARELADO EM ADMINISTRAÇÃO, selecione a frase e clique no botão Negrito [B]. Com a frase ainda selecionada, na caixa de seleção Format onde tem Paragraph, selecione Heading 5. No final da frase, pressione a tecla Enter duas vezes

Posicione o cursor no início da próxima linha e digite o texto: Autorizado pela Portaria Ministerial MEC n.° 5.555 de 11/03/1965. Selecione a frase e clique no botão Negrito [B]. Com a frase ainda selecionada, na caixa de seleção Format onde tem Paragraph, selecione Heading 5. No final da frase, pressione a tecla Enter duas vezes.

Posicione o cursor no início da próxima linha e digite o texto: 1-Missão do Curso. Selecione a frase e clique no botão Negrito [B]. Com a frase ainda selecionada, na caixa de seleção Format, selecione Paragraph, em seguida, clique no botão justificar ▤ . No final da frase, pressione a tecla Enter duas vezes.

Posicione o cursor no início da próxima linha e digite o texto: *"O projeto do Curso de Bacharelado em Administração com linha de formação em Marketing tem como linha de formação de profissionais empreendedores, capazes de adotar modelos de gestão, métodos e processos inovadores, novas tecnologias e metodologias alternativas, a partir da integração dos conceitos em Administração."*. Selecione o texto e na caixa de seleção Format selecione Paragraph, em seguida, clique no botão justificar ▤ . Veja se as configurações estão como mostra a figura abaixo:

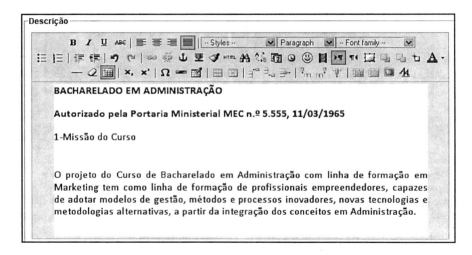

Figura 188

Feitas as devidas configurações, clique no botão Salvar. Vamos criar agora o artigo desta categoria. Para isto, clique no menu Conteúdo, em seguida, clique no submenu Administrar Artigos ou clique no botão Administrar Artigo, conforme figura abaixo:

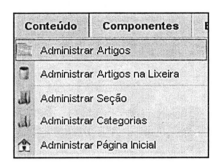 

Figura 189   **Figura 190**

Na janela que abre, clique no botão Novo. No item Título, digite, na caixa de texto, Docentes. No item Apelido, digite, na caixa de texto, docente, em minúsculo e sem acentuação. Lembre-se de que neste campo não se pode usar espaço em branco para separar nomes, use hífen ou underscore. No item Publicado, selecione Sim. Observe que aparecem três novos itens, que são Exibir na Página Inicial, selecione Não. No item Seção, selecione Cursos na caixa de seleção. No item Categoria, selecione Administração na caixa de seleção, Deve ficar conforme figura abaixo:

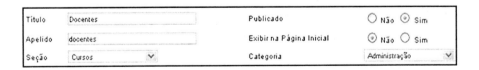

Figura 191

Na caixa de texto abaixo, farei uma singela homenagem aos colegas professores que marcaram minha carreira, nestes mais de dez anos como docente. Vamos digitar, em uma tabela, os Docentes do curso de Administração.

Para isso, clique no botão inserir nova tabela , e crie uma tabela com 2 colunas e 20 linhas, conforme tabela abaixo:

Docente	Grau
Aijalon Rodrigues Barrosos	Especialista
André Luís Silva	Especialista
Edmar Gomes de Melo Junior	Especialista
Fagner P. Dias	Mestre
Fernando da Silva Nunes	Mestre
Frederico Cruz	Especialista
Georges Ribeiro	Especialista
Gilmar dos Santos Marques	Mestre
José Péricles Freire Barroncas	Especialista
Josias Alves	Especialista
Lúcio Alexandre Souza Lordes	Especialista
Marcello da Silva Nunes	Mestre
Marcilio Matos Siqueira	Mestre
Marcus Vinicius Cardoso	Mestre
Maria Beatriz Sena Brignol	Mestre
Mariela Amaral Guruciaga	Doutora
Maristela Vasconcelos Valadares	Especialista
Rose Mary Gonçalves	Mestre
Tânia Maria Severino Marques	Especialista

Após, a digitação deve ficar como mostra a figura abaixo:

Docente	Grau
Aijalon Rodrigues Barrosos	Especialista
André Luís Silva	Especialista
Edmar Gomes de Melo Junior	Especialista
Fagner P. Dias	Mestre
Fernando da Silva Nunes	Mestre
Frederico Cruz	Especialista
Georges Ribeiro	Especialista
Gilmar dos Santos Marques	Mestre
José Péricles Freire Barroncas	Especialista
Josias Alves	Especialista
Lúcio Alexandre Souza Lordes	Especialista
Marcello da Silva Nunes	Mestre
Marcilio Matos Siqueira	Mestre
Marcus Vinicius Cardoso	Mestre
Maria Beatriz Sena Brignol	Mestre
Mariela Amaral Guruciaga	Doutora
Maristela Vasconcelos Valadares	Especialista
Rose Mary Gonçalves	Mestre
Tânia Maria Severino Marques	Especialista

Figura 193

Se você achar complicado trabalhar com a tabela deste processador de texto do Joomla, você pode criar a tabela utilizando outro processador de texto, como o BrOffice ou o Word. Depois de criada a tabela em um destes programas, basta selecionar a tabela, copiar e depois colar na caixa de texto do Artigo. Vamos criar o restante dos conteúdos, Seções, Categorias e Artigos do nosso site.

Continuando na Seção chamada Cursos, vamos criar as categorias e os artigos restantes. Clique no menu Conteúdo, em seguida, clique no submenu Administrar Categorias, ou clique no botão Administrar Categoria, conforme figura abaixo:

Figura 194　　　　　　　　**Figura 195**

Na janela que abre, clique no botão Novo. Na aba Detalhes, no item Título, digite Contabilidade na caixa de texto. No item Apelido, digite contabilidade, em minúsculo e sem acentuação, na caixa de texto. Lembre-se de que neste campo não se pode usar espaço em branco para separar nomes, use hífen ou underscore. No item Publicado, selecione Sim. No item Seção, selecione Cursos. Não altere os outros itens da aba Detalhes, conforme figura abaixo:

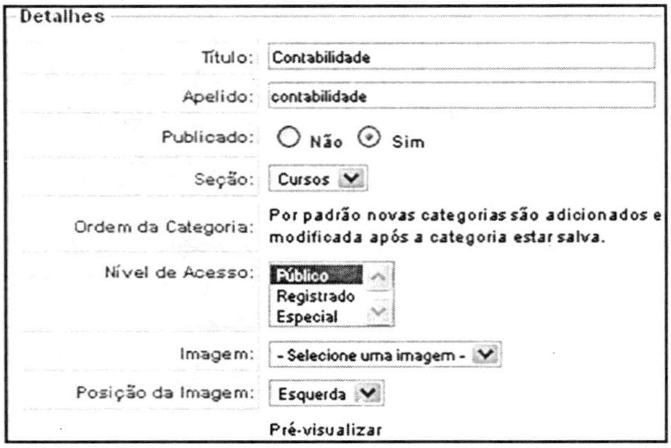

Figura 196

Na aba descrição, perceba que você tem todas as funcionalidades de um processador de texto, digite o seguinte texto:

Na primeira linha: BACHARELADO EM CIÊNCIAS CONTÁBEIS OU CONTADOR. Selecione a frase e clique no botão Negrito **B** . Com a frase ainda selecionada, na caixa de seleção Format onde tem Paragraph, selecione Heading 5. No final da frase, pressione a tecla Enter duas vezes.

Posicione o cursor no início da próxima linha e digite o texto: Autorizado pela Portaria Ministerial MEC n.º 5.555 de 11/03/1965. Selecione a frase e clique no botão Negrito **B** . Com a frase ainda selecionada, na caixa de seleção Format onde tem Paragraph, selecione Heading 5. No final da frase, pressione a tecla Enter duas vezes.

Posicione o cursor no início da próxima linha e digite o texto: 1-Missão do Curso. Selecione a frase e clique no botão Negrito **B** . Com a frase ainda selecionada, na caixa de seleção Format, selecione Paragraph, clique no botão justificar . No final da frase, pressione a tecla Enter duas vezes.

Posicione o cursor no início da próxima linha e digite o texto: *"O foco do curso são as áreas de controladoria e auditoria, o que abre inúmeras portas de empregos para os profissionais formados aqui. Isso porque, conforme especialistas no assunto, o contador é quem possui todas as informações importantes de qualquer empresa.*

Dessa forma, qual empresa não contrataria um contador capaz de auxiliar na tomada de decisões estratégicas? Formar profissionais com esse perfil é o principal objetivo do curso.

O contador formado aqui não é apenas técnico capaz de registrar, classificar e demonstrar patrimônios empresariais. É um profissional versátil, que interpreta os dados, avalia riscos e propõe decisões estratégicas relativas à administração financeira e econômica de qualquer organização." Selecione o texto e na caixa de seleção Format selecione

Paragraph, em seguida, clique no botão justificar [img]. Veja se as configurações estão como mostra a figura abaixo:

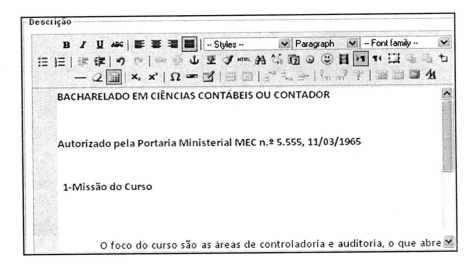

Figura 197

Feitas as devidas configurações clique, no botão Salvar. Vamos criar agora o artigo desta categoria. Para isso, clique no menu Conteúdo, em seguida clique no submenu Administrar Artigos ou clique no botão Administrar Artigo, conforme figura abaixo:

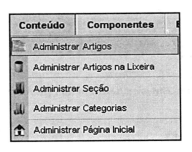   

Figura 198   *Figura 199*

Na janela que abre, clique no botão Novo. No item Título, digite Docentes na caixa de texto. No item Apelido, digite docente, em minúsculo e sem acentuação, na caixa de texto. Lembre-se de que neste campo não se pode usar espaço em branco para separar nomes, use hífen ou underscore. No item Publicado, selecione Sim. No item Exibir na Página Inicial, selecione Não. No item Seção, selecione Cursos na caixa de seleção. No item Categoria, selecione Contabilidade na caixa de seleção, deve ficar conforme figura abaixo:

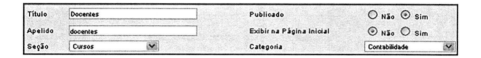

Figura 200

Na caixa de texto abaixo, farei uma singela homenagem aos colegas professores que marcaram minha carreira. Vamos digitar, em uma tabela, os Docentes do curso de Contabilidade.

Para isto, clique no botão inserir nova tabela [ ], e crie uma tabela com 2 colunas e 05 linhas, conforme tabela abaixo:

Docente	Grau
Antonio Francisco Teixeira	Especialista
Eurípedes Rosa do Nascimento Junior	Especialista
Odair Correia do Nascimento	Especialista
Sidval Vieira	Especialista

Após, a digitação deve ficar como mostra a figura abaixo:

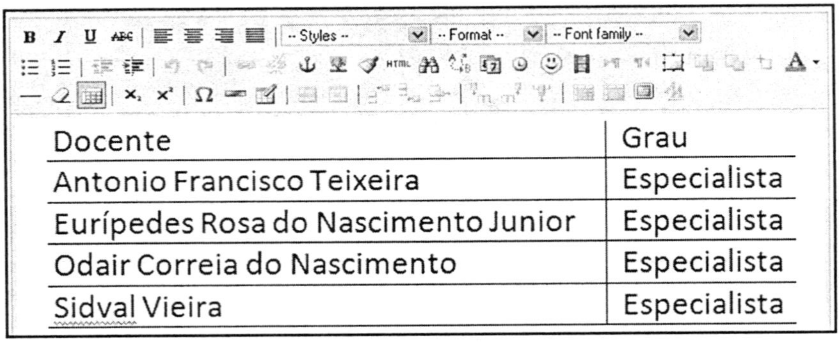

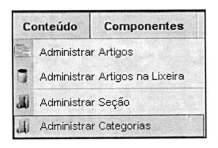

Figura 201

Se você achar complicado trabalhar com a tabela deste processador de texto do Joomla, fica aqui a dica de usar outro processador de texto.

Ainda na Seção chamada Cursos, clique no menu Conteúdo, em seguida, clique no submenu Administrar Categorias, ou clique no botão Administrar Categoria, conforme figura abaixo:

Figura 202

Figura 203

Na janela que abre, clique no botão Novo. Na aba Detalhes, no item Título, digite Letras na caixa de texto. No item Apelido, digite letras, em minúsculo e sem acentuação, na caixa de texto. Lembre-se de que neste campo não se pode usar espaço em branco para separar nomes, use hífen ou underscore. No item Publicado, selecione Sim. No item Seção, selecione Cursos. Não altere os outros itens da aba Detalhes, conforme figura abaixo:

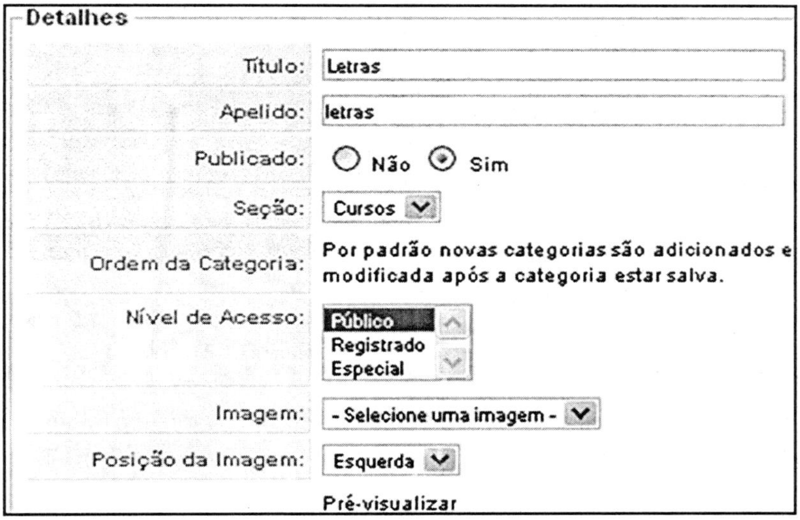

Figura 204

Na aba descrição, perceba que você tem todas as funcionalidades de um processador de texto, digite o seguinte texto. Na primeira linha, LICENCIATURA EM LÍNGUA PORTUGUESA E/OU LÍNGUA INGLESA E RESPECTIVAS LITERATURAS, selecione a frase e clique no botão Negrito [B]. Com a frase ainda selecionada, na caixa de seleção Format onde tem Paragraph, selecione Heading 5. No final da frase, pressione a tecla Enter duas vezes.

Posicione o cursor no início da próxima linha e digite o texto: Autorizado pela Portaria Ministerial MEC n.º 5.555 de 11/03/1965. Selecione a frase e clique no botão Negrito [B]. Com a frase ainda selecionada, na caixa de seleção Format onde tem Paragraph, selecione Heading 5. No final da frase, pressione a tecla Enter duas vezes.

Posicione o cursor no início da próxima linha e digite o texto: 1-Missão do Curso. Selecione a frase e clique no botão Negrito [B]. Com a frase ainda selecionada, na caixa de seleção Format selecione Paragraph, em seguida, clique no botão justificar. No final da frase, pressione a tecla Enter duas vezes.

Posicione o cursor no início da próxima linha e digite o texto: "*Formar profissionais docentes de Língua Portuguesa e/ou Inglesa em nível de graduação, para atuarem no ensino básico, tendo como referência a legislação em vigor, as ciências da Educação, as teorias pedagógicas, as teorias linguísticas e, como finalidade, desenvolver nestes profissionais uma conduta reflexiva investigativa e o domínio de uso dos diferentes processos da fala, da leitura e da escrita.*"

Selecione o texto e na caixa de seleção Format selecione Paragraph, em seguida clique no botão justificar. Veja se as configurações estão como mostra a figura abaixo:

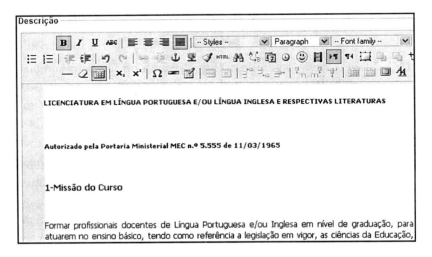

Figura 205

Feitas as devidas configurações, clique no botão Salvar. Vamos criar agora o artigo dessa categoria. Para isso, clique no menu Conteúdo, em seguida, clique no submenu Administrar Artigos ou clique no botão Administrar Artigo, conforme figura abaixo:

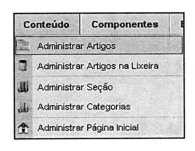

Figura 206

Figura 207

Na janela que abre, clique no botão Novo. No item Título, digite Docentes na caixa de texto. No item Apelido, digite docente, em minúsculo e sem acentuação, na caixa de texto. Lembre-se de que neste campo não se pode usar espaço em branco para separar nomes, use hífen ou underscore. No item Publicado, selecione Sim. No item Exibir na Página Inicial, selecione Não. No item Seção, selecione na caixa de seleção Cursos. No item Categoria, selecione Letras na caixa de seleção, deve ficar conforme figura abaixo:

Figura 208

Na caixa de texto abaixo, também farei uma singela homenagem aos colegas professores que marcaram minha carreira como docente. Vamos digitar, em uma tabela, os Docentes do curso de Letras.

Para isto, clique no botão inserir nova tabela [ícone] e crie uma tabela com 2 colunas e 04 linhas, conforme tabela abaixo:

Docente	Grau
Claudia Heloísa Schmeiske da Silva	Mestre
Djiby Mane	Doutor
Gamaliel da Silva Carneiro	Doutor

Após, a digitação deve ficar como mostra a figura abaixo:

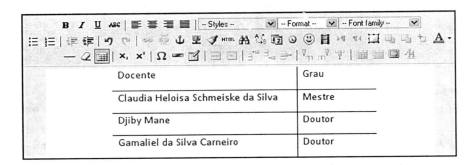

Figura 209

Se você achar complicado trabalhar com a tabela deste processador de texto do Joomla, fica aqui a dica de usar outro processador de texto.

Ainda na Seção chamada Cursos, clique no menu Conteúdo, em seguida, clique no submenu Administrar Categorias, ou clique no botão Administrar Categoria, conforme figura abaixo:

Figura 210   *Figura 211*

Na janela que abre, clique no botão Novo. Na aba Detalhes, no item Título, digite Pedagogia na caixa de texto. No item Apelido, digite pedagogia, em minúsculo e sem acentuação, na caixa de texto. Lembre-se e que neste campo não se pode usar espaço em branco para separar nomes, use hífen ou underscore. No item Publicado, selecione Sim. No item Seção, selecione Cursos. Não altere os outros itens da aba Detalhes, conforme figura abaixo:

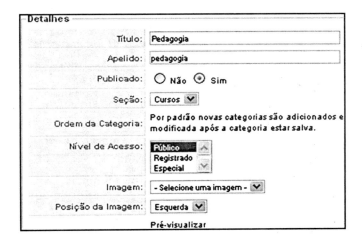

Figura 212

Na aba descrição, perceba que você tem todas as funcionalidades de um processador de texto, digite o seguinte texto na primeira linha: LICENCIATURA EM PEDAGOGIA. Selecione a frase e clique no botão Negrito **B**. Com a frase ainda selecionada, na caixa de seleção Format onde tem Paragraph, selecione Heading 5. No final da frase, pressione a tecla Enter duas vezes.

Posicione o cursor no início da próxima linha e digite o texto: Autorizado pela Portaria Ministerial MEC n.º 5.555 de 11/03/1965. Selecione a frase e clique no botão Negrito **B**. Com a frase ainda selecionada, na caixa de seleção Format onde tem Paragraph, selecione Heading 5. No final da frase, pressione a tecla Enter duas vezes.

Posicione o cursor no início da próxima linha e digite o texto: 1-Missão do Curso. Selecione a frase e clique no botão Negrito **B**. Com a frase ainda selecionada, na caixa de seleção Format selecione Paragraph, em seguida clique no botão justificar. No final da frase, pressione a tecla Enter duas vezes.

Posicione o cursor no início da próxima linha e digite o texto: *"O curso Pedagogia, licenciatura, parte do princípio que o homem é fundamentalmente um agente de mudanças, agente esse, global, flexível, criativo, construtivo, responsável, solidário, em relação a si mesmo, ao outro e ao universo. Tem como princípio, que a educação num contexto democrático, é entendida como processo responsável por criar condições para que todas as pessoas desenvolvam suas habilidades e aprendam os conteúdos necessários à construção dos instrumentos de compreensão da realidade e à participação em relações sociais amplas e diversificadas – fundamentos imprescindíveis para o exercício da cidadania e a formação integral do ser humano.*

As tendências da educação para as próximas décadas têm como pilares, por se constituírem vias de acesso ao conhecimento e ao convívio democrático: aprender a conhecer, aprender a fazer, aprender a viver e aprender a ser. Essa perspectiva enfoca uma nova concepção de educação escolar, dando uma nova dimensão ao trabalho e papel do professor e, exige uma formação profissional voltada para o estudo da educação como uma prática social na sua globalidade, levando-se em conta a natureza, as finalidades, os processos formativos e os determinantes socioeconômicos, políticos e culturais do ato de educar.

Assim sendo, esse curso destina-se à formação de docentes na Educação Infantil e nos Anos Iniciais do Ensino Fundamental, nos cursos de Ensino Médio, na modalidade Normal, e em cursos de Educação Profissional na área de serviços e apoio escolar, e, na organização do trabalho pedagógico quer no espaço escolar, quer em outras modalidades da educação em outros espaços sociais nos quais a atuação desse profissional se fizer necessária, sempre numa perspectiva de promover o ensino crítico e reflexivo que instrumentaliza o indivíduo a intervir na sociedade, tendo em vista a sua transformação e a construção da cidadania."

Selecione o texto e na caixa de seleção Format, selecione Paragraph, em seguida clique no botão justificar ▇. Veja se as configurações estão de acordo com o mostrado na figura abaixo:

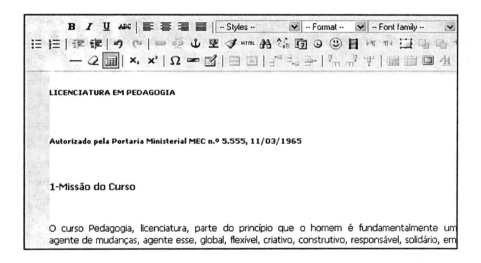

Figura 213

Feitas as devidas configurações clique no botão Salvar. Vamos criar agora o artigo desta categoria. Para isto clique no menu Conteúdo, em seguida, clique no submenu Administrar Artigos ou clique no botão Administrar Artigo, conforme figura abaixo:

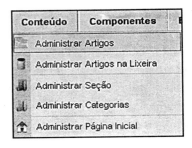 

Figura 214   *Figura 215*

Na janela que abre, clique no botão Novo. No item Título, digite Docentes na caixa de texto. No item Apelido, digite docente, em minúsculo e sem acentuação, na caixa de texto. Lembre-se de que neste campo não se pode usar espaço em branco para separar nomes, use hífen ou underscore. No item Publicado, selecione Sim. No item Exibir na Página Inicial, selecione Não. No item Seção, selecione Cursos na caixa de seleção. No item Categoria, selecione Pedagogia na caixa de seleção, deve ficar conforme figura abaixo:

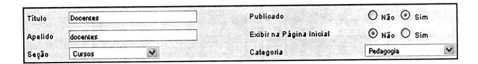

Figura 216

Na caixa de texto abaixo, farei uma singela homenagem aos colegas professores que marcaram minha carreira como docente. Vamos digitar, em uma tabela, os Docentes do curso de Pedagogia.

Para isto, clique no botão inserir nova tabela 📝 e crie uma tabela com 2 colunas e 10 linhas, conforme tabela abaixo:

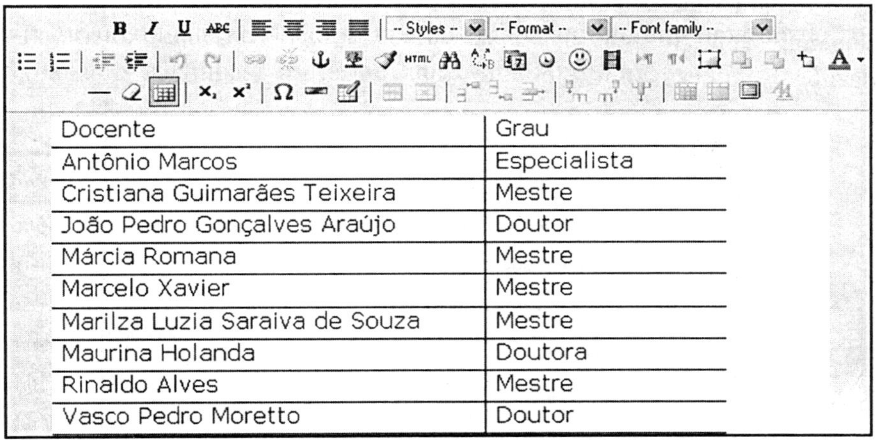

Docente	Grau
Antônio Marcos	Especialista
Cristiana Guimarães Teixeira	Mestre
João Pedro Gonçalves Araújo	Doutor
Márcia Romana	Mestre
Marcelo Xavier	Mestre
Marilza Luzia Saraiva de Souza	Mestre
Maurina Holanda	Doutora
Rinaldo Alves	Mestre
Vasco Pedro Moretto	Doutor

Após, a digitação deve ficar como mostra a figura abaixo:

Figura 217

Se você achar complicado trabalhar com a tabela deste processador de texto do Joomla, fica aqui a dica de usar outro processador de texto.

Ainda na Seção chamada Cursos, clique no menu Conteúdo, em seguida clique no submenu Administrar Categorias, ou clique no botão Administrar Categoria, conforme figura abaixo:

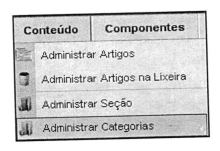

Figura 218

Figura 219

Na janela que abre, clique no botão Novo. Na aba Detalhes, no item Título, digite Sistemas de Informação na caixa de texto. No item Apelido, digite sistemas-de-informacao, em minúsculo e sem acentuação, na caixa de texto. Lembre-se de que neste campo não se pode usar espaço em branco para separar nomes, use hífen ou underscore. No item Publicado, selecione Sim. No item Seção, selecione Cursos. Não altere os outros itens da aba Detalhes, conforme figura abaixo:

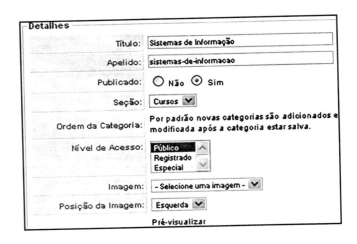

Figura 220

Na aba descrição, perceba que você tem todas as funcionalidades de um processador de texto, digite o seguinte texto, na primeira linha: BACHARELADO EM SISTEMAS DE INFORMAÇÃO. Selecione a frase e clique no botão Negrito [B] . Com a frase ainda selecionada, na caixa de seleção Format onde tem Paragraph, selecione Heading 5. No final da frase, pressione a tecla Enter duas vezes.

Posicione o cursor no início da próxima linha e digite o texto, Autorizado pela Portaria Ministerial MEC n.º 5.555 de 11/03/1965, selecione a frase e clique no botão Negrito [B] . Com a frase ainda selecionada, na caixa de seleção Format onde tem Paragraph, selecione Heading 5. No final da frase, pressione a tecla Enter duas vezes.

Posicione o cursor no início da próxima linha e digite o texto: 1-Missão do Curso. Selecione a frase e clique no botão Negrito [B] . Com a frase ainda selecionada, na caixa de seleção Format, selecione Paragraph, em seguida, clique no botão justificar [≡]. No final da frase, pressione a tecla Enter duas vezes.

Posicione o cursor no início da próxima linha e digite o texto: *"O Curso de Sistemas de Informação tem por objetivo fornecer ao graduado uma sólida formação acadêmica, através de aulas teóricas e práticas de laboratório, possibilitando a formação de um profissional capaz de atuar na análise e desenvolvimento de modernos sistemas de informação, além de implementar e gerenciar dados, estruturas e TI."*.

Selecione o texto e, na caixa de seleção Format, selecione Paragraph, em seguida, clique no botão justificar [ ]. Veja se as configurações estão como mostra a figura abaixo:

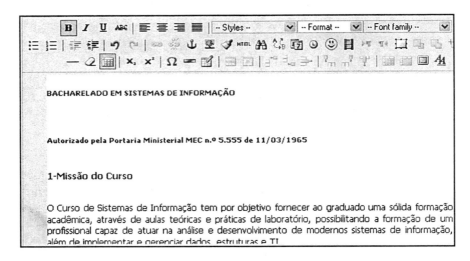

Figura 221

Feitas as devidas configurações, clique no botão Salvar. Vamos criar agora o artigo desta categoria. Para isto clique no menu Conteúdo, em seguida, clique no submenu Administrar Artigos ou clique no botão Administrar Artigo, conforme figura abaixo:

Figura 222   *Figura 223*

CAPÍTULO 5 – TRABALHANDO NO FRONTEND – MÓDULOS E CONTEÚDOS   157

Na janela que abre, clique no botão Novo. No item Título, digite Docentes na caixa de texto. No item Apelido, digite docente, em minúsculo e sem acentuação na caixa de texto. Lembre-se de que neste campo não se pode usar espaço em branco para separar nomes, use hífen ou underscore. No item Publicado, selecione Sim. No item Exibir na Página Inicial, selecione Não. No item Seção, selecione Cursos na caixa de seleção. No item Categoria, selecione na caixa de seleção Sistemas de Informação, deve ficar conforme figura abaixo:

Título	Docentes	Publicado	○ Não ● Sim
Apelido	docentes	Exibir na Página Inicial	● Não ○ Sim
Seção	Cursos ▼	Categoria	Sistemas de Informação ▼

Figura 224

Na caixa de texto abaixo, vou fazer uma singela homenagem aos colegas professores que marcaram minha carreira. Vamos digitar, em uma tabela, os Docentes do curso de Sistemas de Informação.

Para isto clique no botão inserir nova tabela 🗹 , e crie uma tabela com 2 colunas e 05 linhas, conforme tabela abaixo:

Docente	Grau
Ailton Feitosa	Doutor
Hélio Barbosa Júnior	Mestre
Lilian Belsito	Mestre
Wender Freitas	Mestre

Após, a digitação deve ficar como mostra a figura abaixo:

Figura 226

Se você achar complicado trabalhar com a tabela deste processador de texto do Joomla, fica aqui a dica de usar outro processador de texto.

Vamos criar a Seção Alunos, para isto, no backend, clique no menu Conteúdo, em seguida, clique no submenu Administrar Seção ou clique no botão Administrar Seções, conforme figura abaixo:

Figura 227   *Figura 228*

CAPÍTULO 5 – TRABALHANDO NO FRONTEND – MÓDULOS E CONTEÚDOS   159

Na janela que abre, clique no botão Novo. Na aba Detalhes, no item Título, digite Alunos na caixa de texto. No item Apelido, digite alunos, em minúsculo, na caixa de texto. Neste campo não se pode usar espaço em branco para separar nomes, use hífen ou underscore. No item Publicado, selecione Sim. Não altere os outros itens, sua configuração deve ficar como mostra a figura abaixo:

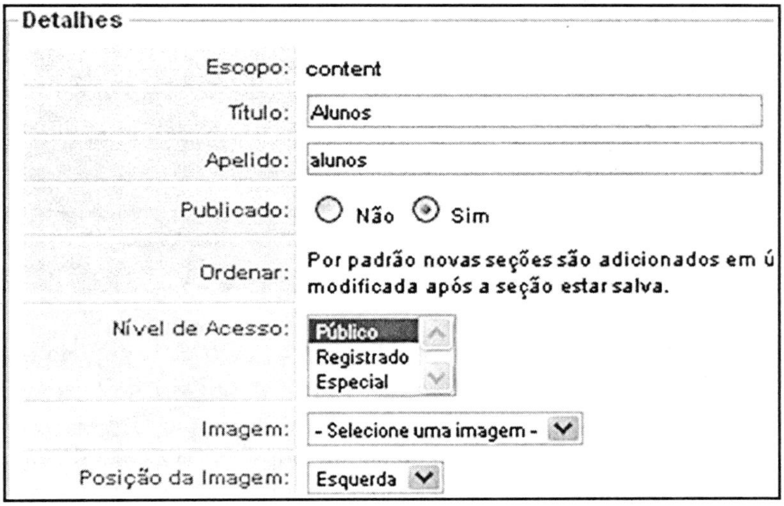

Figura 229

Na aba descrição, perceba que você tem todas as funcionalidades de um processador de texto, digite o seguinte texto: *"Aqui nosso alunos encontram todos os materiais necessários para sua jornada nos cursos que escolheram."* Selecione o texto e, na caixa de seleção Format, selecione Heading 3, em seguida, clique no botão justificar ▦ . Veja se as configurações estão como mostra a figura abaixo:

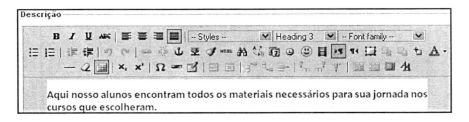

Figura 230

Feitas as devidas configurações, clique no botão Salvar. Continuando na Seção chamada Alunos, vamos criar todas as categorias e artigos desta seção, para isto, clique no menu Conteúdo, em seguida, clique no submenu Administrar Categorias, ou clique no botão Administrar Categoria, conforme figura abaixo:

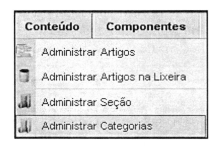   

Figura 231   *Figura 232*

Na janela que abre, clique no botão Novo. Na aba Detalhes, no item Título, digite Calendário Acadêmico na caixa de texto. No item Apelido, digite calendario-academico, em minúsculo e sem acentuação, na caixa de texto. Lembre-se de que neste campo não se pode usar espaço em branco para separar nomes, use hífen ou underscore. No item Publicado, selecione Sim. No item Seção, selecione Alunos. Não altere os outros itens da aba Detalhes, conforme figura abaixo:

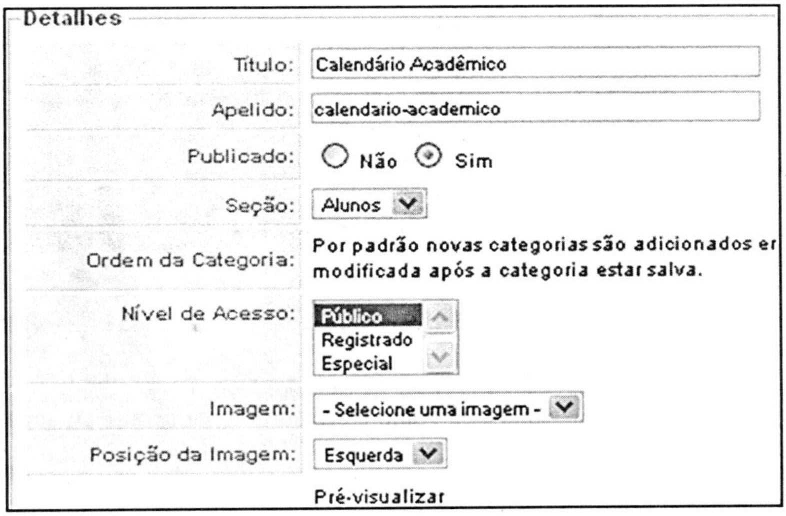

Figura 233

Mais adiante mostrarei como instalar um módulo de calendário para utilizarmos neste item. Feitas as devidas configurações, clique no botão Salvar.

Ainda na janela Administrar Categoria, clique no botão Novo. Na aba Detalhes, no item Título, digite Atividades na caixa de texto. No item Apelido, digite atividades, em minúsculo e sem acentuação, na caixa de texto. Lembre-se deque neste campo não se pode usar espaço em branco para separar nomes, use hífen ou underscore. No item Publicado, selecione

Sim. No item Seção, selecione Alunos. Não altere os outros itens da aba Detalhes, conforme figura abaixo:

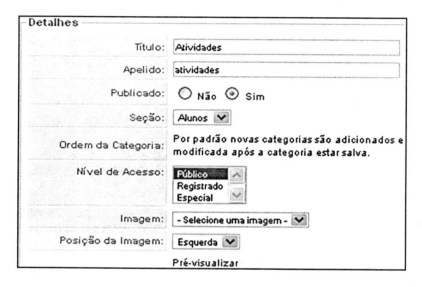

Figura 234

Feitas as devidas configurações, clique no botão Salvar. Vamos criar agora o artigo desta categoria. Para isso, clique no menu Conteúdo, em seguida, clique no submenu Administrar Artigos ou clique no botão Administrar Artigo, conforme figura abaixo:

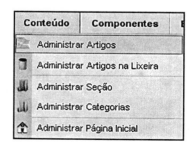 

Figura 235   *Figura 236*

Na janela que abre, clique no botão Novo. No item Título, digite Informática Aplicada à Administração na caixa de texto. No item Apelido, digite informática-aplicada-a-administracao, em minúsculo e sem acentuação, na caixa de texto. Lembre-se de que neste campo não se pode usar espaço em branco para separar nomes, use hífen ou underscore. No item Publicado, selecione Sim. No item Exibir na Página Inicial, selecione Não. No item Seção, selecione, na caixa de seleção, Alunos. No item Categoria, selecione Atividades na caixa de seleção, deve ficar conforme figura abaixo:

Figura 237

Na caixa de texto abaixo, digite o seguinte texto: *"Aula nº 05, do dia 12 de março de 2009, estudo dirigido, Assistir ao filme* **"Piratas do Vale do Silício"**, *também conhecido como* **"Piratas da Informática"** *e apresentar uma sinopse sobre o filme. Data limite p/entrega: 08/04/2009."*. Este texto é apenas uma sugestão. Selecione a frase e, na caixa de seleção Format selecione Paragraph, em seguida, clique no botão justificar .

Após, a digitação deve ficar conforme figura abaixo:

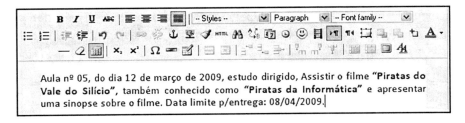

Figura 238

Como eu disse anteriormente, este texto é só uma sugestão. Aqui, você pode criar artigos para todas as disciplinas de todos os cursos. Feitas as devidas configurações, clique no botão Salvar. Continuamos na Seção Aluno. Vamos agora criar a Categoria Consultar Notas, para isso, clique no menu Conteúdo, em seguida, clique no submenu Administrar Categorias, ou clique no botão Administrar Categoria, conforme figura abaixo:

Figura 239   *Figura 240*

Na janela que abre, clique no botão Novo. Na aba Detalhes, no item Título, digite Consultar Notas na caixa de texto. No item Apelido, digite consultar-notas, em minúsculo e sem acentuação, na caixa de texto. Lembre-se de que neste campo não se pode usar espaço em branco para separar nomes, use hífen ou underscore. No item Publicado, selecione Sim. No item Seção, selecione Alunos. Não altere os outros itens da aba Detalhes, conforme figura abaixo:

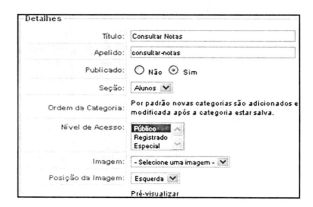

Figura 241

CAPÍTULO 5 – TRABALHANDO NO FRONTEND – MÓDULOS E CONTEÚDOS   165

Feitas as devidas configurações, clique no botão Salvar. Vamos criar agora o artigo desta categoria. Para isso clique no menu Conteúdo, em seguida, clique no submenu Administrar Artigos ou clique no botão Administrar Artigo, conforme figura abaixo:

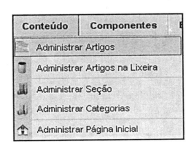 

Figura 242   *Figura 243*

Na janela que abre, clique no botão Novo. No item Título, digite Informática Aplicada à Administração na caixa de texto. No item Apelido, digite informatica-aplicada-a-administracao, em minúsculo e sem acentuação, na caixa de texto. Lembre-se de que neste campo não se pode usar espaço em branco para separar nomes, use hífen ou underscore. No item Publicado, selecione Sim. No item Exibir na Página Inicial, selecione Não. No item Seção, selecione, na caixa de seleção, Alunos. No item Categoria, selecione na caixa de seleção, deve ficar conforme figura abaixo:

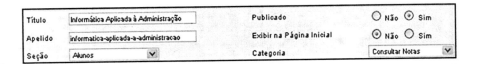

Figura 244

Na caixa de texto abaixo, digite o seguinte texto:

Disciplina: Informática Aplicada à Administração					
Professor Msc: Rafael Soares de Almeida					
Turma: A 1º Semestre Matutino					
Matrícula	Nome do Aluno	1ª Avaliação	2ª Avaliação	Médias	Situação
1	Adauto Guedes de Oliveira	7,00	7,00	7,00	AP
2	Adriana dos Santos Alves Sardinha	8,00	8,00	8,00	AP
3	Alessandro Cleiton Maia	5,00	9,00	7,00	AP
4	Alexia Cássia Silva Campos	5,00	4,00	4,50	RP
5	Aliane Alexandrina Tolentino da Silva	7,50	8,00	7,75	AP

Pode ser dentro de uma tabela, ou planilha. Pode acontecer que a instituição de ensino tenha um programa ou módulo para lançamento de notas, neste caso, basta fazer o link dele no menu.

Após, a digitação deve ficar conforme figura abaixo:

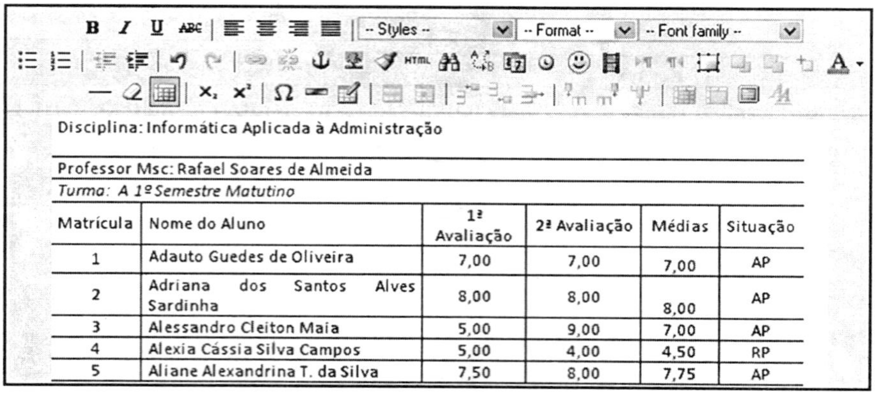

Figura 245

CAPÍTULO 5 – TRABALHANDO NO FRONTEND – MÓDULOS E CONTEÚDOS   167

Lembre-se de que você tem que criar um artigo de lançamento de notas para todas as disciplinas de todos os cursos. Feitas as devidas configurações, clique no botão Salvar.

Continuamos na Seção Aluno. Vamos agora criar a Categoria Prouni, para isso, clique no menu Conteúdo, clique no submenu Administrar Categorias, ou clique no botão Administrar Categoria, conforme figura abaixo:

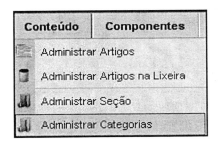

Figura 246   *Figura 247*

Na janela que abre, clique no botão Novo. Na aba Detalhes, no item Título, digite Prouni na caixa de texto. No item Apelido, digite prouni, em minúsculo e sem acentuação, na caixa de texto. Lembre-se de que neste campo não se pode usar espaço em branco para separar nomes, use hífen ou underscore. No item Publicado, selecione Sim. No item Seção, selecione Alunos. Não altere os outros itens da aba Detalhes, conforme figura abaixo:

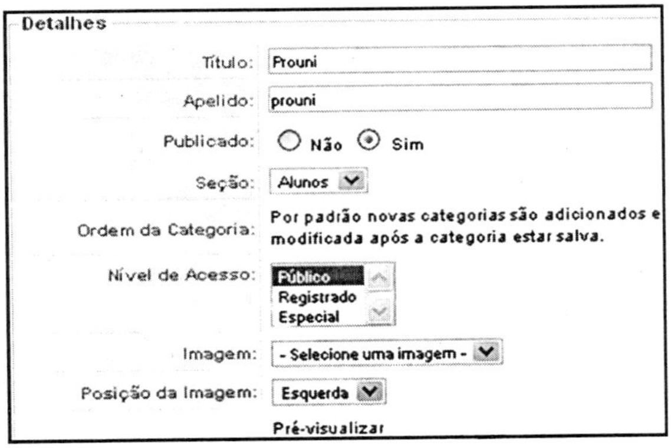

Figura 248

Feitas as devidas configurações, clique no botão Salvar. Vamos criar agora o artigo desta categoria. Para isso, clique no menu Conteúdo, em seguida, clique no submenu Administrar Artigos ou clique no botão Administrar Artigo, conforme figura abaixo:

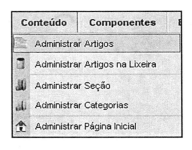

Figura 249

Figura 250

Na janela que abre, clique no botão Novo. No item Título, digite O que é o ProUni? na caixa de texto. No item Apelido, digite o-que-e-o-prouni, em minúsculo e sem acentuação, na caixa de texto. Lembre-se de que neste campo não se pode usar espaço em branco para separar nomes, use hífen ou underscore. No item Publicado, selecione Sim. No item Exibir na Página Inicial, selecione Não. No item Seção, selecione, na caixa de seleção, Alunos. No item Categoria, selecione Prouni na caixa de seleção, deve ficar conforme figura abaixo:

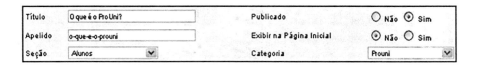

Figura 251

Na caixa de texto abaixo, digite o seguinte texto: "*É um programa do Ministério da Educação, criado pelo Governo Federal em 2004, que oferece bolsas de estudos em instituições de educação superior privadas, em cursos de graduação e sequenciais de formação específica, a estudantes brasileiros, sem diploma de nível superior.*" Selecione a frase e na caixa de seleção Format selecione Paragraph, em seguida, clique no botão justificar ▣.

Após, a digitação deve ficar conforme figura abaixo:

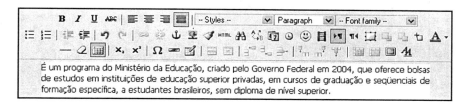

Figura 252

Feitas as devidas configurações, clique no botão Salvar. Vamos criar a Seção Professores, para isso, no backend, clique no menu Conteúdo, clique no submenu Administrar Seção ou clique no botão Administrar Seções, conforme figura abaixo:

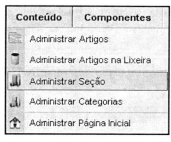 

Figura 253   *Figura 254*

Na janela que abre, clique no botão Novo. Na aba Detalhes, no item Título, digite Professores na caixa de texto. No item Apelido, digite professores, em minúsculo, na caixa de texto. Neste campo não se pode usar espaço em branco para separar nomes, use hífen ou underscore. No item Publicado, selecione Sim. Não altere os outros itens, sua configuração deve ficar como mostra a figura abaixo:

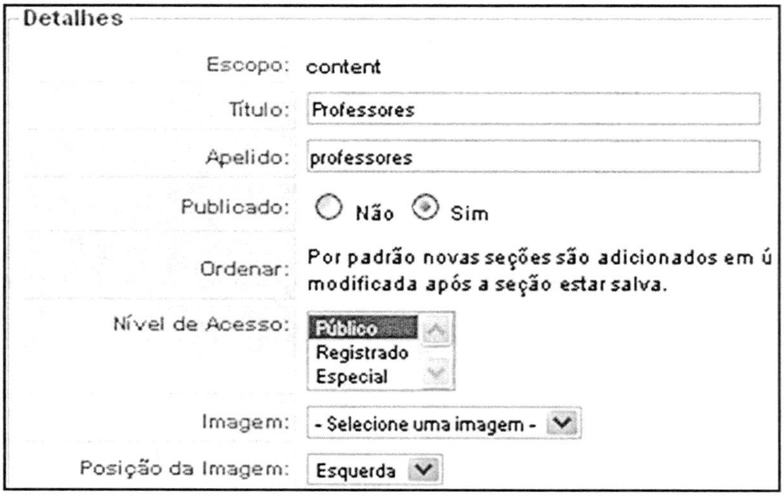

Figura 255

Na aba descrição, perceba que você tem todas as funcionalidades de um processador de texto, digite o seguinte texto: *"Aqui nossos Professores podem postar todos os materiais necessários para nossos alunos."* Selecione o texto e, na caixa de seleção Format, selecione Heading 3, em seguida clique no botão justificar 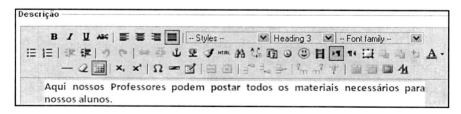 . Veja se as configurações estão conforme figura abaixo:

Figura 256

Feitas as devidas configurações, clique no botão Salvar. Agora, vamos criar todos as categorias e artigos desta seção, para isso, clique no menu Conteúdo, em seguida, clique no submenu Administrar Categorias, ou clique no botão Administrar Categoria, conforme figura abaixo:

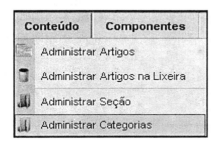 

Figura 257   *Figura 258*

Na janela que abre, clique no botão Novo. Na aba Detalhes, no item Título, digite Calendário Acadêmico na caixa de texto. No item Apelido, digite calendario-academico, em minúsculo e sem acentuação, na caixa de texto. Lembre-se de que neste campo não se pode usar espaço em branco para separar nomes, use hífen ou underscore. No item Publicado, selecione Sim. No item Seção, selecione Professores. Não altere os outros itens da aba Detalhes, conforme figura abaixo:

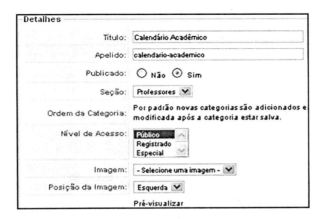

Figura 259

Mais adiante mostrarei como instalar um módulo de calendário para utilizarmos neste item. Feitas as devidas configurações, clique no botão Salvar.

Ainda na janela Administrar Categoria, clique no botão Novo. Na aba Detalhes, no item Título, digite Atividades na caixa de texto. No item Apelido, digite atividades, em minúsculo, na caixa de texto. Lembre-se de que neste campo não se pode usar espaço em branco para separar nomes, use hífen ou underscore. No item Publicado, selecione Sim. No item Seção, selecione Professores. Não altere os outros itens da aba Detalhes, conforme figura abaixo:

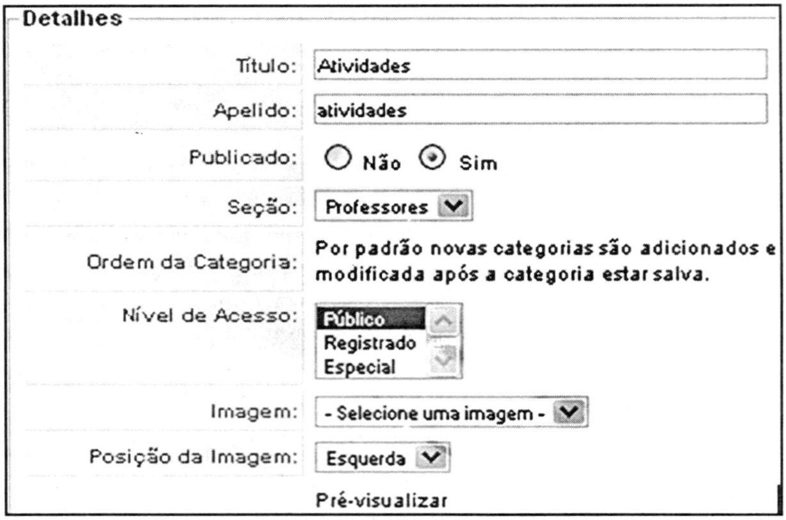

Figura 260

CAPÍTULO 5 – TRABALHANDO NO FRONTEND – MÓDULOS E CONTEÚDOS   173

Feitas as devidas configurações, clique no botão Salvar. Vamos criar, agora, o artigo dessa categoria. Para isso, clique no menu Conteúdo, em seguida, clique no submenu Administrar Artigos ou clique no botão Administrar Artigo, conforme figura abaixo:

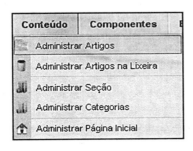 

Figura 261   *Figura 262*

Na janela que abre, clique no botão Novo. No item Título, digite Informática Aplicada à Administração na caixa de texto. No item Apelido, digite informatica-aplicada-a-administracao, em minúsculo e sem acentuação, na caixa de texto. Lembre-se de que neste campo não se pode usar espaço em branco para separar nomes, use hífen ou underscore. No item Publicado, selecione Sim. No item Exibir na Página Inicial, selecione Não. No item Seção, selecione Professores na caixa de seleção. No item Categoria, selecione, na caixa de seleção, Atividades, deve ficar conforme figura abaixo:

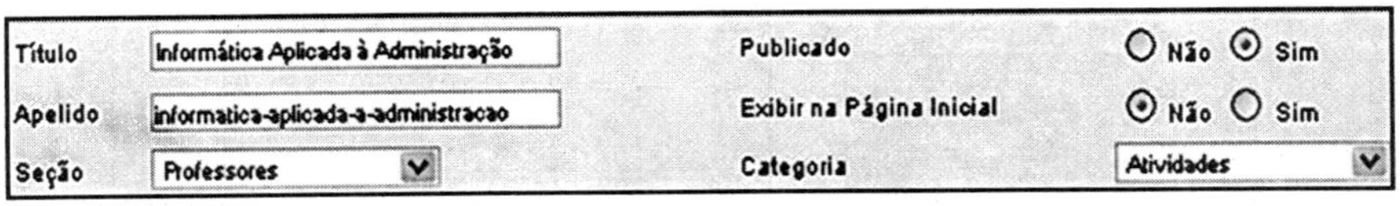

Figura 263

Na caixa de texto abaixo, digite o seguinte texto: *"Aula nº 05, do dia 12 de março de 2009, estudo dirigido, Assistir ao filme* **"Piratas do Vale do Silício"**, *também conhecido como* **"Piratas da Informática"** *e apresentar uma sinopse sobre o filme. Data limite p/entrega: 08/04/2009."*. Este texto é apenas uma sugestão. Selecione a frase e, na caixa de seleção Format, selecione Paragraph, em seguida clique no botão justificar .

Após, a digitação deve ficar conforme figura abaixo:

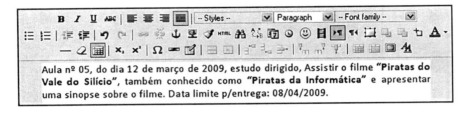

Figura 264

Feitas as devidas configurações, clique no botão Salvar. Agora, vamos criar a categoria Lançar Notas, da seção Professores, para isso, clique no menu Conteúdo, em seguida, clique no submenu Administrar Categorias, ou clique no botão Administrar Categoria, conforme figura abaixo:

Figura 265

Figura 266

Na janela que abre, clique no botão Novo. Na aba Detalhes, no item Título, digite Lançar Notas na caixa de texto. No item Apelido, digite lancar-notas, em minúsculo, na caixa de texto. Lembre-se de que neste campo não se pode usar espaço em branco para separar nomes, use hífen ou underscore. No item Publicado, selecione Sim. No item Seção, selecione Professores. Não altere os outros itens da aba Detalhes, conforme figura abaixo:

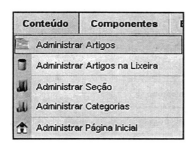

Figura 267

Feitas as devidas configurações, clique no botão Salvar. Vamos criar agora o artigo desta categoria. Para isso clique no menu Conteúdo, em seguida, clique no submenu Administrar Artigos ou clique no botão Administrar Artigo, conforme figura abaixo:

Figura 268   *Figura 269*

Na janela que abre, clique no botão Novo. No item Título, digite Informática Aplicada à Administração na caixa de texto. No item Apelido, digite informatica-aplicada-a-administracao, em minúsculo e sem acentuação, na caixa de texto. Lembre-se de que neste campo não se pode usar espaço em branco para separar nomes, use hífen ou underscore. No item Publicado, selecione Sim. No item Exibir na Página Inicial, selecione Não. No item Seção, selecione, na caixa de seleção, Professores. No item Categoria, selecione Lançar Notas na caixa de seleção, deve ficar conforme figura abaixo:

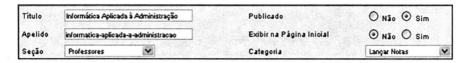

Figura 270

Na caixa de texto abaixo, digite o seguinte texto:

Disciplina: Informática Aplicada à Administração					
Professor Msc: Rafael Soares de Almeida					
Turma: A 1º Semestre Matutino					
Matrícula	Nome do Aluno	1ª Avaliação	2ª Avaliação	Médias	Situação
1	Adauto Guedes de Oliveira	7,00	0,00	3,50	RP
2	Adriana dos Santos Alves Sardinha	8,00	0,00	4,00	RP
3	Alessandro Cleiton Maia	5,00	0,00	2,50	RP
4	Alexia Cássia Silva Campos	5,00	0,00	2,50	RP
5	Aliane Alexandrina Tolentino da Silva	7,50	0,00	3,75	RP

Aqui, usa-se o mesmo princípio de consultar notas da Seção Alunos, a instituição poder ter um programa ou módulo de lançamento de notas, nesse caso, basta fazer o link dele no menu ou o professor pode copiar de uma tabela ou planilha que ele usa. Após, a digitação deve ficar conforme figura abaixo:

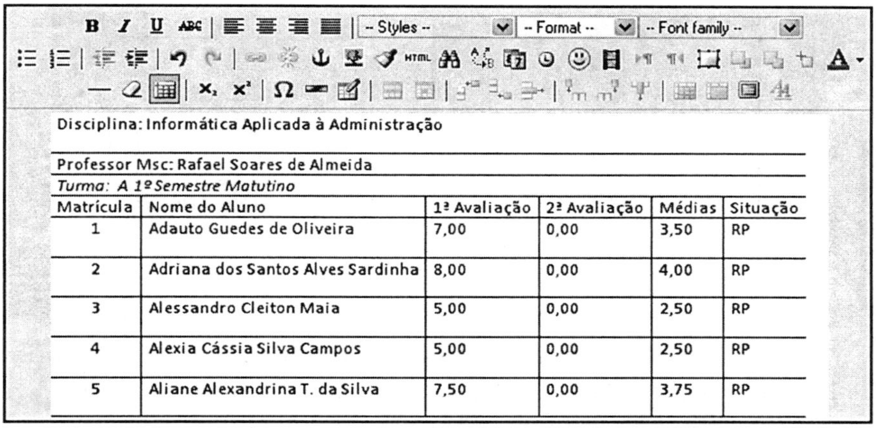

Figura 271

Lembre-se de que você tem que criar um artigo de lançamento de notas para todas as disciplinas de todos os cursos. Feitas as devidas configurações, clique no botão Salvar.

Vamos criar a Seção Coordenação e suas categorias e artigos. Para isso, clique no menu Conteúdo, em seguida clique no submenu Administrar Seção ou clique no botão Administrar Seções, se você estiver no backend, conforme figura abaixo:

Figura 272

Figura 273

Na janela que abre, clique no botão Novo. Na aba Detalhes, no item Título, digite Coordenação na caixa de texto. No item Apelido, digite coordenação, em minúsculo, na caixa de texto. Neste campo não se pode usar espaço em branco para separar nomes, use hífen ou underscore. No item Publicado, selecione Sim. Não altere os outros itens, sua configuração deve ficar como mostra a figura abaixo:

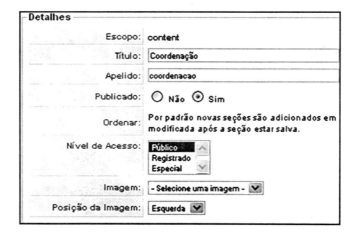

Figura 274

Na aba descrição, perceba que você tem todas as funcionalidades de um processador de texto, digite o seguinte texto: *"Nesta área a Coordenação mantém contato permanente com alunos e professores da nossa instituição."* Selecione o texto e na caixa de seleção Format, selecione Heading 3, em seguida, clique no botão justificar ▦ . Veja se as configurações estão conforme mostra a figura abaixo:

Figura 275

Feitas as devidas configurações, clique no botão Salvar. Agora vamos criar todos as categorias e artigos desta seção. Para isso, clique no menu Conteúdo, em seguida clique no submenu Administrar Categorias, ou clique no botão Administrar Categoria, conforme figura abaixo:

Figura 276   *Figura 277*

Na janela que abre, clique no botão Novo. Na aba Detalhes, no item Título, digite Atividades Pedagógicas na caixa de texto. No item Apelido, digite atividades-pedagogicas, em minúsculo e sem acentuação na caixa de texto. Lembre-se de que neste campo não se pode usar espaço em branco para separar nomes, use hífen ou underscore. No item Publicado, selecione Sim. No item Seção, selecione Coordenação. Não altere os outros itens da aba Detalhes, conforme figura abaixo:

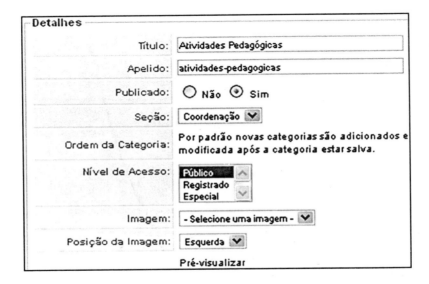

Figura 278

Feitas as devidas configurações, clique no botão Salvar. Vamos criar, agora, o artigo desta categoria. Para isto clique no menu Conteúdo, em seguida, clique no submenu Administrar Artigos ou clique no botão Administrar Artigo, conforme figura abaixo:

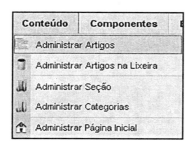 

Figura 279   *Figura 280*

Na janela que abre, clique no botão Novo. No item Título, digite Fundamentos de Matemática na caixa de texto. No item Apelido, digite fundamentos-de-matematica, em minúsculo e sem acentuação, na caixa de texto. Lembre-se de que neste campo não se pode usar espaço em branco para separar nomes, use hífen ou underscore. No item Publicado, selecione Sim. No item Exibir na Página Inicial, selecione Não. No item Seção, selecione Coordenação na caixa de seleção. No item Categoria, selecione Atividades Pedagógicas na caixa de seleção, deve ficar conforme figura abaixo:

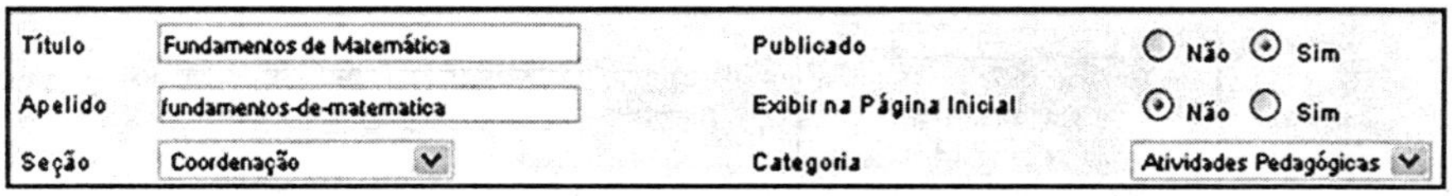

Figura 281

Na caixa de texto abaixo, digite o seguinte texto: "***Fundamentos de Matemática***

O material que está disponibilizado visa suprir as deficiências do aprendizado de Matemática, ao ingressante na Faculdade Imaginária de Tecnologia - FIT do Ensino Médio ao Ensino Superior.

Os cursos oferecidos na FIT requerem uma base sólida em Matemática, por isso é necessário fornecer alternativas para que os ingressantes na EE possam diagnosticar suas dificuldades, melhorando assim, seu desempenho acadêmico.

O material à disposição apresenta uma seleção de tópicos da Matemática dos Ensinos Fundamental e Médio que são importantes para o desenvolvimento do aluno durante os cursos da FIT.

Resolva os exercícios e esclareça suas dúvidas com os professores ou monitores.

Bom estudo!"

Selecione a frase e, na caixa de seleção Format, selecione Paragraph, em seguida, clique no botão justificar .

Após, a digitação deve ficar como mostra a figura abaixo:

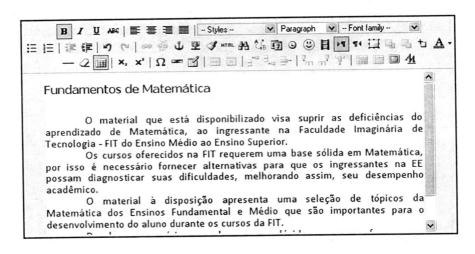

Figura 282

Feitas as devidas configurações, clique no botão Salvar. Agora, vamos criar a categoria Comunicados. Para isso, clique no menu Conteúdo, em seguida, clique no submenu Administrar Categorias, ou clique no botão Administrar Categoria, se você estiver no backend, conforme figura abaixo:

Figura 283

Figura 284

Na janela que abre, clique no botão Novo. Na aba Detalhes, no item Título, digite Comunicados na caixa de texto. No item Apelido, digite comunicados, em minúsculo, na caixa de texto. Lembre-se de que neste campo não se pode usar espaço em branco para separar nomes, use hífen ou underscore. No item Publicado, selecione Sim. No item Seção, selecione Coordenação. Não altere os outros itens da aba Detalhes, conforme figura abaixo:

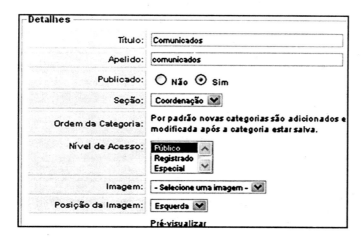

Figura 285

Feitas as devidas configurações, clique no botão Salvar. Vamos criar, agora, o artigo desta categoria. Para isso, clique no menu Conteúdo, em seguida, clique no submenu Administrar Artigos ou clique no botão Administrar Artigo, se você estiver no backend, conforme figura abaixo:

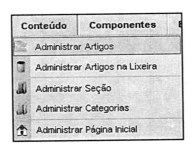 

Figura 286   *Figura 287*

Na janela que abre, clique no botão Novo. No item Título, digite Reunião Pedagógica na caixa de texto. No item Apelido, digite reunião-pedagogica, em minúsculo e sem acentuação, na caixa de texto. Lembre-se de que neste campo não se pode usar espaço em branco para separar nomes, use hífen ou underscore. No item Publicado, selecione Sim. No item Exibir na Página Inicial, selecione Não. No item Seção, selecione Coordenação na caixa de seleção. No item Categoria, selecione Comunicados na caixa de seleção, deve ficar conforme figura abaixo:

Figura 288

Na caixa de texto abaixo, digite o seguinte texto:

"*Dias 24 e 25 de Março do corrente ano Acontecerá a Jornanda Acadêmica de Administração. Não deixem de participar!!!*" Selecione a frase e, na caixa de seleção Format, selecione Paragraph, em seguida, clique no botão justificar .

Após, a digitação deve ficar como mostra a figura abaixo:

Figura 289

Finalizamos assim nossa parte de criação de conteúdos, com as devidas Seções, Categorias e artigos criados. Só para lembrar que tudo que nós fizemos até o momento é somente sugestão em termos de conteúdo, cada instituição de ensino tem suas próprias necessidades. Para visualizar as Seções do nosso site clique no menu Conteúdo, em seguida, clique no submenu Administrar Seção ou clique no botão Administrar Seções, se você estiver no backend, conforme figura abaixo:

Figura 290   *Figura 291*

Na janela Administrar Seção, observe que temos as Seções listadas na ordem que as criamos, conforme figura abaixo:

#	☐	Título	Publicado	Ordem▲	Nível de Acesso	# Categorias	# Ativo	# Lixeira	ID
1	☐	Cursos	✓	▼ 1	Público	5	5	0	1
2	☐	Alunos	✓	▲ ▼ 2	Público	4	3	0	3
3	☐	Professores	✓	▲ ▼ 3	Público	3	2	0	4
4	☐	Coordenação	✓	▲ 4	Público	2	2	0	5

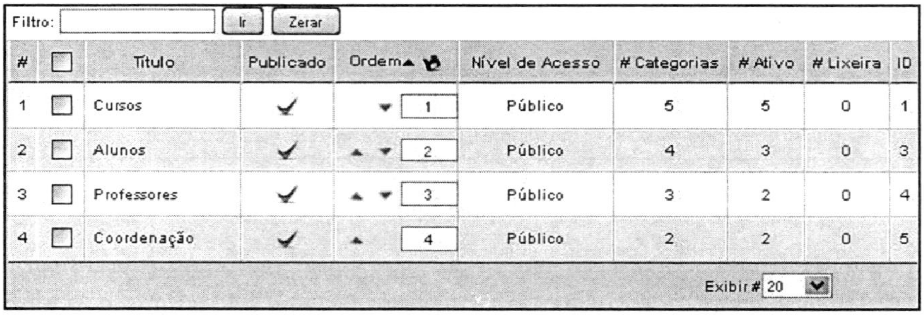

Figura 292

Para mudar a ordem, por exemplo, colocar em ordem alfabética, basta clicar na setinha verde Mover Acima, que fica ao lado do Título da Seção, conforme figura abaixo:

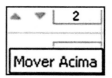

Figura 293

Após as mudanças, sua configuração deve ficar conforme a figura abaixo:

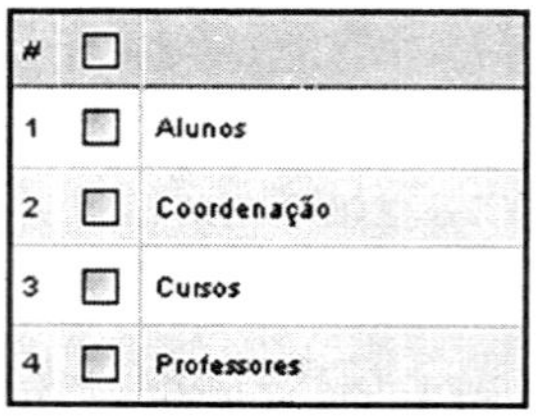

#	☐	
1	☐	Alunos
2	☐	Coordenação
3	☐	Cursos
4	☐	Professores

Figura 294

Para visualizar as Categorias do nosso site, clique no menu Conteúdo, em seguida, clique no submenu Administrar Categorias ou clique no botão Administrar Categoria, se você estiver no backend, conforme figura abaixo:

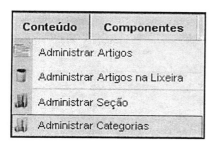

Figura 295   Figura 296

Na janela Administrar Categorias, observe que temos as Categorias listadas na ordem que as criamos, dentro de cada Seção, conforme figura abaixo:

Figura 297

188   JOOMLA! PARA INICIANTES

Para mudar a ordem, por exemplo, colocar em ordem alfabética, basta proceder como vimos nas seções, lembrando que a ordem só pode ser mudada dentro da Seção correspondente. Você pode também visualizar a Categoria de uma Seção específica, basta que você filtre utilizando a caixa de seleção Selecione uma seção. Por exemplo, eu quero todas as categorias da Seção Professores, selecione a Seção Professores, deve ficar conforme a figura abaixo:

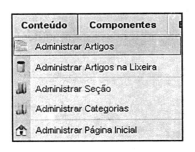

Figura 298

Para voltar à seleção de todas as categorias, selecione, na caixa de seleção, Selecione uma seção. Para visualizar os Artigos do nosso site, clique no menu Conteúdo, em seguida, clique no submenu Administrar Artigos ou clique no botão Administrar Artigo se você estiver no backend, conforme figura abaixo:

Figura 299   Figura 300

CAPÍTULO 5 – TRABALHANDO NO FRONTEND – MÓDULOS E CONTEÚDOS   189

Na janela Administrar Artigos, observe que temos as Categorias listadas na ordem que as criamos, dentro de cada Seção e Categoria, conforme figura abaixo:

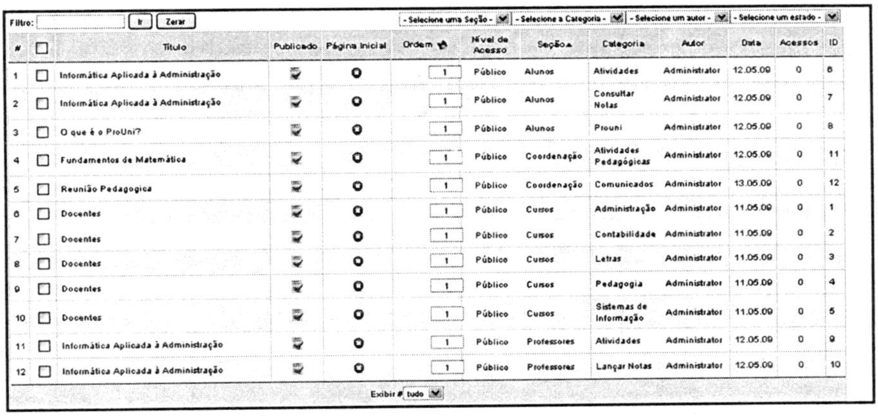

Figura 301

Nesta janela você não tem como mudar a ordem dos artigos, mas você tem várias opções de filtro ou pesquisa, por exemplo, por Seção, Categoria, Autor entre outros. Basta selecionar, na caixa de seleção correspondente, qual tipo de filtragem você quer fazer. Agora vamos fazer este conteúdo aparecer no nosso site.

LINKANDO OS MENUS AOS CONTEÚDOS

Como vimos no tópico anterior, nosso menu de navegação horizontal vai precisar mostrar os conteúdos que nós criamos para nosso site. Para isso, devemos criar os menus linkando ou ligando esses conteúdos para que nossos internautas possam visualizá-los. Para isso, clique no menu Menus, em seguida, clique no submenu Main Menu, conforme figura abaixo:

Figura 302

Na janela que abre, clique no botão Novo. Em seguida, clique no item Artigos. Deve aparecer uma lista de opções para selecionar. No item Seção, selecione com um clique a opção Layout Padrão da Seção, conforme figura abaixo:

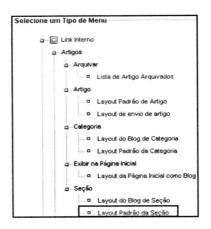

Figura 303

Por que estamos escolhendo este tipo? Ora, lembre-se de que falamos que as Seções são os pais das categorias e conteúdos, portanto no link menu, o primeiro a ser linkado tem que ser uma Seção, por causa da hierarquia que a mesma exerce sobre as demais, a Seção é o Pai de todas as outras.

Na janela que abre, na aba Detalhes do Item de Menu, no item Título, digite Cursos na caixa de texto. No item Apelido, digite cursos, em minúsculo, na caixa de texto. Lembre-se de que neste campo não se pode usar espaço em branco para separar nomes, use hífen ou underscore. No item Publicado, selecione Sim. Não altere os outros itens, conforme figura abaixo:

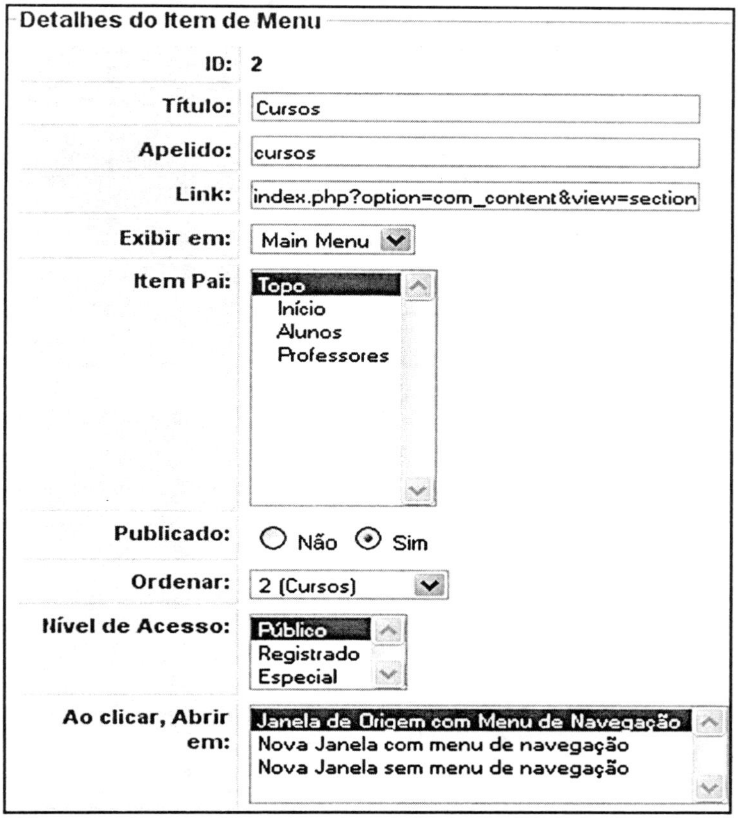

Figura 304

Na aba Parâmetros (Básicos) no item Seção, na caixa de seleção, selecione Cursos. No item Descrição, selecione Exibir. No item Listagem da Categoria – Seção, selecione Ocultar. Não altere os outros itens desta aba, conforme figura abaixo:

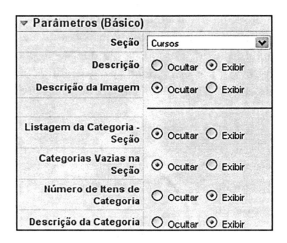

Figura 305

Feitas as devidas configurações, clique no botão Salvar. Agora, vamos criar os menus que ainda faltam para nossa barra de menu horizontal. Vamos seguir os mesmos procedimentos que usamos para criar o menu Cursos. Continuando na janela Administrar Item de Menu, clique no botão Novo. Em seguida, clique no item Artigos. Deve aparecer uma lista de opções para selecionar. No item Seção, selecione com um clique a opção Layout Padrão da Seção, conforme figura abaixo:

Figura 306

Na janela que abre, na aba Detalhes do Item de Menu, no item Título, digite Alunos na caixa de texto. No item Apelido, digite alunos, em minúsculo, na caixa de texto. Lembre-se de que neste campo não se pode usar espaço em branco para separar nomes, use hífen ou underscore. No item Publicado, selecione Sim. Não altere os outros itens, conforme figura abaixo:

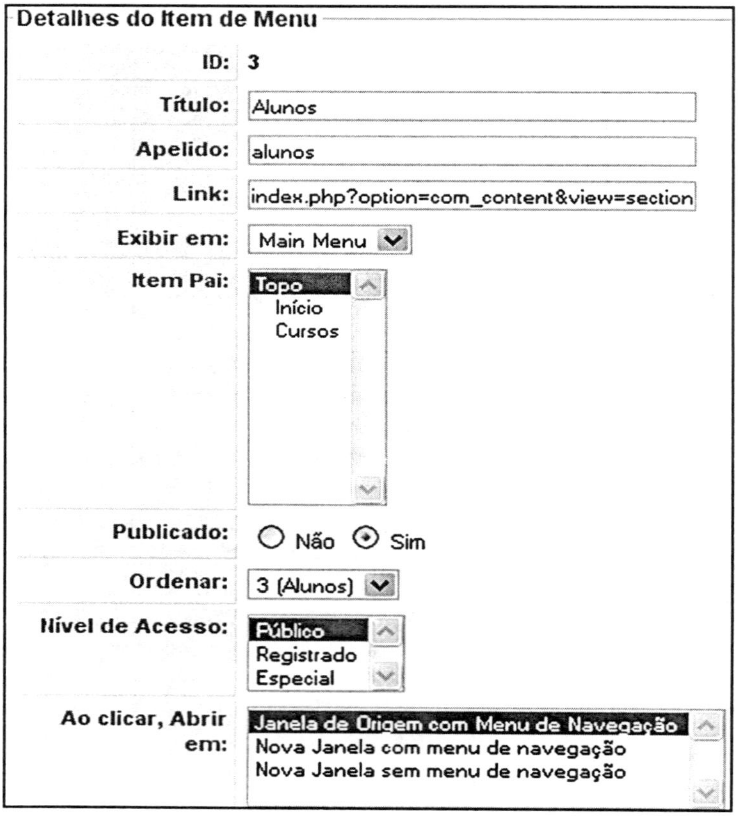

Figura 307

Na aba Parâmetros (Básicos) no item Seção, na caixa de seleção, selecione Alunos. No item Descrição, selecione Exibir. No item Listagem da Categoria – Seção, selecione Ocultar. Não altere os outros itens desta aba, conforme figura abaixo:

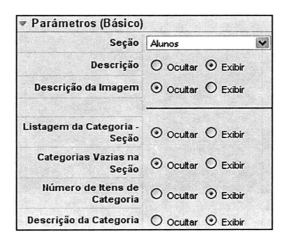

Figura 308

Feitas as devidas configurações, clique no botão Salvar. Continuando na janela Administrar Item de Menu, clique no botão Novo. Em seguida, clique no item Artigos. Deve aparecer uma lista de opções para selecionar. No item Seção, selecione com um clique a opção Layout Padrão da Seção, conforme figura abaixo:

Figura 309

CAPÍTULO 5 – TRABALHANDO NO FRONTEND – MÓDULOS E CONTEÚDOS   197

Na janela que abre, na aba Detalhes do Item de Menu, no item Título, digite Professores na caixa de texto. No item Apelido, digite professores, em minúsculo, na caixa de texto. Lembre-se deque neste campo não se pode usar espaço em branco para separar nomes, use hífen ou underscore. No item Publicado, selecione Sim. Não altere os outros itens, conforme figura abaixo:

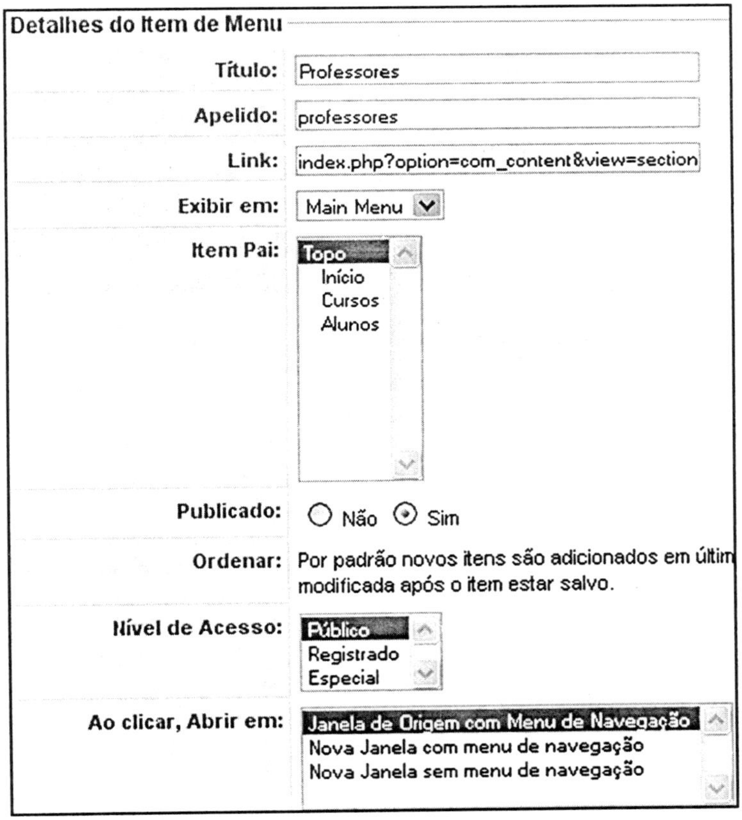

Figura 310

Na aba Parâmetros (Básicos) no item Seção, na caixa de seleção, selecione Professores. No item Descrição, selecione Exibir. No item Listagem da Categoria – Seção, selecione Ocultar. Não altere os outros itens desta aba, conforme figura abaixo:

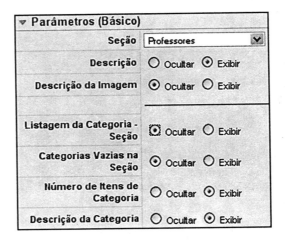

Figura 311

Feitas as devidas configurações, clique no botão Salvar. Continuando na janela Administrar Item de Menu, clique no botão Novo. Em seguida, clique no item Artigos. Deve aparecer uma lista de opções para selecionar. No item Seção, selecione com um clique a opção Layout Padrão da Seção, conforme figura abaixo:

Figura 312

Na janela que abre, na aba Detalhes do Item de Menu, no item Título, digite Coordenação na caixa de texto. No item Apelido, digite coordenacao, em minúsculo, na caixa de texto. Lembre-se de que neste campo não se pode usar espaço em branco para separar nomes, use hífen ou underscore. No item Publicado, selecione Sim. Não altere os outros itens, conforme figura abaixo:

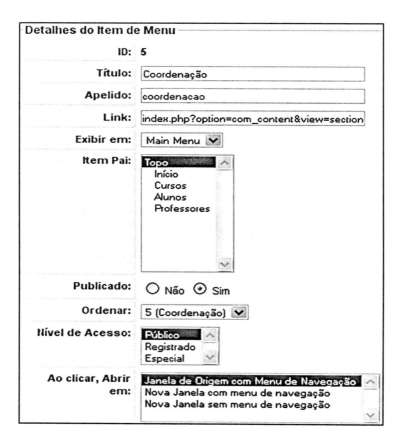

Figura 313

Na aba Parâmetros (Básicos) no item Seção, na caixa de seleção, selecione Professores. No item Descrição, selecione Exibir. No item Listagem da Categoria – Seção, selecione Ocultar. Não altere os outros itens desta aba, conforme figura abaixo:

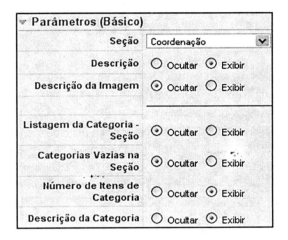

Figura 314

Feitas as devidas configurações, clique no botão Salvar. Já temos nosso menu principal horizontal pronto, veja como ficou na figura abaixo:

Filtro: Ir Zerar Máximo de Níveis 10 - Selecione um estado -

#		Item do Menu	Padrão	Publicado	Ordernar	Nível de Acesso	Tipo	ItemID
1		Início	☆	✓	1	Público	Articles » Página Inicial	1
2		Cursos		✓	2	Público	Articles » Seção	2
3		Alunos		✓	3	Público	Articles » Seção	3
4		Professores		✓	4	Público	Articles » Seção	4
5		Coordenação		✓	5	Público	Articles » Seção	5

Exibir # 20

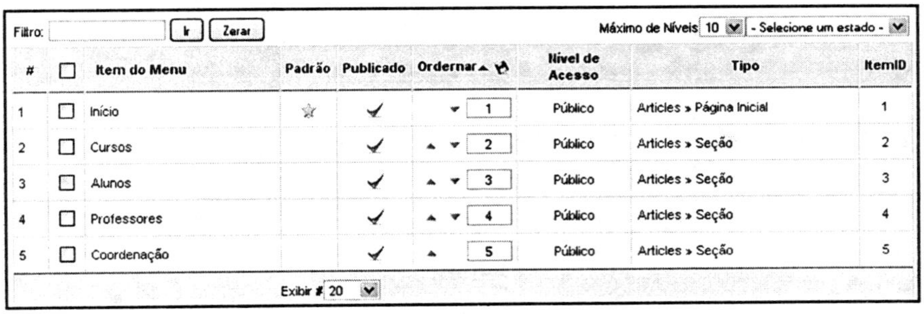

Figura 315

Para visualizar no frontend, clique no link Pré-visualizar. Deve ficar conforme figura abaixo:

Figura 316

Vamos agora criar nosso link para as categorias e artigos, ou seja, os submenus do menu principal horizontal. Para isso continue na janela Administrar Item de Menu e clique no botão Novo. Em seguida, clique no item Artigos. Deve aparecer uma lista de opções para selecionar. No item Categoria, selecione com um clique a opção Layout do Blog de Categoria, conforme figura abaixo:

Figura 317

Na janela que abre, na aba Detalhes do Item de Menu, no item Título, digite Administração na caixa de texto. No item Apelido, digite administracao, em minúsculo, na caixa de texto. Lembre-se de que neste campo não se pode usar espaço em branco para separar nomes, use hífen ou underscore. No item Pai, selecione Cursos. No item Publicado, selecione Sim. Não altere os outros itens, conforme figura abaixo:

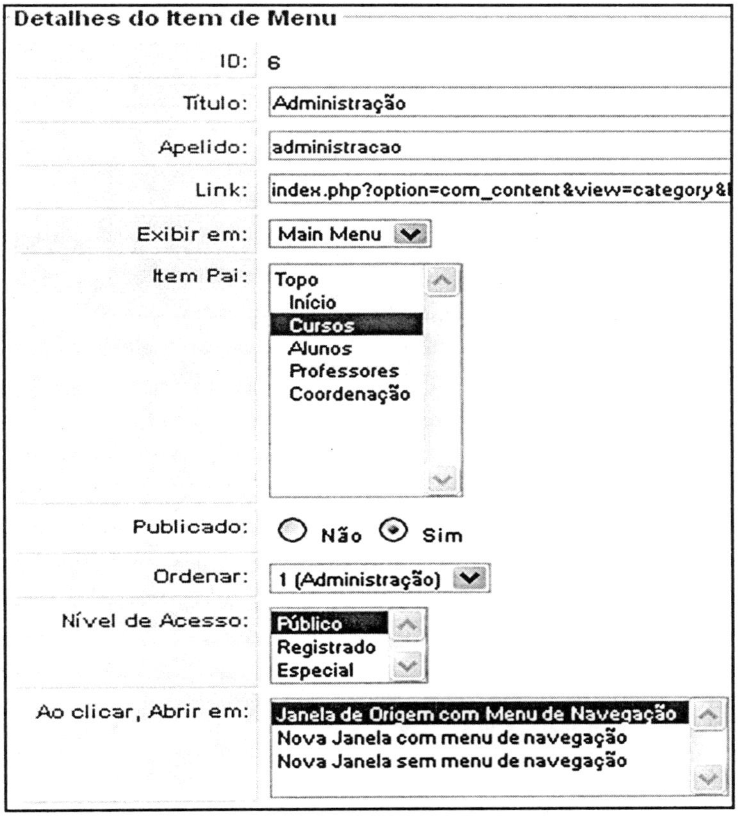

Figura 318

Na aba Parâmetros (Básicos) no item Categoria, na caixa de seleção, selecione Cursos/Administração. No item Descrição, selecione Exibir. Não altere os outros itens desta aba, conforme figura abaixo:

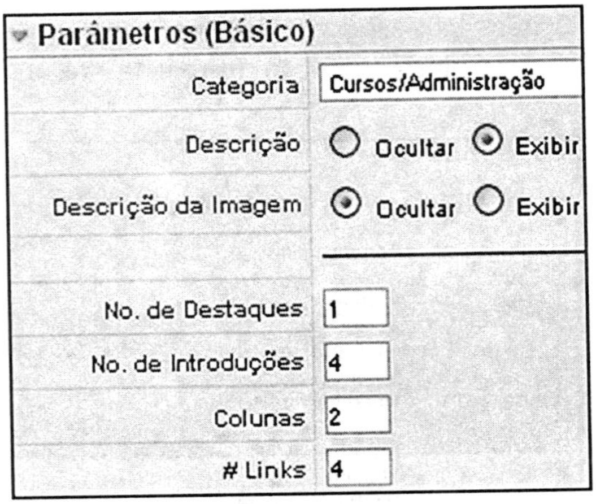

Figura 319

Feitas as devidas configurações clique no botão Salvar. Ainda na janela Administrar Item de Menu, clique no botão Novo. Em seguida, clique no item Artigos. Deve aparecer uma lista de opções para selecionar. No item Categoria, selecione com um clique a opção Layout do Blog de Categoria, conforme figura abaixo:

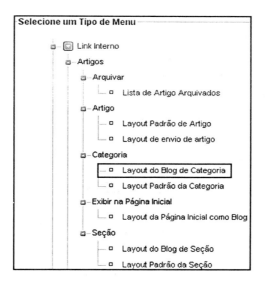

Figura 320

Na janela que abre, na aba Detalhes do Item de Menu, no item Título, digite Contabilidade na caixa de texto. No item Apelido, digite contabilidade, em minúsculo, na caixa de texto. Lembre-se de que neste campo não se pode usar espaço em branco para separar nomes, use hífen ou underscore. No item Pai, selecione Cursos. No item Publicado, selecione Sim. Não altere os outros itens, conforme figura abaixo:

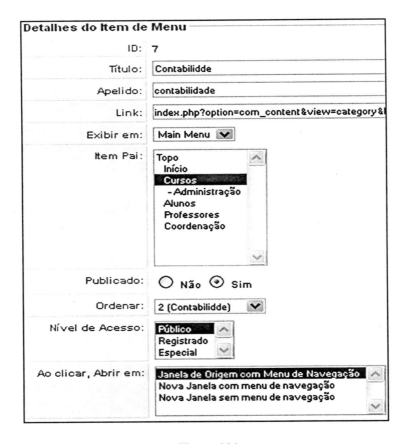

Figura 321

Na aba Parâmetros (Básicos) no item Categoria, na caixa de seleção, selecione Cursos/Contabilidade. No item Descrição, selecione Exibir. Não altere os outros itens desta aba, conforme figura abaixo:

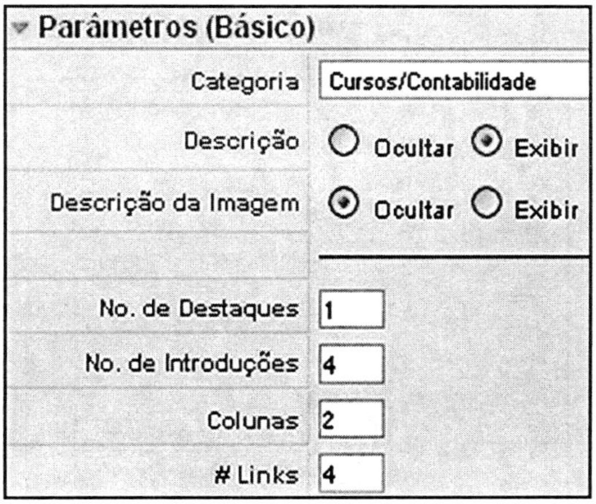

Figura 322

Feitas as devidas configurações, clique no botão Salvar. Ainda na janela Administrar Item de Menu, clique no botão Novo. Em seguida, clique no item Artigos. Deve aparecer uma lista de opções para selecionar. No item Categoria, selecione com um clique a opção Layout do Blog de Categoria, conforme figura abaixo:

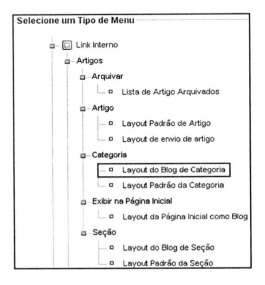

Figura 323

CAPÍTULO 5 – TRABALHANDO NO FRONTEND – MÓDULOS E CONTEÚDOS   209

Na janela que abre, na aba Detalhes do Item de Menu, no item Título, digite Letras na caixa de texto. No item Apelido, digite letras, em minúsculo, na caixa de texto. Lembre-se de que neste campo não se pode usar espaço em branco para separar nomes, use hífen ou underscore. No item Pai, selecione Cursos. No item Publicado, selecione Sim. Não altere os outros itens, conforme figura abaixo:

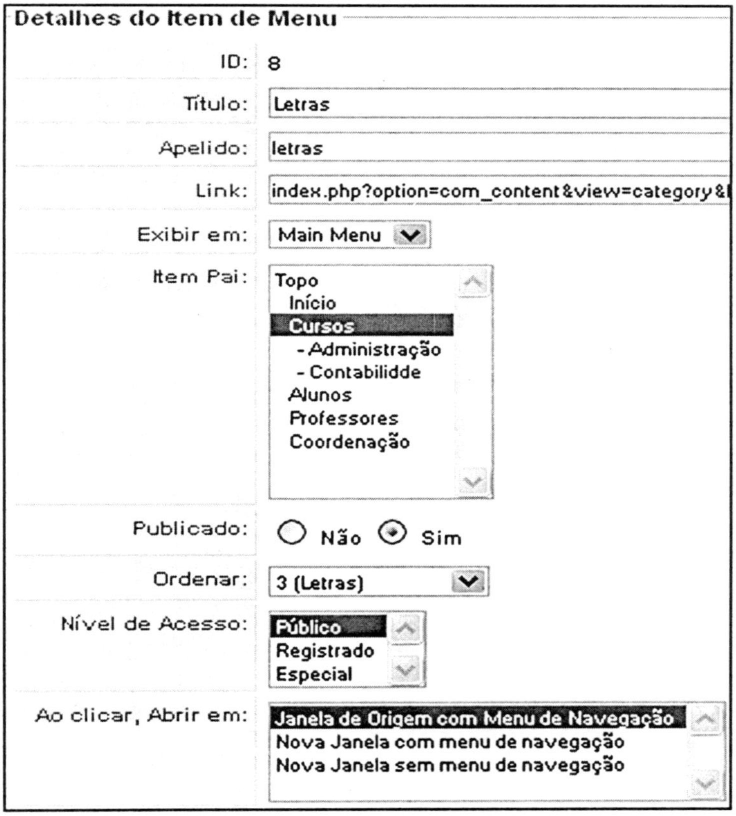

Figura 324

Na aba Parâmetros (Básicos) no item Categoria, na caixa de seleção, selecione Cursos/Letras. No item Descrição, selecione Exibir. Não altere os outros itens desta aba, conforme figura abaixo:

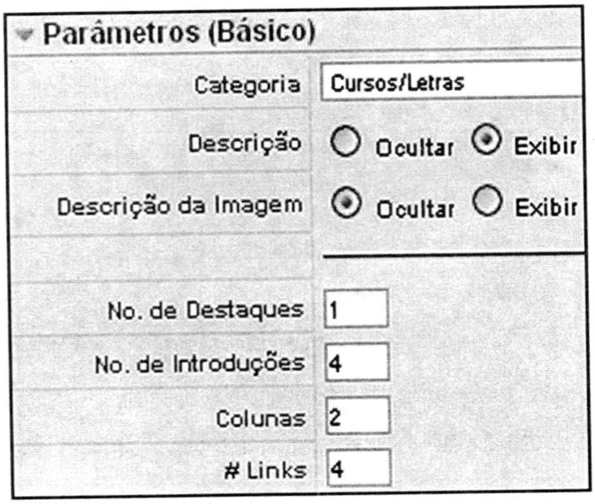

Figura 325

CAPÍTULO 5 – TRABALHANDO NO FRONTEND – MÓDULOS E CONTEÚDOS   211

Feitas as devidas configurações, clique no botão Salvar. Ainda na janela Administrar Item de Menu, clique no botão Novo. Em seguida, clique no item Artigos. Deve aparecer uma lista de opções para selecionar. No item Categoria, selecione com um clique a opção Layout do Blog de Categoria, conforme figura abaixo:

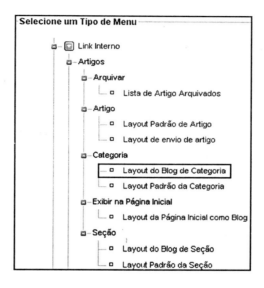

Figura 326 - repetir figura 303

Na janela que abre, na aba Detalhes do Item de Menu, no item Título, digite Pedagogia na caixa de texto. No item Apelido, digite pedagogia, em minúsculo, na caixa de texto. Lembre-se de que neste campo não se pode usar espaço em branco para separar nomes, use hífen ou underscore. No item Pai, selecione Cursos. No item Publicado, selecione Sim. Não altere os outros itens, conforme figura abaixo:

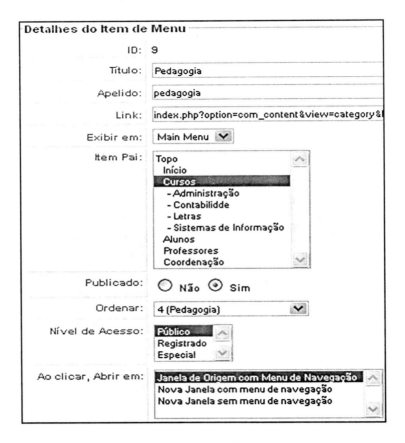

Figura 327

Na aba Parâmetros (Básicos) no item Categoria, na caixa de seleção, selecione Cursos/Pedagogia. No item Descrição, selecione Exibir. Não altere os outros itens desta aba, conforme figura abaixo:

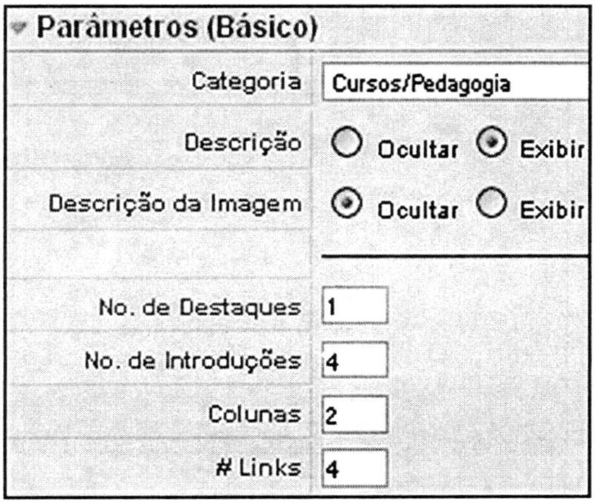

Figura 328

Feitas as devidas configurações, clique no botão Salvar. Ainda na janela Administrar Item de Menu, clique no botão Novo. Em seguida, clique no item Artigos. Deve aparecer uma lista de opções para selecionar. No item Categoria, selecione com um clique a opção Layout do Blog de Categoria, conforme figura abaixo:

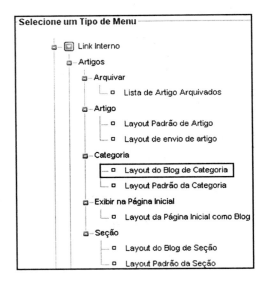

Figura 329

CAPÍTULO 5 – TRABALHANDO NO FRONTEND – MÓDULOS E CONTEÚDOS   215

    Na janela que abre, na aba Detalhes do Item de Menu, no item Título, digite Sistemas de Informação na caixa de texto. No item Apelido, digite sistemas-de-informacao na caixa de texto, em minúsculo. Lembre-se de que neste campo não se pode usar espaço em branco para separar nomes, use hífen ou underscore. No item Pai, selecione Cursos. No item Publicado, selecione Sim. Não altere os outros itens, conforme figura abaixo:

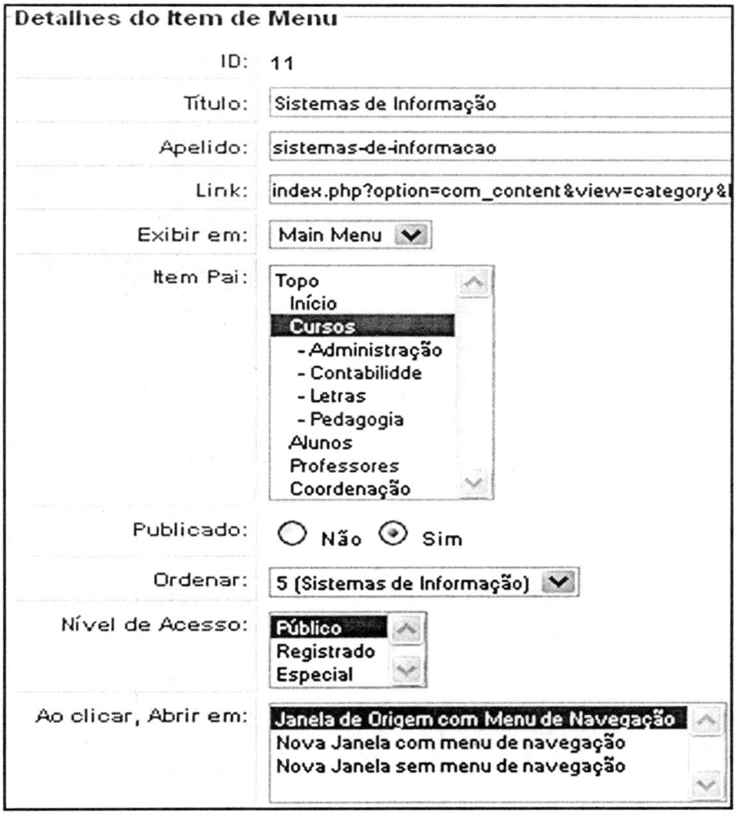

Figura 330

Na aba Parâmetros (Básicos) no item Categoria, na caixa de seleção, selecione Cursos/Sistemas de Informação. No item Descrição, selecione Exibir. Não altere os outros itens desta aba, conforme figura abaixo:

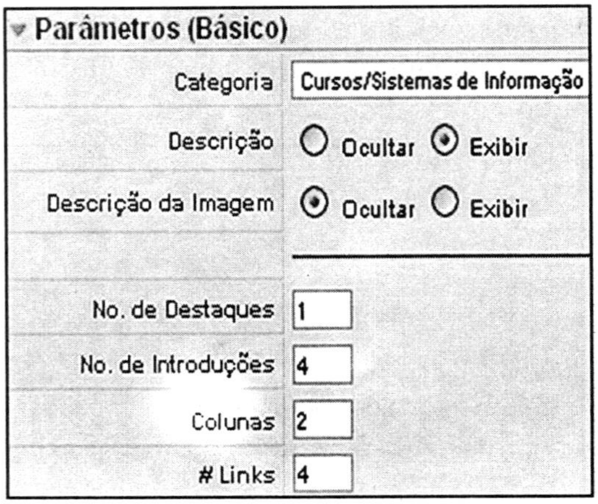

Figura 331

Feitas as devidas configurações, clique no botão Salvar. No final o menu Cursos, na janela Administrar Item de Menu, deve ficar como mostrado na figura abaixo:

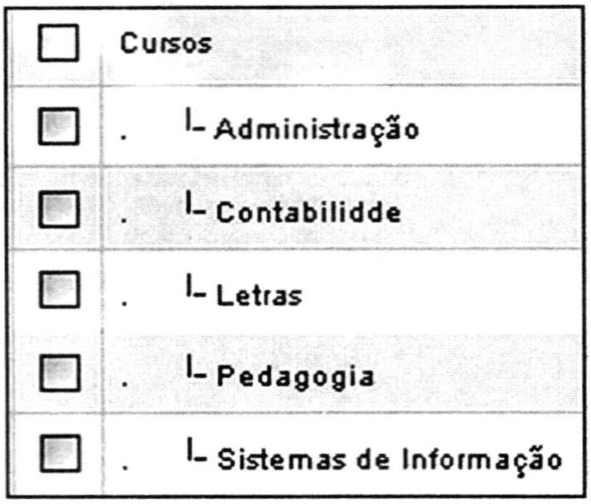

Figura 332

Para visualizar no frontend, clique no botão Pré-visualizar, em seguida, clique no menu Cursos. Passe o mouse pelo menu Cursos e devem aparecer os submenus, conforme figura abaixo:

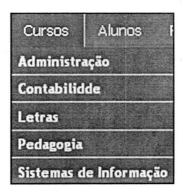

Figura 333

Vamos, agora, criar os submenus para o menu Alunos. Ainda na janela Administrar Item de Menu, clique no botão Novo. Em seguida, clique no item Artigos. Deve aparecer uma lista de opções para selecionar. No item Categoria, selecione com um clique a opção Layout do Blog de Categoria, conforme figura abaixo:

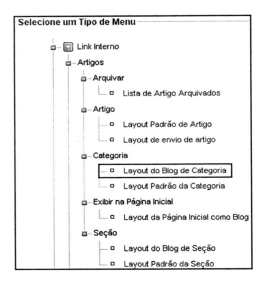

Figura 334

Na janela que abre, na aba Detalhes do Item de Menu, no item Título, digite Atividades na caixa de texto. No item Apelido, digite atividades, em minúsculo, na caixa de texto. Lembre-se de que neste campo não se pode usar espaço em branco para separar nomes, use hífen ou underscore. No item Pai, selecione Alunos. No item Publicado, selecione Sim. Não altere os outros itens, conforme figura abaixo:

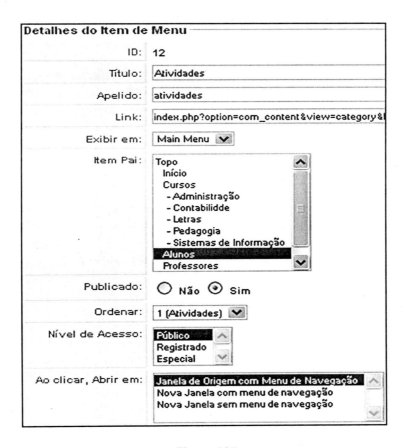

Figura 335

Na aba Parâmetros (Básicos) no item Categoria, na caixa de seleção, selecione Alunos/Atividades. No item Descrição, selecione Exibir. Não altere os outros itens desta aba, conforme figura abaixo:

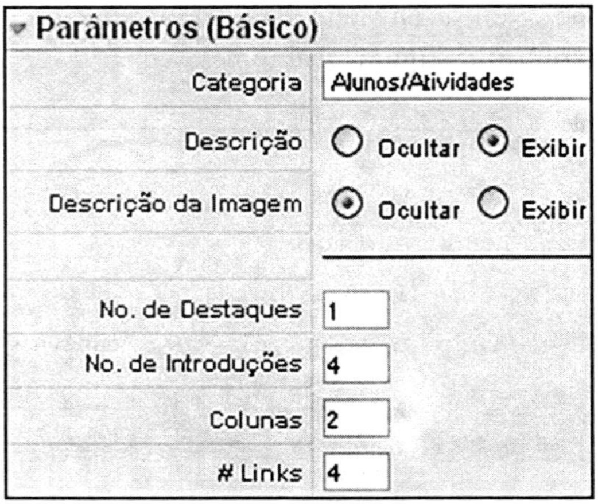

Figura 336

Feitas as devidas configurações, clique no botão Salvar. Ainda na janela Administrar Item de Menu, clique no botão Novo. Em seguida clique no item Artigos. Deve aparecer uma lista de opções para selecionar. No item Categoria, selecione com um clique a opção Layout do Blog de Categoria, conforme figura abaixo:

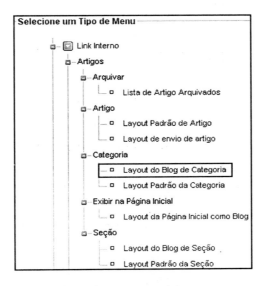

Figura 337

Na janela que abre, na aba Detalhes do Item de Menu, no item Título, digite Calendário Acadêmico na caixa de texto. No item Apelido, digite calendario-academico, em minúsculo e sem acentuação, na caixa de texto. Lembre-se de que neste campo não se pode usar espaço em branco para separar nomes, use hífen ou underscore. No item Pai, selecione Alunos. No item Publicado, selecione Sim. Não altere os outros itens, conforme figura abaixo:

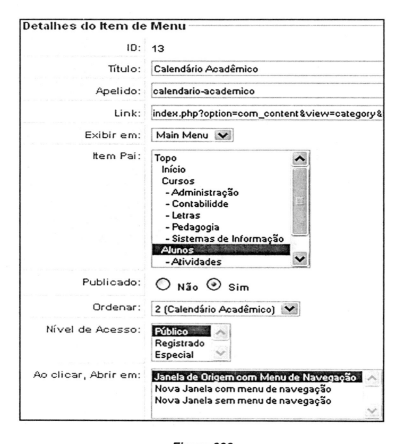

Figura 338

Na aba Parâmetros (Básicos) no item Categoria, na caixa de seleção, selecione Alunos/Calendário Acadêmico. No item Descrição, selecione Exibir. Não altere os outros itens desta aba, conforme figura abaixo:

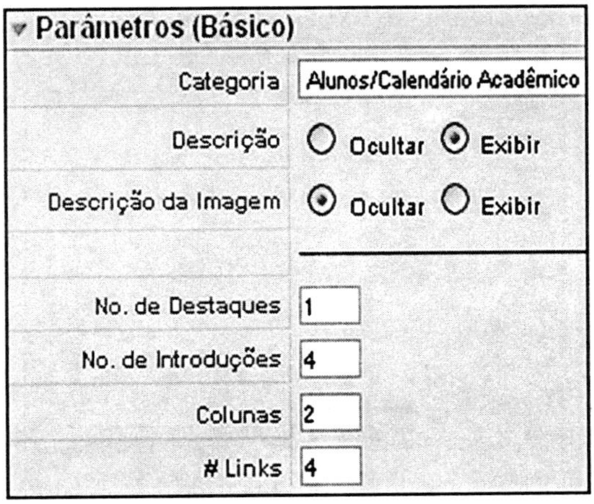

Figura 339

Feitas as devidas configurações, clique no botão Salvar. Ainda na janela Administrar Item de Menu, clique no botão Novo. Em seguida clique no item Artigos. Deve aparecer uma lista de opções para selecionar. No item Categoria, selecione com um clique a opção Layout do Blog de Categoria, conforme figura abaixo:

Figura 340

CAPÍTULO 5 – TRABALHANDO NO FRONTEND – MÓDULOS E CONTEÚDOS   225

Na janela que abre, na aba Detalhes do Item de Menu, no item Título, digite Consultar Notas na caixa de texto. No item Apelido, digite consultar-notas, em minúsculo, na caixa de texto. Lembre-se de que neste campo não se pode usar espaço em branco para separar nomes, use hífen ou underscore. No item Pai, selecione Alunos. No item Publicado, selecione Sim. Não altere os outros itens, conforme figura abaixo:

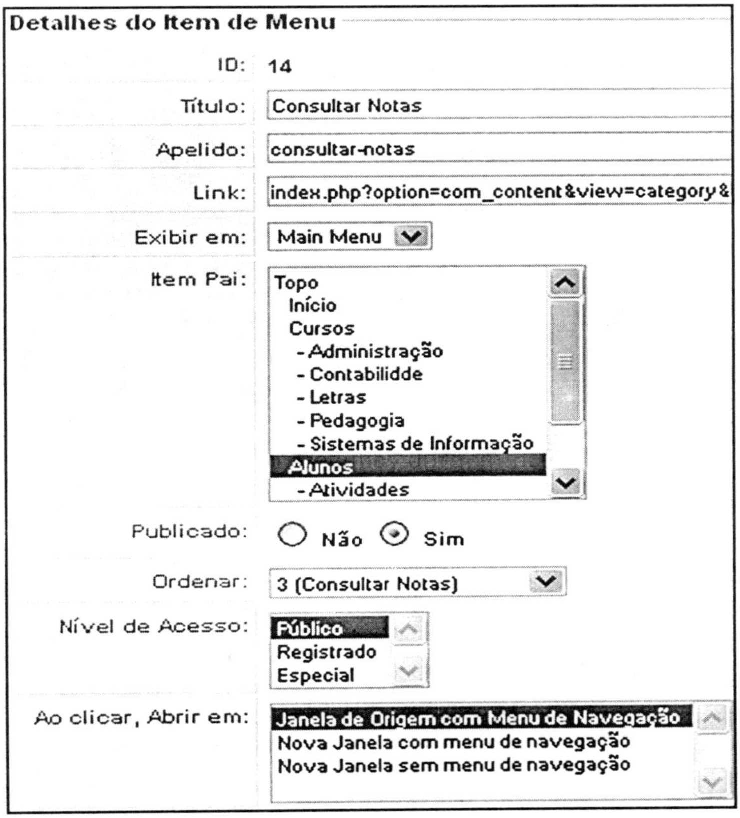

Figura 341

Na aba Parâmetros (Básicos) no item Categoria, na caixa de seleção, selecione Alunos/Consultar Notas. No item Descrição, selecione Exibir. Não altere os outros itens desta aba, conforme figura abaixo:

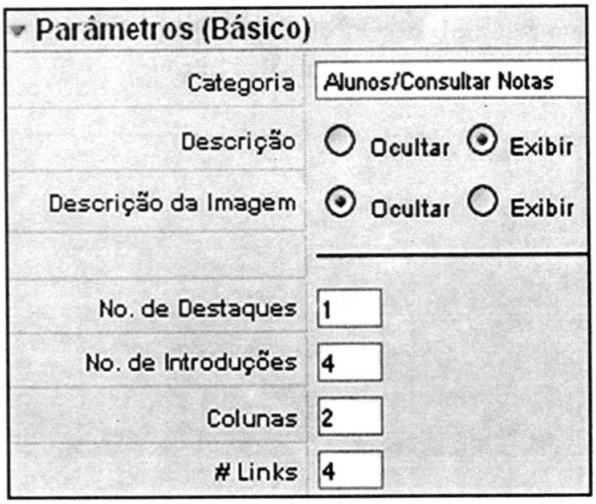

Figura 342

Feitas as devidas configurações, clique no botão Salvar. Ainda na janela Administrar Item de Menu, clique no botão Novo. Em seguida, clique no item Artigos. Deve aparecer uma lista de opções para selecionar. No item Categoria, selecione com um clique a opção Layout do Blog de Categoria, conforme figura abaixo:

Figura 343

Na janela que abre, na aba Detalhes do Item de Menu, no item Título, digite Prouni na caixa de texto. No item Apelido, digite prouni, em minúsculo, na caixa de texto. Lembre-se de que neste campo não se pode usar espaço em branco para separar nomes, use hífen ou underscore. No item Pai, selecione Alunos. No item Publicado, selecione Sim. Não altere os outros itens, conforme figura abaixo:

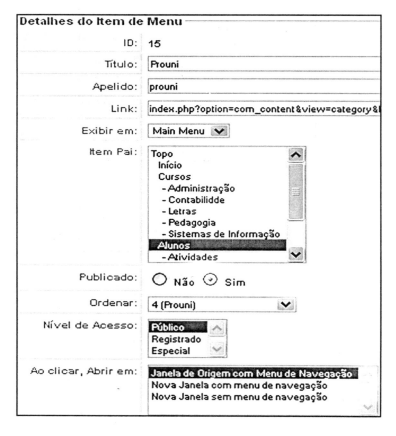

Figura 344

CAPÍTULO 5 – TRABALHANDO NO FRONTEND – MÓDULOS E CONTEÚDOS   229

Na aba Parâmetros (Básicos) no item Categoria, na caixa de seleção, selecione Alunos/Prouni. No item Descrição, selecione Exibir. Não altere os outros itens desta aba, conforme figura abaixo:

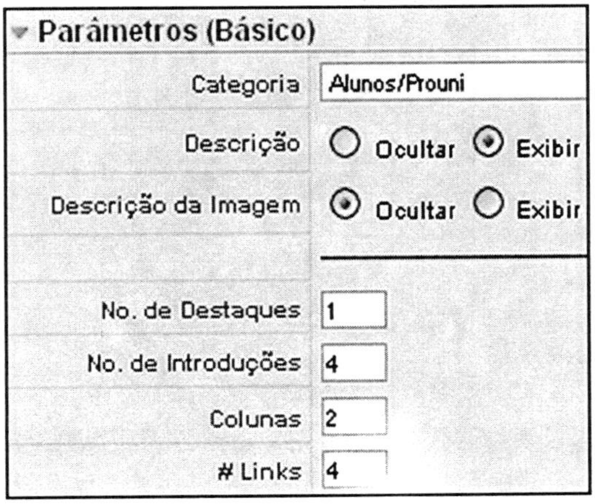

Figura 345

Feitas as devidas configurações, clique no botão Salvar. No final o menu Alunos, na janela Administrar Item de Menu, deve ficar como mostra a figura abaixo:

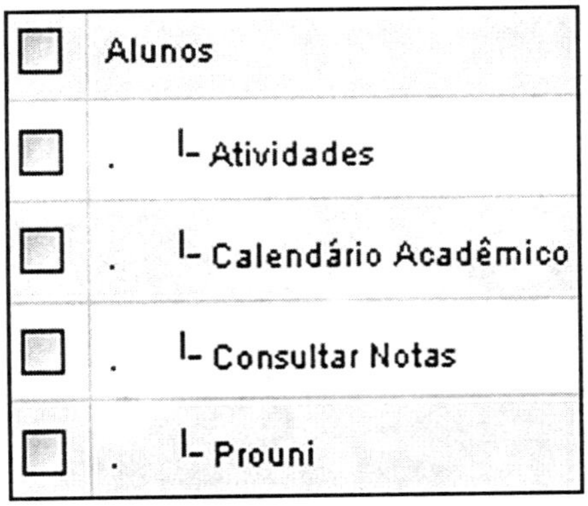

Figura 346

Para visualizar no frontend, clique no botão Pré-visualizar, em seguida, clique no menu Alunos. Passe o mouse pelo menu Alunos e devem aparecer os submenus, conforme figura abaixo:

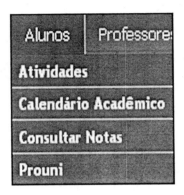

Figura 347

Vamos agora criar os submenus para o menu Professores. Ainda na janela Administrar Item de Menu, clique no botão Novo. Em seguida, clique no item Artigos. Deve aparecer uma lista de opções para selecionar. No item Categoria, selecione com um clique a opção Layout do Blog de Categoria, conforme figura abaixo:

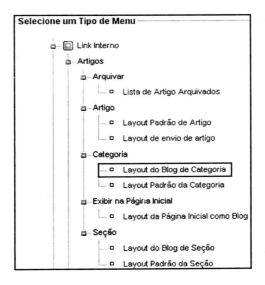

Figura 348

Na janela que abre, na aba Detalhes do Item de Menu, no item Título, digite Atividades na caixa de texto. No item Apelido, digite atividades, em minúsculo, na caixa de texto. Lembre-se de que neste campo não se pode usar espaço em branco para separar nomes, use hífen ou underscore. No item Pai, selecione Professores, se você não estiver achando o item, basta clicar na barra de rolagem e selecioná-lo. No item Publicado, selecione Sim. Não altere os outros itens, conforme figura abaixo:

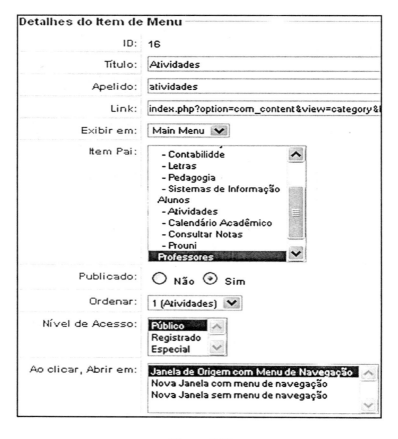

Figura 349

Na aba Parâmetros (Básicos) no item Categoria, na caixa de seleção, selecione Professores/Atividades. No item Descrição, selecione Exibir. Não altere os outros itens desta aba, conforme figura abaixo:

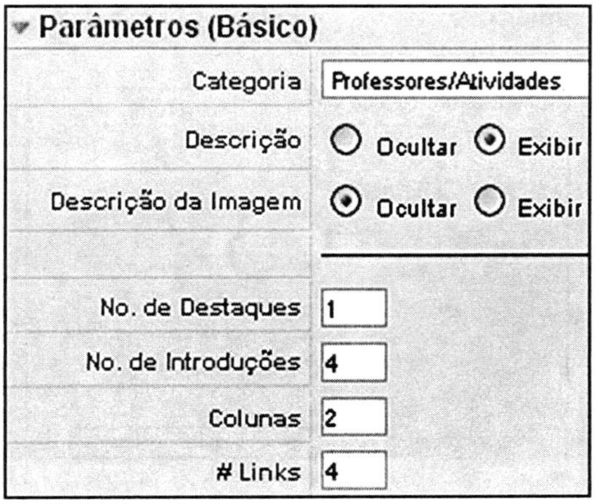

Figura 350

Feitas as devidas configurações clique no botão Salvar. Ainda na janela Administrar Item de Menu, clique no botão Novo. Em seguida, clique no item Artigos. Deve aparecer uma lista de opções para selecionar. No item Categoria, selecione com um clique a opção Layout do Blog de Categoria, conforme figura abaixo:

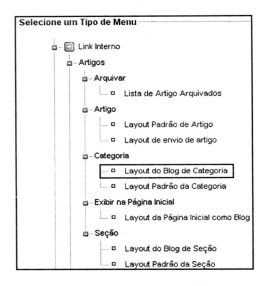

Figura 351

Na janela que abre, na aba Detalhes do Item de Menu, no item Título, digite Calendário Acadêmico na caixa de texto. No item Apelido, digite calendario-academico, em minúsculo e sem acentuação, na caixa de texto. Lembre-se de que neste campo não se pode usar espaço em branco para separar nomes, use hífen ou underscore. No item Pai, selecione Professores, se você não estiver achando o item, basta clicar na barra de rolagem e selecioná-lo. No item Publicado, selecione Sim. Não altere os outros itens, conforme figura abaixo:

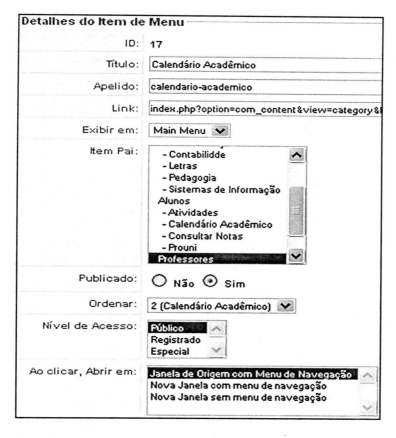

Figura 352

Na aba Parâmetros (Básicos) no item Categoria, na caixa de seleção, selecione Professores/Calendário Acadêmico. No item Descrição, selecione Exibir. Não altere os outros itens desta aba, conforme figura abaixo:

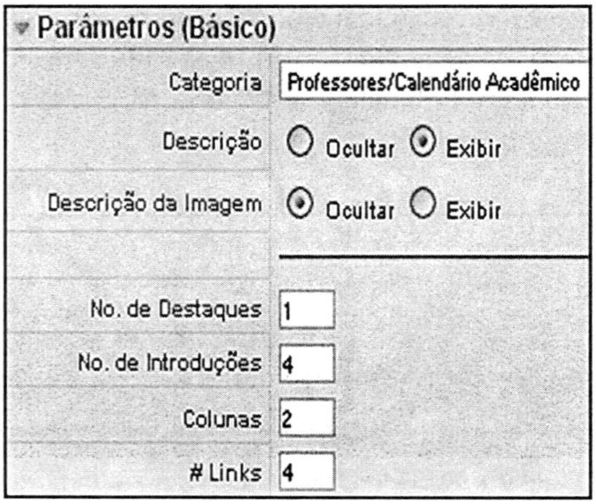

Figura 353

CAPÍTULO 5 – TRABALHANDO NO FRONTEND – MÓDULOS E CONTEÚDOS   237

Feitas as devidas configurações, clique no botão Salvar. Ainda na janela Administrar Item de Menu, clique no botão Novo. Em seguida clique no item Artigos. Deve aparecer uma lista de opções para selecionar. No item Categoria, selecione com um clique a opção Layout do Blog de Categoria, conforme figura abaixo:

Figura 354 - repetir figura 303

Na janela que abre, na aba Detalhes do Item de Menu, no item Título, digite Lançar Notas na caixa de texto. No item Apelido, digite lancar-notas, em minúsculo, na caixa de texto. Lembre-se de que neste campo não se pode usar espaço em branco para separar nomes, use hífen ou underscore. No item Pai, selecione Professores, se você não estiver achando o item, basta clicar na barra de rolagem e selecioná-lo. No item Publicado, selecione Sim. Não altere os outros itens, conforme figura abaixo:

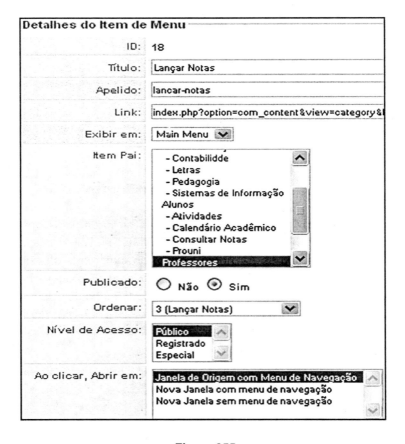

Figura 355

Na aba Parâmetros (Básicos) no item Categoria, na caixa de seleção, selecione Professores/Calendário Acadêmico. No item Descrição, selecione Exibir. Não altere os outros itens desta aba, conforme figura abaixo:

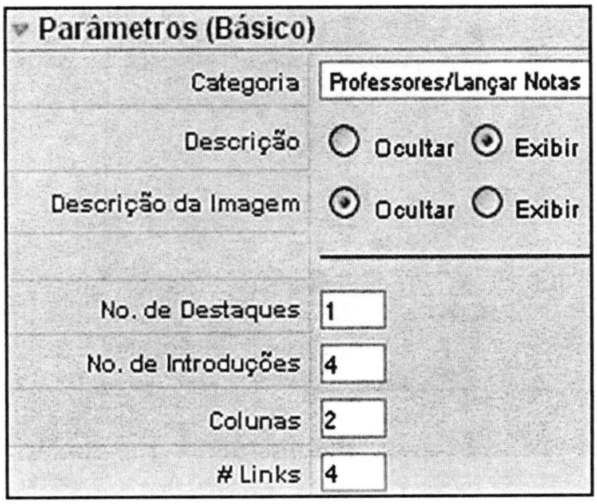

Figura 356

Feitas as devidas configurações, clique no botão Salvar. No final o menu Professores, na janela Administrar Item de Menu, deve ficar como mostrado na figura abaixo:

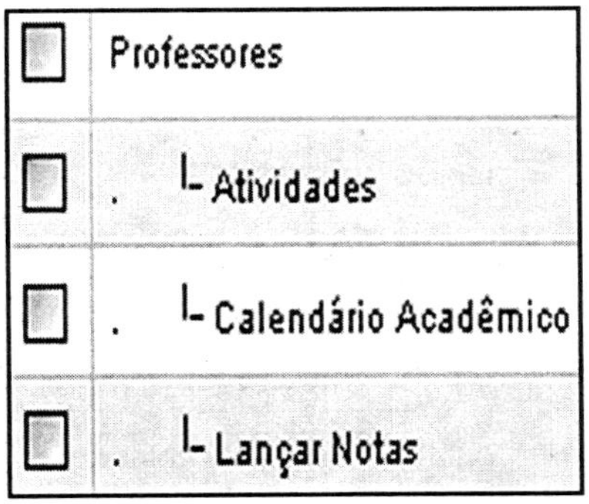

Figura 357

240 JOOMLA! PARA INICIANTES

Para visualizar no frontend, clique no botão Pré-visualizar, em seguida clique no menu Professores. Passe o mouse pelo menu Professores e devem aparecer os submenus, conforme figura abaixo:

Figura 358

CAPÍTULO 5 – TRABALHANDO NO FRONTEND – MÓDULOS E CONTEÚDOS   241

Finalmente, vamos criar os submenus para o menu Coordenação. Ainda na janela Administrar Item de Menu, clique no botão Novo. Em seguida, clique no item Artigos. Deve aparecer uma lista de opções para selecionar. No item Categoria, selecione com um clique a opção Layout do Blog de Categoria, conforme figura abaixo:

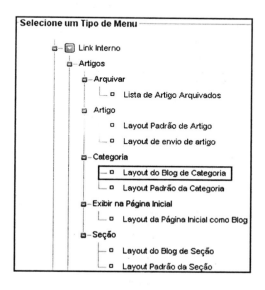

Figura 359

Na janela que abre, na aba Detalhes do Item de Menu, no item Título, digite Atividades Pedagógicas na caixa de texto. No item Apelido, digite atividades-pedagogicas, em minúsculo e sem acentuação, na caixa de texto. Lembre-se de que neste campo não se pode usar espaço em branco para separar nomes, use hífen ou underscore. No item Pai, selecione Coordenação, se você não estiver achando o item, basta clicar na barra de rolagem e selecioná-lo. No item Publicado, selecione Sim. Não altere os outros itens, conforme figura abaixo:

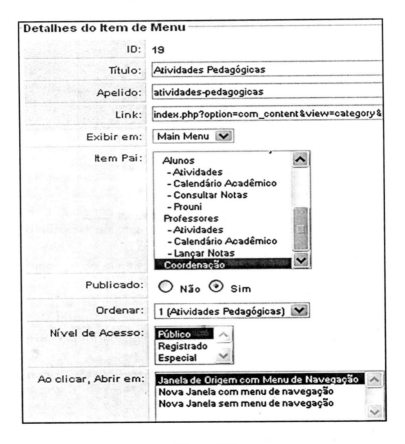

Figura 360

CAPÍTULO 5 – TRABALHANDO NO FRONTEND – MÓDULOS E CONTEÚDOS   243

Na aba Parâmetros (Básicos) no item Categoria, na caixa de seleção, selecione Coordenação/Atividades Pedagógicas. No item Descrição, selecione Exibir. Não altere os outros itens desta aba, conforme figura abaixo:

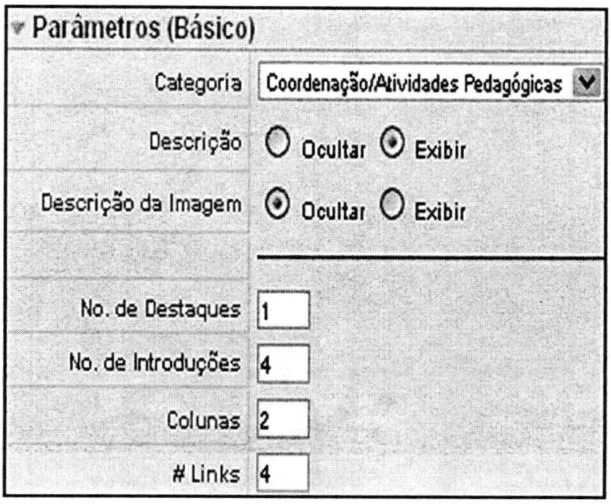

Figura 361

Feitas as devidas configurações, clique no botão Salvar. Ainda na janela Administrar Item de Menu, clique no botão Novo. Em seguida, clique no item Artigos. Deve aparecer uma lista de opções para selecionar. No item Categoria, selecione com um clique a opção Layout do Blog de Categoria, conforme figura abaixo:

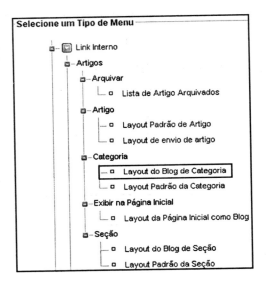

Figura 362

CAPÍTULO 5 – TRABALHANDO NO FRONTEND – MÓDULOS E CONTEÚDOS   245

Na janela que abre, na aba Detalhes do Item de Menu, no item Título, digite Comunicados na caixa de texto. No item Apelido, digite comunicados, em minúsculo, na caixa de texto. Lembre-se de que neste campo não se pode usar espaço em branco para separar nomes, use hífen ou underscore. No item Pai, selecione Coordenação, se você não estiver achando o item, basta clicar na barra de rolagem e selecioná-lo. No item Publicado, selecione Sim. Não altere os outros itens, conforme figura abaixo:

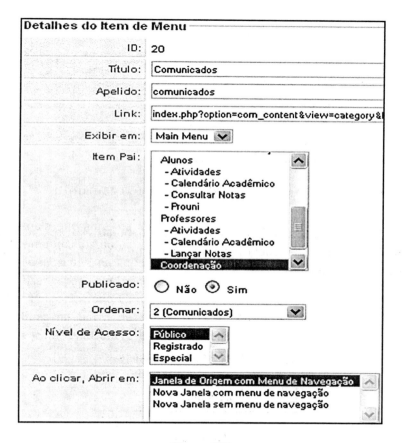

Figura 363

Na aba Parâmetros (Básicos) no item Categoria, na caixa de seleção, selecione Coordenação/Comunicados. No item Descrição, selecione Exibir. Não altere os outros itens desta aba, conforme figura abaixo:

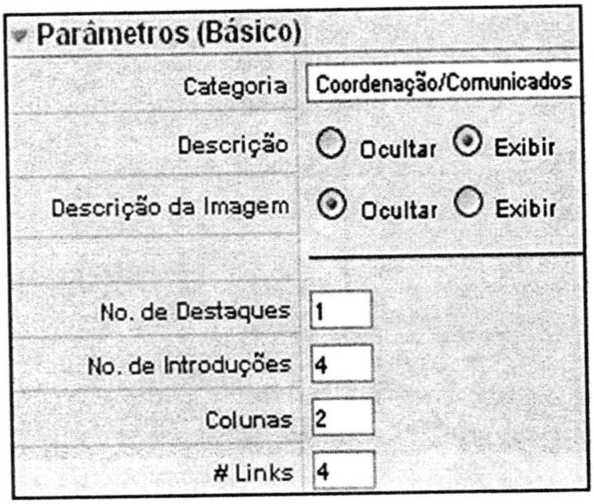

Figura 364

Feitas as devidas configurações, clique no botão Salvar. No final o menu Coordenação, na janela Administrar Item de Menu, deve ficar como mostra a figura abaixo:

Figura 365

Para visualizar no frontend, clique no botão Pré-visualizar, em seguida, clique no menu Coordenação. Passe o mouse pelo menu Coordenação e devem aparecer os submenus, conforme figura abaixo:

Figura 366

Nosso site está totalmente funcional. Todos os menus estão linkados, vamos, apenas, fazer alguns ajustes.

Capítulo 6

Criando Novos Links e Adicionando Funcionalidades Básicas

Estudos feitos sobre usuários de internet indicam que os movimentos dos olhos em websites começam a leitura de cima para baixo, por este motivo vamos criar um menu lateral, idêntico ao menu horizontal. Esta técnica é de grande importância para a usabilidade.

Para isto vamos copiar o menu principal e fazer algumas alterações. Clique no menu Extensões, em seguida, clique no submenu Administrar Módulos, conforme figura abaixo:

Figura 367

Na janela que abre, Administrar Módulos, selecione o item Main Menu e, em seguida, clique no botão Copiar, conforme figura abaixo:

Figura 368

Clique no item Cópia de Main Menu. Na janela que abre, na aba Detalhes, no item Título, digite Menu Lateral na caixa de texto. No item Exibir Título, selecione Não. No item Habilitado, selecione Sim. No item Posição, selecione na caixa de seleção, left. Não altere os demais itens conforme figura abaixo:

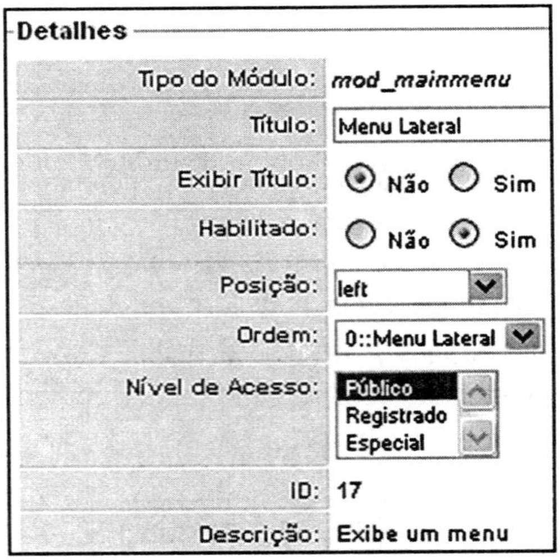

Figura 369

Na aba Parâmetros do Módulo, no item Estilo do Menu, selecione Lista na caixa de seleção. No item Nível de Início, digite 1 e no item Nível Final, digite 1. Significa que só vão aparecer os itens secundários ou internos do Menu, ou seja, os submenus. No item Sempre exibir itens do submenu, selecione Sim. Não altere os demais itens conforme figura abaixo:

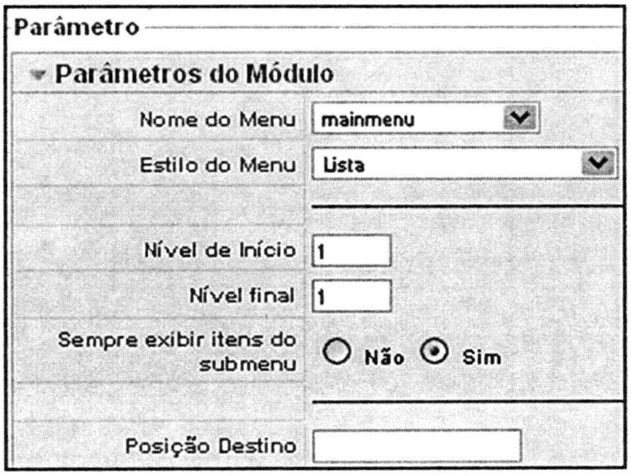

Figura 370

Na aba Atribuir Menu, observe que todos os menus estão selecionados. Vamos fazer com que o nosso menu lateral apareça em todos os menus com exceção do menu Início. Para isso, no item menus, selecione o botão de rádio Selecione um módulo na lista, em seguida, segure a tecla **Ctrl** e clique com o mouse sobre o menu Início. Observe que ele vai ficar desmarcado, conforme figura abaixo:

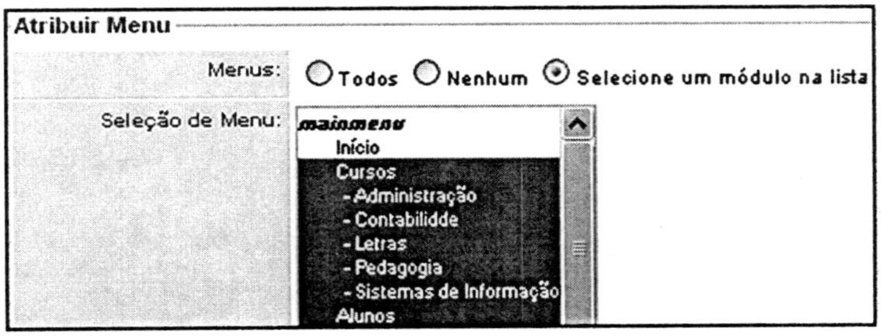

Figura 371

Feitas todas as configurações clique no botão Salvar. Pronto, já temos nosso menu lateral, para visualizar no frontend. Clique no botão Pré-visualizar, em seguida, clique em um dos menus da barra horizontal, por exemplo, em Cursos. Observe que o internauta vai ter a possibilidade de navegar tanto no menu lateral esquerdo quanto no submenu horizontal, conforme figura abaixo:

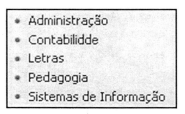

Figura 372

Vamos criar agora o artigo de boas vindas para nossa página inicial. Para isso, clique no menu Conteúdo, em seguida, clique no submenu Administrar Artigos ou clique no botão Administrar Artigo se você estiver no backend, conforme figura abaixo:

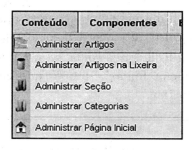 

Figura 373   *Figura 374*

CAPÍTULO 6 – CRIANDO NOVOS LINKS E ADICIONANDO FUNCIONALIDADES BÁSICAS   253

Na janela que abre, clique no botão Novo. No item Título, digite Seja Bem Vindo na caixa de texto. No item Apelido, digite seja-bem-vindo, em minúsculo, na caixa de texto. Lembre-se de que neste campo não se pode usar espaço em branco para separar nomes, use hífen ou underscore. No item Publicado, selecione Sim. No item Exibir na Página Inicial, selecione Sim. No item Seção, selecione Sem Categoria na caixa de seleção. No item Categoria, selecione Sem Categoria na caixa de seleção, deve ficar conforme figura abaixo:

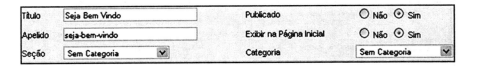

Figura 375

Na caixa de texto abaixo, vamos inserir uma imagem, para isso, clique no botão Imagem que fica no final da caixa de texto. Abrirá a janela com o diretório das imagens padrão do Joomla, conforme figura abaixo:

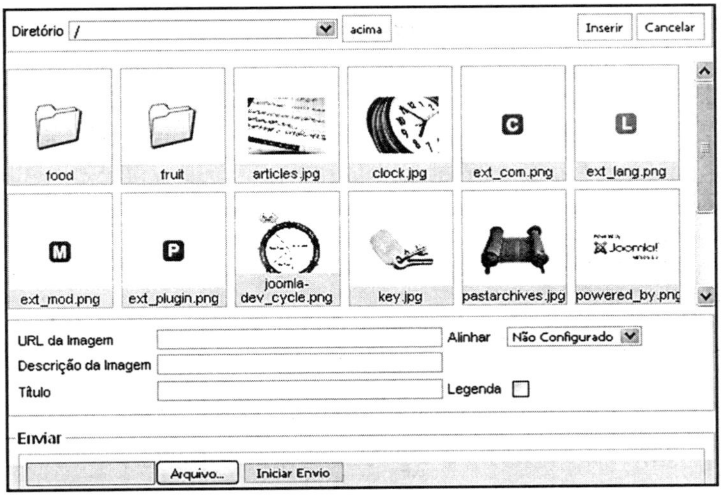

Figura 376

Observe que nenhuma das imagens é pertinente ao tema do nosso site. Você pode inserir novas imagens, para isso salve uma imagem em uma pasta do seu computador, em seguida, clique no botão Arquivo..., na janela que abre procure a pasta onde você salvou a imagem, no meu caso salvei na pasta Meus documentos, Minhas imagens, que é a pasta padrão que vai abrir, selecione a imagem e clique no botão Abrir, conforme figura abaixo:

Figura 377

CAPÍTULO 6 – CRIANDO NOVOS LINKS E ADICIONANDO FUNCIONALIDADES BÁSICAS 255

Voltando para o diretório de imagens do Joomla, clique no botão Iniciar Envio. Pronto, a imagem já se encontra no diretório, basta selecioná-la, e na caixa de seleção Alinhar, selecione Esquerda, em seguida clique no botão Inserir, conforme figura abaixo:

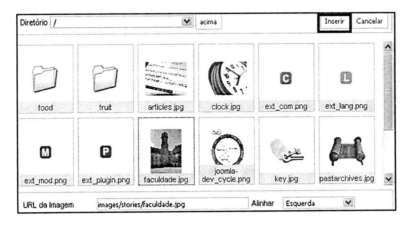

Figura 378

Após inserir a imagem, digite o seguinte texto: *"Seja Bem vindo a Faculdade Imaginária de Tecnologia. Aqui você vai desfrutar do mais alto conhecimento científico e tecnológico."* Selecione a frase e, na caixa de seleção Format, selecione Paragraph, em seguida, clique no botão justificar .

Após, a formatação deve ficar conforme figura abaixo:

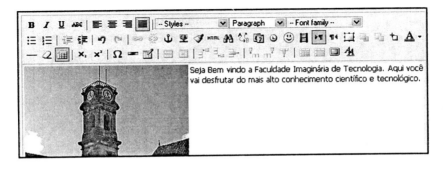

Figura 379

Feitas todas as configurações, clique no botão Salvar. Para visualizar no frontend, clique no botão Pré-visualizar, ficará conforme figura abaixo:

Figura 380

Observe na figura acima que algumas configurações podem ser feitas para que itens como Nome do autor do artigo e data de criação do artigo, bem como os ícones que aparecem no final do artigo, não apareçam. Lembre-se de que nosso site tem que ficar com aspecto de portal, portanto estes itens não devem aparecer.

Para isso, retorne a janela Administrar Artigo e clique no artigo Seja Bem Vindo. Na janela que abre, clique na aba Parâmetros (Avançado), no item Nome dos autores, selecione Ocultar na caixa de seleção. No item Data e Hora de Criação, selecione Ocultar na caixa de seleção. No item Data e Hora da Modificação, selecione Ocultar na caixa de seleção. No item Ícone PDF, selecione Ocultar na caixa de seleção. No item Ícone de Impressão, selecione Ocultar na caixa de seleção. No item Ícone de E-mail,

CAPÍTULO 6 – CRIANDO NOVOS LINKS E ADICIONANDO FUNCIONALIDADES BÁSICAS   257

selecione Ocultar na caixa de seleção. Não altere os outros itens. Feitas estas configurações, devem ficar conforme figura abaixo:

Figura 381

Feitas estas configurações, clique no botão Salvar. Você deve estar se perguntando, e seu eu quiser deixar apenas o ícone da impressora e o nome o autor? Simples, meu caro, basta você deixar marcado, na caixa de seleção destes itens, a opção Exibir. Todo e qualquer artigo pode ser configurado através de seus parâmetros avançados. Observe, na figura abaixo, a janela Administrar Artigo:

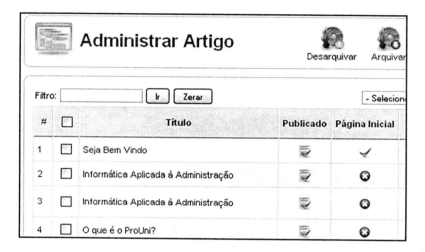

Figura 382

CAPÍTULO 6 – CRIANDO NOVOS LINKS E ADICIONANDO FUNCIONALIDADES BÁSICAS

Aqui existe um recurso bastante interessante. Observe a coluna Página Inicial, em frente aos artigos tem uma bolinha vermelha com um x. Você pode selecionar quais artigos você quer que apareça na página inicial do seu site, para isso basta clicar nesta bolinha vermelha com um x e pronto, automáticamente este artigo vai aparecer na página inicial. A título de exemplo, vou clicar no artigo O que é o ProUni?. Após essa ação, clique no botão Pré-visualizar e veja como ficou conforme figura abaixo:

Figura 383

Veja que a mensagem de boas vindas foi para baixo do artigo sobre o Prouni, para que isso não ocorra, temos que configurar o menu Início, para isso, clique no menu Menus, em seguida, em Main Menu*. Na janela que abre, clique no item de menu Início. Na aba Parâmetros (Avançado), no item Ordem primária, selecione na caixa de seleção a opção Ordenar, conforme figura abaixo:

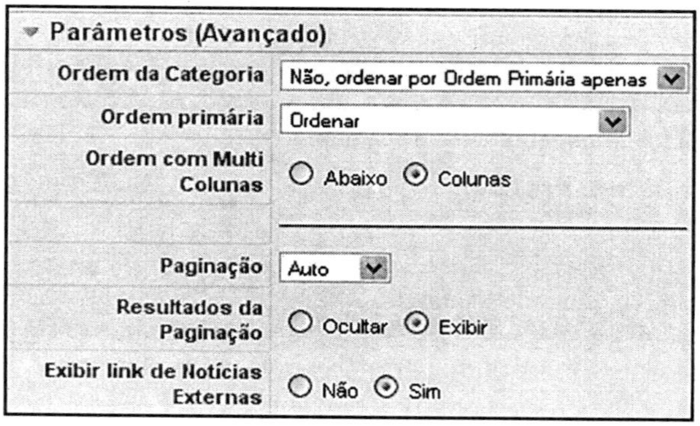

Figura 384

Não altere os demais itens e clique no botão Salvar. Temos que observar que nosso site tem que seguir o conceito de portal, ou seja, temos que direcionar o conteúdo para todos os nossos usuários, alunos, professores, direção e visitantes. Alguns documentos podem ser visualizados e baixados por qualquer usuário, o qual chamamos de convidado e outros só podem ser baixados por usuários que devem se registrar ou se cadastrar no site. Mesmo cadastrado, ele tem que ter permissão para isso, ou seja, ele tem que ser um usuário registrado, autor, redator e editor para o site público ou frontend e gerente, administrador ou superadministrador para o site administrativo ou backend.

Não vou ficar entrando em mais detalhes, pois esse assunto já foi discutido no capítulo 3.

CRIANDO UM MENU DE LOGIN

Vamos criar agora um menu para que nossos usuários possam se cadastrar no nosso site. Clique no menu Extensões, em seguida, clique no submenu Administrar Módulos, conforme figura abaixo:

Figura 385

Na janela que abre, Administrar Módulos, verifique se você está na aba site e clique no botão Novo. Na janela que abre Módulo: [Novo], selecione Login e clique no botão Próximo. Na janela que abre, na aba Detalhes, no item Título, digite Login na caixa de texto. No item Exibir Título, selecione Sim. No item Habilitado, selecione Sim. No item Posição, selecione , left na caixa de seleção. Não altere os demais itens, conforme figura abaixo:

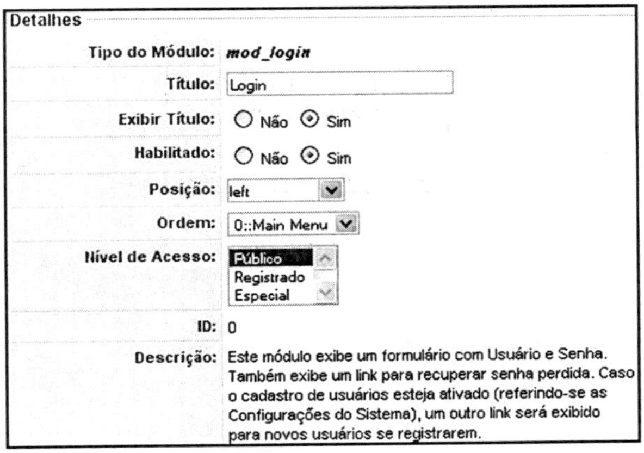

Figura 386

Na aba Atribuir Menu, clique no botão de rádio Selecione um módulo na lista, clique no item de menu Início, conforme figura abaixo:

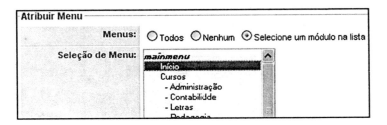

Figura 387

Feitas estas configurações clique no botão Salvar. Clique no botão Pré-visualizar e veja como ficou nosso menu de Login na figura abaixo:

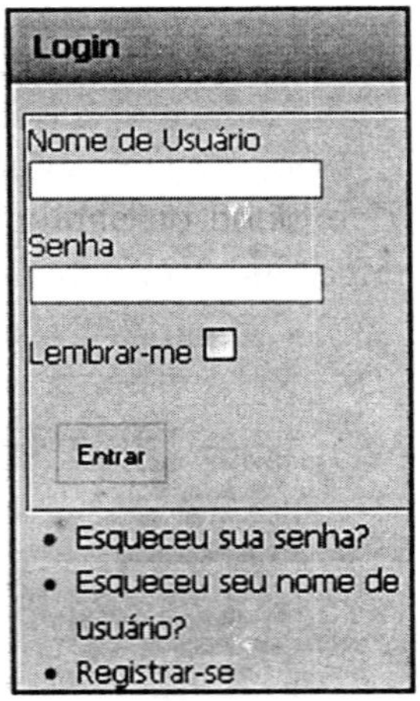

Figura 388

CRIANDO CALENDÁRIO DE EVENTOS

Outro módulo interessante para nosso site é o Events Calendar JEvents, para 'nosso calendário acadêmico. Para baixá-lo vá até o seguinte endereço:

http://extensions.joomla.org/extensions/calendars-&-events/events/95/details.

Na janela que abre, procure pelo botão Download e clique sobre ele. Na próxima janela, clique na aba Files. Nessa janela, você vai baixar dois arquivos: com_jevents_1.5.0.zip e mod_jevents_cal_1.5.0.zip, conforme figura abaixo:

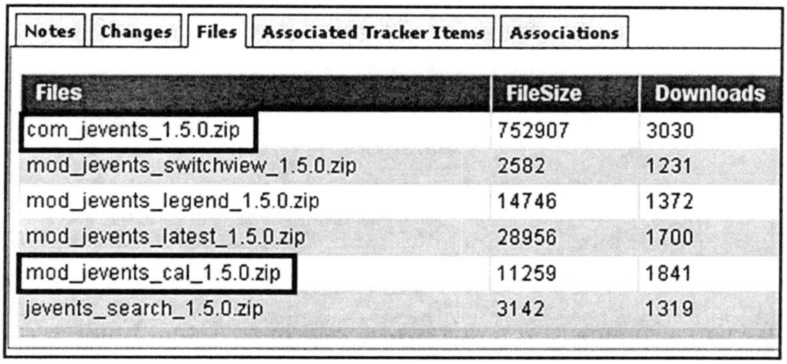

Files	FileSize	Downloads
com_jevents_1.5.0.zip	752907	3030
mod_jevents_switchview_1.5.0.zip	2582	1231
mod_jevents_legend_1.5.0.zip	14746	1372
mod_jevents_latest_1.5.0.zip	28956	1700
mod_jevents_cal_1.5.0.zip	11259	1841
jevents_search_1.5.0.zip	3142	1319

Figura 389

Clique no link dos arquivos acima, um de cada vez, em seguida, aparecerá a página para baixar o arquivo, aguarde a janela de download de seu navegador web abrir, e escolha uma pasta para salvar o arquivo.

Não esqueça o local onde o arquivo foi salvo, por isso eu sempre crio uma pasta para cada componente ou módulo que uso no Joomla, pois fica mais fácil saber onde encontrá-los. Após o término do download, vá para o backend, ou nossa área de administração e clique no menu Extensões, em seguida, clique no submenu Instalar/Desinstalar, conforme figura abaixo:

Figura 390

Na janela que abre, Administrar Extensões, no item Enviar pacote de arquivos, clique no botão Arquivo..., em seguida, localize a pasta onde você salvou o JEvents Cal, selecione-o e clique no botão Abrir. Clique no botão Enviar arquivo & Instalar e aguarde a mensagem dizendo que o componente foi instalado com sucesso. Repita o mesmo procedimento para o outro arquivo. Às vezes alguns componentes no Joomla vem com o seu módulo separado, por isso temos que instalar os dois arquivos.

A maioria dos componentes e módulos também vem na língua inglesa, por essa razão existem arquivos de tradução. Esse componente tem uma tradução para o português Brasil. Para baixar o arquivo, digite o seguinte endereço no seu navegador: http://www.jevents.net/forum/viewtopic.php?f=16&t=1552&sid=9486c3df9be34e9a07d2d5834f57f9ff. Na janela que abre, clique no link do arquivo pt.BR.com_jevents.zip, aguarde a janela de download de seu navegador web abrir, em seguida, escolha uma pasta para salvar o arquivo.

CAPÍTULO 6 – CRIANDO NOVOS LINKS E ADICIONANDO FUNCIONALIDADES BÁSICAS   265

Após o término do download, vá para o backend, ou nossa área de administração e clique no menu Extensões. Clique no submenu Instalar/Desinstalar, conforme figura abaixo:

Figura 391

Na janela que abre, Administrar Extensões, no item Enviar pacote de arquivos, clique no botão Arquivo..., em seguida, localize a pasta onde você salvou o arquivo pt.BR.com_jevents.zip, selecione-o e clique no botão Abrir. Em seguida, clique no botão Enviar arquivo & Instalar e aguarde a mensagem dizendo que o componente foi instalado com sucesso. Feito isso, clique no menu Componentes e clique no submenu, JEvents MVC, conforme figura abaixo:

Figura 392

Abrirá a janela do Painel de Controle do JEvents. Clique no botão Configuração, na janela que abre, na aba Componente, no item Escolha a visualização, selecione ext na caixa de seleção. No item Formato da data, selecione French-English na caixa de seleção. No item Usar formato de hora de 12hr, selecione Não. No item Estabelecer meta-tag para impedir a coleta dos robôs (só Joomla 1.5), selecione Sim. No item JEV_ROBOTS_PRIOR, selecione JEV_1_YEAR na caixa de seleção. No item JEV_ROBOTS_POST, selecione JEV_1_YEAR na caixa de seleção. No item Usar caché Joomla Não é compatível com o filtro baseado em sessões, selecione Não. No item Mostrar Cabeçalho, selecione Nome do componente na caixa de seleção. No item Usar a nova barra de navegação com ícones, selecione sim. No item Cor da barra de navegação, selecione uma cor que tenha a ver com o seu template, no nosso caso, seria o vermelho. No item Primeiro ano a mostrar no calendário, digite 2000, pois é o início do século 21. No item Último ano a mostrar no calendário, digite 2020, só não esqueça de alterar quando chegar no ano de 2020. No item Primeiro Dia, selecione Segunda-feira Primeiro, particularmente eu gosto de iniciar a semana na segunda, aqui fica a seu critério. Nos itens, Mostrar Ícone de Impressão, Ocultar "Ver por categorias" (apropriado se o módulo de legenda esta visível), Mostrar copyright e JEV_INSTALL_LAYOUTS, selecione Não para todos. Sua configuração deve ficar como mostra a figura abaixo:

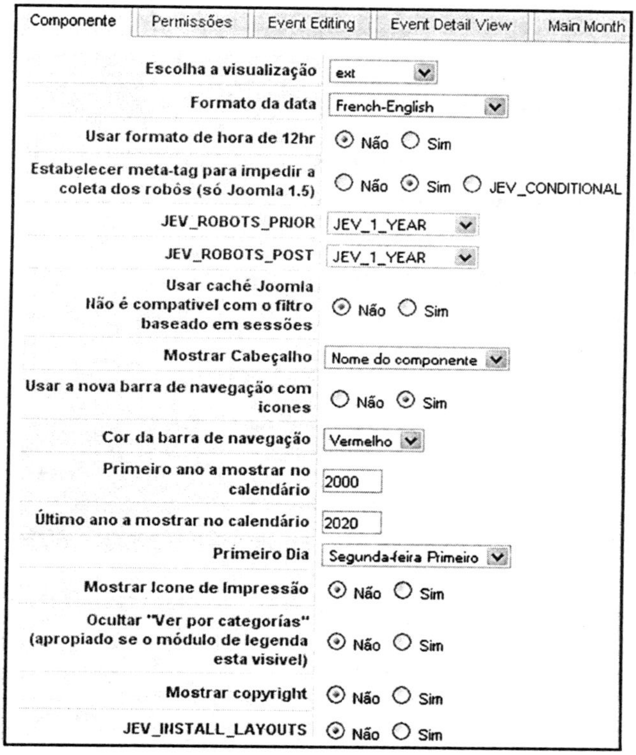

CAPÍTULO 6 – CRIANDO NOVOS LINKS E ADICIONANDO FUNCIONALIDADES BÁSICAS

Figura 393

Clique na aba Permissões e configure, conforme figura abaixo:

Figura 394

Clique na aba Event Editing e configure, conforme figura abaixo:

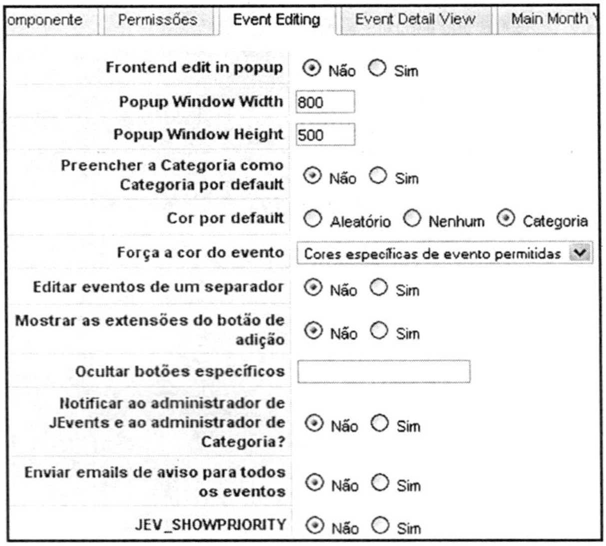

Figura 395

CAPÍTULO 6 – CRIANDO NOVOS LINKS E ADICIONANDO FUNCIONALIDADES BÁSICAS   269

Clique na aba Event Detail View e configure conforme figura abaixo:

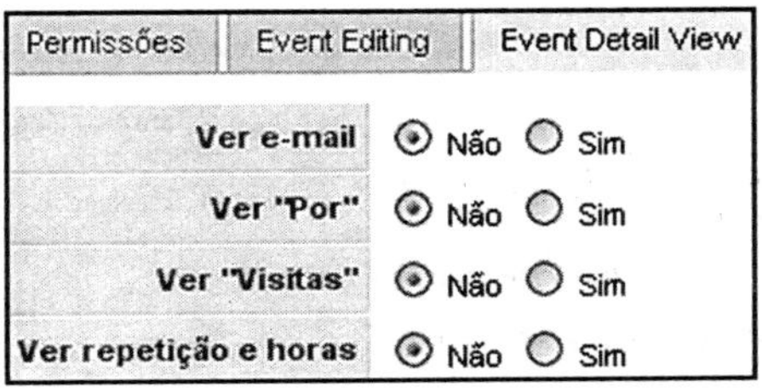

Figura 396

Clique na aba Main Month View Calendar e configure, conforme figura abaixo:

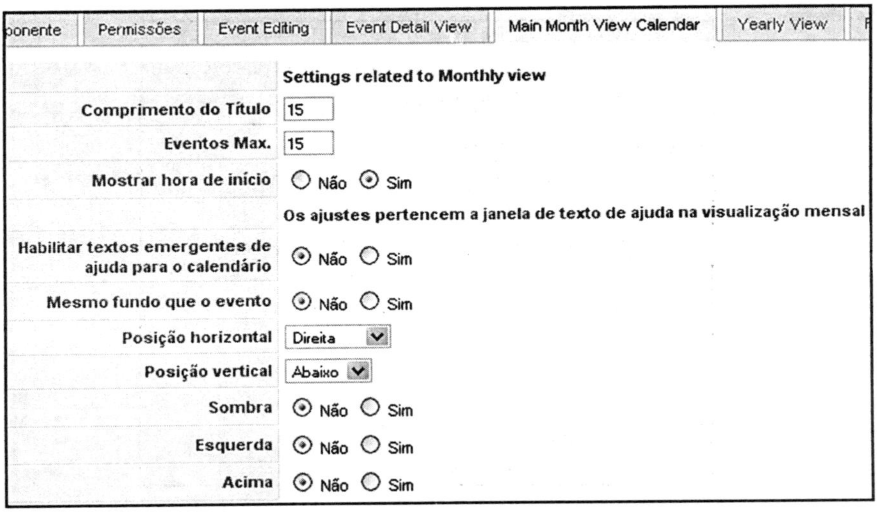

Figura 397

Clique na aba Yearly View e configure, conforme figura abaixo:

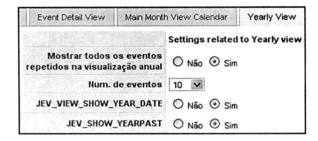

Figura 398

Clique na aba RSS e configure, conforme figura abaixo:

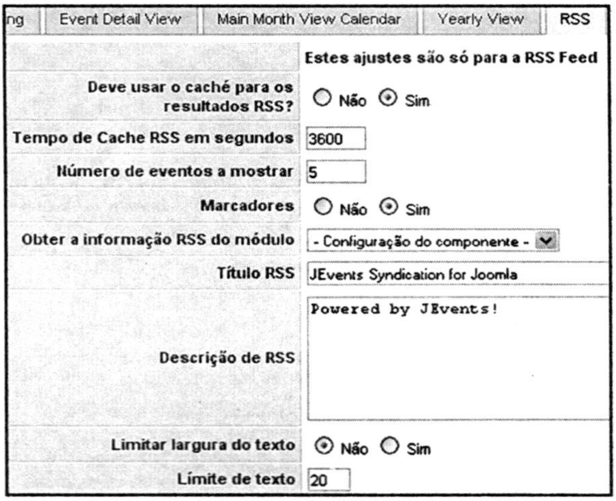

Figura 399

CAPÍTULO 6 – CRIANDO NOVOS LINKS E ADICIONANDO FUNCIONALIDADES BÁSICAS   271

Clique na aba Calendário e configure, conforme figura abaixo:

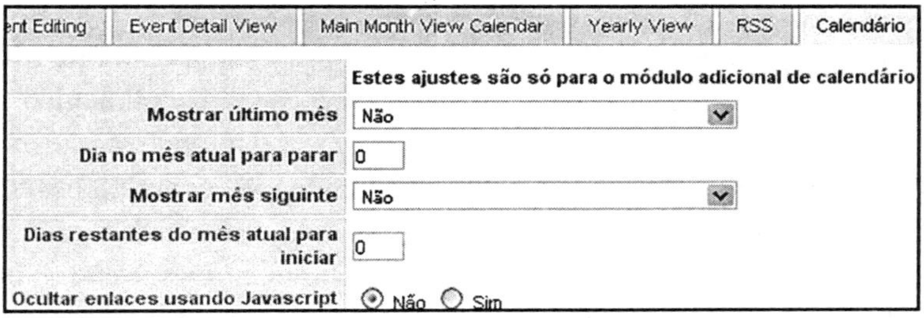

Figura 400

Finalmente clique na aba Últimos eventos e configure conforme, figura abaixo:

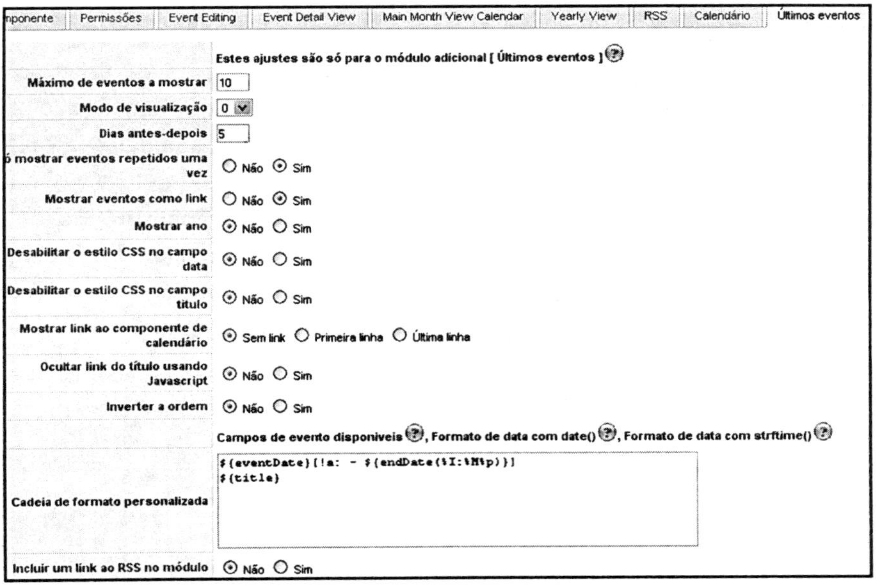

Figura 401

Feitas todas as configurações, clique no botão Guardar. Agora vamos criar um calendário acadêmico fictício, para isso, clique no botão Administrar categorias. Na janela que abre, clique no botão Novo. Na janela Categorias no item Título, digite 1º Semestre de 2009na caixa de texto. No item Cor de evento, clique no link Escolher cor e escolha uma cor de acordo com o seu template. No item Superior, selecione Padrão na caixa de seleção. No item Nível de acesso, selecione Registered na caixa de seleção. No item Administrador, selecione Administrator na caixa de seleção. No item Publicado, selecione Sim. Na caixa Descrição, não digite nada. Verifique se as configurações ficaram como mostra a figura abaixo:

Figura 402

Clique no botão da estrela amarela e retorne ao painel de controle do JEvents. Clique no botão Administrar subscrições iCAL, na janela que abre, clique no botão Novo. Na janela que abre, Editar Calendário, no item Identificador único, digite Calendário Acadêmico na caixa de texto, No item Escolher a Categoria por default, selecione Padrão=>1º Semestre de 2009 na caixa de seleção. No item Nível de acesso, selecione Registered na caixa de seleção. Na aba criada a partir do zero, no item Está por default?, selecione Sim. Verifique se a configuração ficou como mostra a figura abaixo:

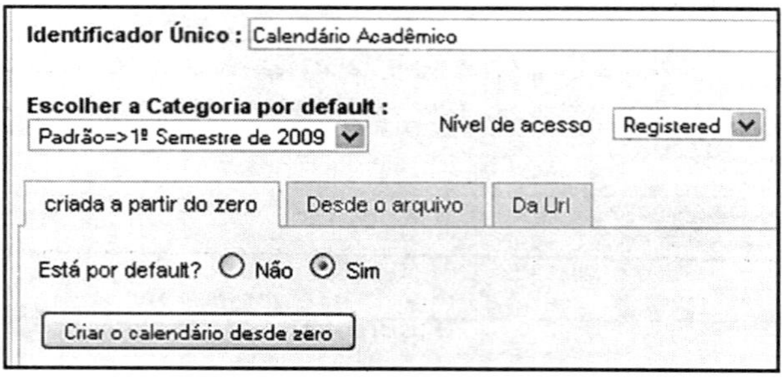

Figura 403

CAPÍTULO 6 – CRIANDO NOVOS LINKS E ADICIONANDO FUNCIONALIDADES BÁSICAS   273

Em seguida, clique no botão Criar o calendário desde zero. Você vai voltar para a janela Calendários. Verifique se o novo item Calendário Acadêmico está com a coluna Está por default?, verde. Se tiver uma bolinha vermelha com um x, clique nela para que fique verde. Feito isto, clique no botão da estrela amarela e retorne ao painel de controle do JEvents. Agora, vamos criar os eventos do calendário acadêmico, para isto, clique no botão Administrar Eventos ICAL. Na janela que abre, Eventos ICal, clique no botão Novo, na janela que abre, Eventos ICal, na aba Comum, no item Select Ical (from raw icals), selecione Calendário Acadêmico na caixa de seleção.

Você já percebeu que a tradução não está 100%. No item Assunto, digite 2ª Avaliação na caixa de texto. No item Categorias, selecione Padrão=>1º Semestre de 2009 na caixa de seleção. No item Nível de acesso, selecione Registered na caixa de seleção. No item Cor, clique sobre o link Selecione uma cor, de acordo com o seu template. No item Atividade, digite na caixa de texto: 2ª Avaliação de Aprendizagem A2. As configurações devem ficar como mostra a figura abaixo:

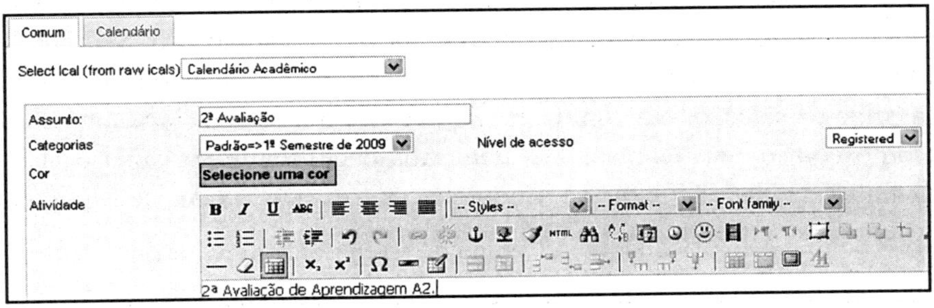

Figura 404

Clique na aba Calendário. No item Evento do Dia completo e sem hora especificada, marque o quadradinho ao seu lado. No item Data inicial, digite 2009-07-01, ou seja 01 de julho de 2009. No item Data final, digite 2009-07-03, ou seja 03 de julho de 2009. No item Deveria aparecer este evento com vários Dias em cada Dia em que se produza o evento?, selecione Sim. No item Tipo de repetição, selecione Si repetição. Verifique se a configuração está como mostra a figura abaixo:

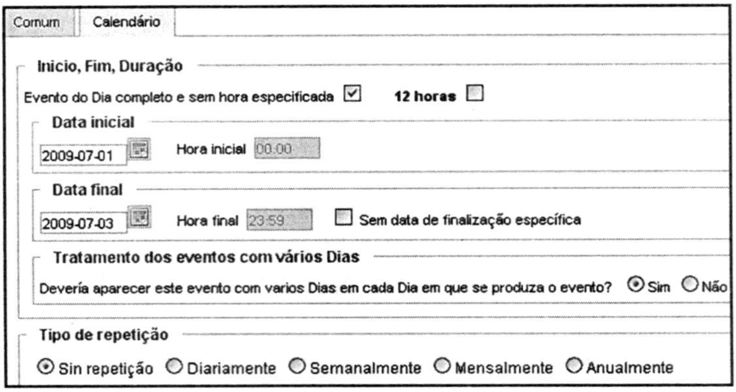

Figura 405

Feito isto clique no botão Guardar. Ainda na janela Administrar Eventos ICAL, vamos criar o restante dos eventos de nosso calendário acadêmico. Para isto, clique no botão Novo, na janela que abre, Eventos ICal, na aba Comum, no item Select Ical (from raw icals), selecione na caixa de seleção Calendário Acadêmico. No item Assunto, digite Reuniões na caixa de texto. No item Categorias, selecione Padrão=>1º Semestre de 2009 na caixa de seleção. No item Nível de acesso, selecione Registered na caixa de seleção. No item Cor, clique sobre o link Selecione uma cor de acordo com o seu template. No item Atividade, digite na caixa de texto: Reunião da direção com as Coordenações de curso. As configurações devem ficar como mostra a figura abaixo:

Figura 406

CAPÍTULO 6 – CRIANDO NOVOS LINKS E ADICIONANDO FUNCIONALIDADES BÁSICAS 275

Clique na aba Calendário. No item Evento do Dia completo e sem hora especificada, marque o quadradinho ao seu lado. No item Data inicial, digite 2009-07-01, No item Data final, digite 2009-07-01. No item Tipo de repetição, selecione Sin repetição. Verifique se a configuração está como mostra a figura abaixo:

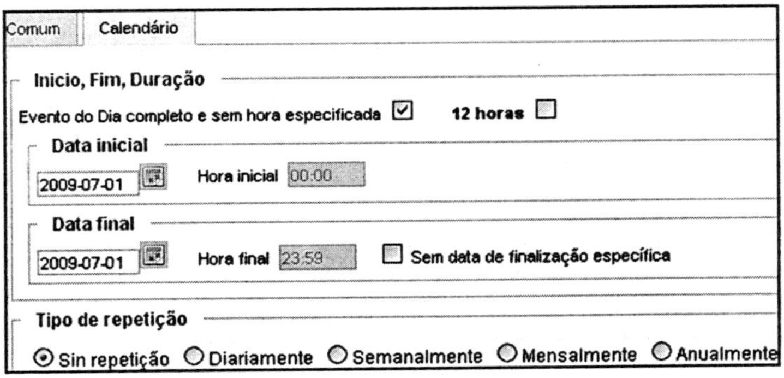

Figura 407

Feito isto, clique no botão Guardar. Você vai repetir o processo acima para as reuniões do dia 08, 15, 22 e 29 de julho, a única coisa que vai mudar é a data da aba calendário. Ainda na janela Administrar Eventos ICAL, clique no botão Novo, na janela que abre, Eventos ICal, na aba Comum, no item Select Ical (from raw icals), selecione Calendário Acadêmico na caixa de seleção.

No item Assunto, digite Exame Final na caixa de texto. No item Categorias, selecione Padrão=>1º Semestre de 2009 na caixa de seleção. No item Nível de acesso, selecione Registered na caixa de seleção. No item Cor, clique sobre o link Selecione uma cor de acordo com o seu template. No item Atividade, digite na caixa de texto: 3ª Avaliação de Aprendizagem A3. As configurações devem ficar como mostra a figura abaixo:

Figura 408

Clique na aba Calendário. No item Evento do Dia completo e sem hora especificada, marque o quadradinho ao seu lado. No item Data inicial, digite 2009-07-13. No item Data final, digite 2009-07-15. No item Deveria aparecer este evento com vários Dias em cada Dia em que se produza o evento?, selecione Sim. No item Tipo de repetição, selecione Sin repetição. Verifique se a configuração está como mostra a figura abaixo:

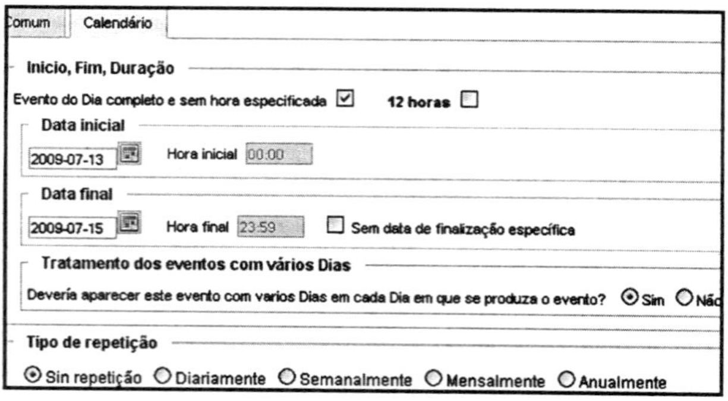

Figura 409

CAPÍTULO 6 – CRIANDO NOVOS LINKS E ADICIONANDO FUNCIONALIDADES BÁSICAS   277

Feito isto, clique no botão Guardar. Ainda na janela Administrar Eventos ICAL, clique no botão Novo, na janela que abre, Eventos ICal, na aba Comum, no item Select Ical (from raw icals), selecione Calendário Acadêmico na caixa de seleção.

No item Assunto, digite Encerramento do Semestre na caixa de texto. No item Categorias, selecione Padrão=>1º Semestre de 2009na caixa de seleção. No item Nível de acesso, selecione Registered na caixa de seleção. No item Cor, clique sobre o link e Selecione uma cor de acordo com o seu template. No item Atividade, digite na caixa de texto: *"Docentes. Encerramento do Semestre Letivo e último dia para Entrega das Pautas aos Coordenadores."*. As configurações devem ficar como mostra a figura abaixo:

Figura 410

278   JOOMLA! PARA INICIANTES

Clique na aba Calendário. No item Evento do Dia completo e sem hora especificada, marque o quadradinho ao seu lado. No item Data inicial, digite 2009-07-16. No item Data final, digite 2009-07-16. No item Tipo de repetição, selecione Sin repetição. Verifique se a configuração está como mostra a figura abaixo:

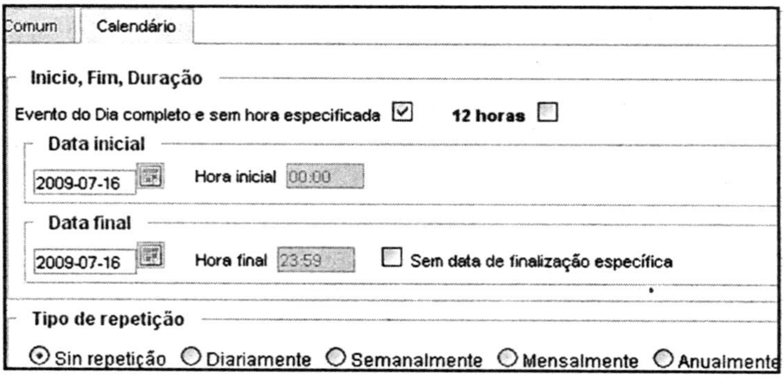

Figura 411

Feito isto, clique no botão Guardar. Existem muitos outros eventos para serem criados. Vamos ficar só com estes exemplos. Clique no botão da estrela amarela e retorne ao painel de controle do JEvents. Lembre-se de que deixamos, nos menus Alunos e Professores, links para o calendário acadêmico sem acesso. Vamos agora ativar estes links.

CAPÍTULO 6 – CRIANDO NOVOS LINKS E ADICIONANDO FUNCIONALIDADES BÁSICAS   279

Para isso, clique no menu Menus, em seguida clique no submenu, Main Menu*. Na janela que aparece, clique no item de menu Calendário Acadêmico do menu Alunos. Na janela que abre, Item do Menu: [Editar], na aba Tipo do Item de Menu, clique no botão Alterar Tipo. Na janela que abre, Alterar Item de Menu, na aba Selecione um Tipo de Menu, clique na opção JEvents MVC, na árvore de opção que abre, clique no item Category List of Events, conforme figura abaixo:

Figura 412

Retornando a janela Item do Menu: [Editar], na aba Detalhes do Item de Menu, no item Nível de Acesso, selecione na caixa de seleção Registrado. Clique na Aba Parâmetros (Componente), no item Specified category, selecione Padrão=>1º Semestre de 2009na caixa de seleção. Não altere os outros itens conforme figura abaixo:

Figura 413

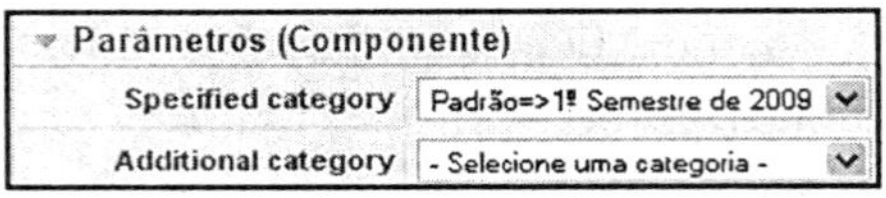

Figura 414

Feitas estas configurações, clique no botão Guardar. Repita este procedimento para o item de menu Calendário Acadêmico do menu Professores. Lembre-se de que nós deixamos o nível de acesso como Registrado ou Registered, ou seja, somente os usuários que se cadastrarem no nosso site podem ter acesso a estes eventos. Vamos cadastrar um aluno para podermos observar como funcionam nossos eventos, para isto vá até o frontend, clicando no botão Pré-visualizar. Abaixo da janela de login, clique no link Registrar-se.

Vai aparecer a janela de Cadastramento, no item Nome, digite José Soares de Oliveira na caixa de texto. No item Nome de Usuário, digite jose.soares na caixa de texto. No item E-mail, digite na caixa de texto um e-mail válido, no meu caso, teste.joomla01@gmail.com. No item Senha, digite sua senha na caixa de texto. No item Verificar Senha, repita a senha digitada anteriormente. Verifique se as configurações estão como mostra a figura abaixo:

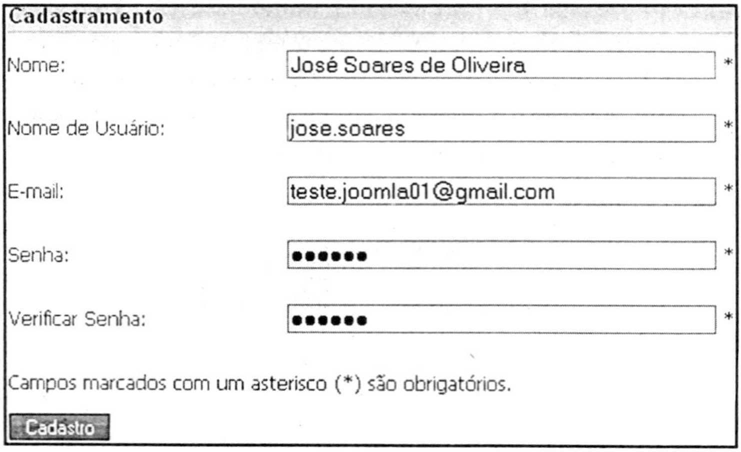

Figura 415

CAPÍTULO 6 – CRIANDO NOVOS LINKS E ADICIONANDO FUNCIONALIDADES BÁSICAS   281

Feito isto, clique no botão Cadastro. Lembre-se de que estamos trabalhando localmente, portanto este cadastro não vai enviar a mensagem para o usuário ativar a conta, só quando nosso site estiver on-line. Por isso, criei um novo usuário através do backend, só para exemplificarmos o acesso aos eventos. Nós já falamos sobre usuário no capítulo 3. Se você clicar no Menu Alunos ou Professores, sem antes logar com o usuário jose.soares, você verá que o submenu Calendário Acadêmico, não vai aparecer, conforme figura abaixo:

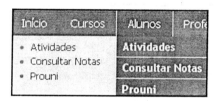

Figura 416

Feito isto, digite o nome do usuário e a senha na janela de login, conforme figura abaixo:

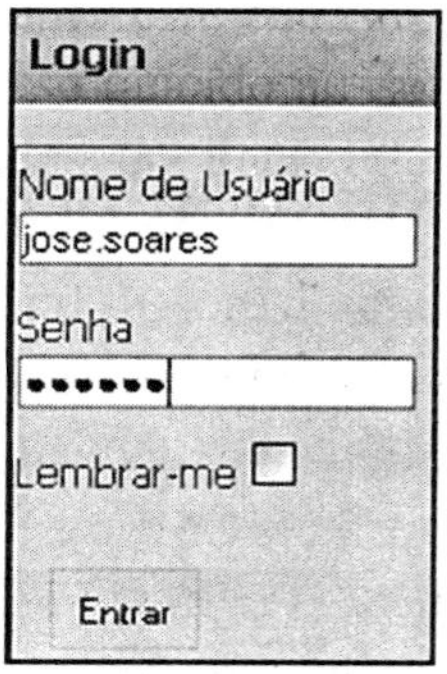

Figura 417

Em seguida, clique no botão Entrar. Clique agora no menu Alunos e veja que o submenu Calendário Acadêmico está visível, conforme figura abaixo.

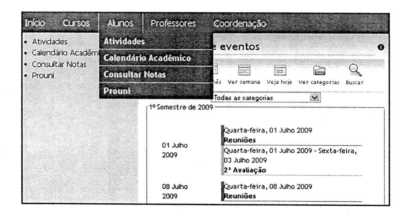

Figura 418

Este é apenas um simples exemplo de como utilizar o componente JEvents MVC. Você, como criador do site, deve vasculhar como utilizar todo seu potencial, assim como outros componentes e módulos.

CRIANDO UM GERENCIADOR DE DOCUMENTOS

Existem documentos que são públicos, ou seja, podem ser acessados por qualquer usuário. Outros documentos são restritos a um determinado tipo de usuário, por exemplo, apostilas de professores, trabalhos de alunos, entre outros. Vamos utilizar o ReMOSitory, que, na minha opinião, é o melhor gerenciador de documentos para o Joomla. Para isto, digite no seu navegador web o seguinte endereço: http://remository.com/downloads/func-startdown/516/, aguarde abrir a janela de download de seu navegador, escolha o local onde vai salvar o arquivo e clique no botão Salvar. Aguarde o término do download, em seguida, vá para o backend ou nossa área administrativa do Joomla.

Clique no menu Extensões, em seguida, selecione o submenu Administrar Módulo, conforme figura abaixo:

Figura 419

Na janela que abre, Administrar Extensões, no item Enviar pacote de arquivos, clique no botão Arquivo..., localize a pasta onde você salvou o ReMOSitory, selecione-o e, em seguida, clique no botão Abrir. Clique no botão Enviar arquivo & Instalar, aguarde a mensagem dizendo que o componente foi instalado com sucesso. Em seguida, clique no menu Componentes, clique no submenu Remository, conforme figura abaixo:

Figura 420

Na janela que abre, Painel de Controle do Remository, vamos criar uma pasta para os documentos da disciplina Informática Aplicada a Administração. Para isso, clique no botão Gerenciar Recipientes, na janela que abre, Remository Recipientes, observe que já existe uma pasta chamada Sample, clique no quadradinho em frente a esta pasta, em seguida, clique no botão Delete. Clique no botão ADD. Na janela que abre, no item Nome da pasta, digite Informática Aplicada á Administração na caixa de texto. No item Publicado, marque o quadrinho ao lado. No item Download Roles, na caixa de texto Add new role, digite Alunos. Aqui você vai criar uma nova regra de negócio ou uma categoria especial. No item Upload Roles, na caixa de texto Add new role, digite Alunos. No item Ícones, selecione um ícone para sua pasta. A configuração deve estar como mostra a figura abaixo:

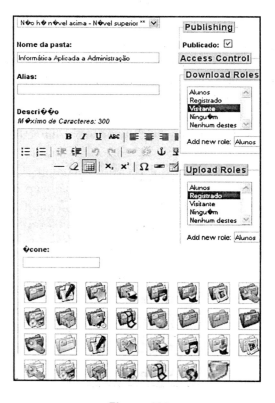

Figura 421

CAPÍTULO 6 – CRIANDO NOVOS LINKS E ADICIONANDO FUNCIONALIDADES BÁSICAS   285

Não altere os outros itens. Clique no botão Save Container. Observe as colunas Visitantes e Usuários registrados na figura abaixo:

Figura 422

Da forma como está configurado qualquer usuário que esteja visitando nosso site poderá baixar arquivos da pasta Informática Aplicada à Administração e qualquer usuário que venha se registrar no nosso site, também terá acesso aos arquivos contidos na pasta. Para mudar esta situação, clique no link Editar, novamente vai abrir a janela Remository Recipientes. No item Download Roles, na caixa de seleção, selecione Alunos. No item Upload Roles, na caixa de seleção, selecione Alunos. A configuração deve estar como mostra a figura abaixo:

Figura 423

Não altere os outros itens. Em seguida, clique no botão Save Container. Observe a coluna Outros Usuários na figura abaixo:

Figura 424

Agora sim, somente os usuários especiais vão ter acesso a pasta. Clique no botão Painel de Controle. Em seguida, clique no botão Gerenciar arquivos. Vamos deixar o arquivo com o plano de ensino da disciplina Informática Aplicada à Administração disponível para download. Para isso, clique no botão Add Local, na janela que abre, na aba Physical file, no item Novo Arquivo, clique no botão Arquivo..., vai abrir a janela do Windows Explorer, procure pelo arquivo na pasta onde ele foi salvo. Selecione o arquivo e clique no botão Abrir. No item Publicado, marque o quadradinho ao lado. Em seguida, selecione um ícone que corresponda ao tipo de arquivo, nesse caso, é um arquivo do Word, então vamos selecionar o ícone do Word. Feito isso, clique no botão Save file. A janela Remository Arquivos deve ficar como mostra a figura abaixo:

ID	Nome	Categoria Acima	Pasta Pai	Local or Remote	Publicado	Downloads
2	Plano_Curso_INFORMATICA_APLICADA.doc	Informática Aplicada a Administração	-	Local	✓	0	Download

Exibir # 20

Figura 425

Feito isso, clique no botão Painel de Controle. Em seguida, clique no botão Gerenciar grupos. Na janela que abre, Gerenciador de Grupos, observe que já tem um grupo criado, Alunos. Isso ocorreu quando criamos aquela nova regra de negócios, para nossos usuários especiais. Clique no grupo Alunos. Na janela que abre, clique no botão Add Members. Aqui, nós vamos incluir nossos usuários no grupo Alunos, neste caso todos os alunos da faculdade matriculados nesta disciplina, devem ser adicionados neste grupo para terem acesso aos documentos da pasta Informática Aplicada à Administração. Nós temos apenas um usuário cadastrado para exemplo, portanto vamos adicioná-lo. Clique no quadrinho em frente ao nome do usuário ou usuários e, em seguida, clique no botão Salvar. Pronto o usuário ou usuários foram adicionados ao grupo Alunos.

CAPÍTULO 6 – CRIANDO NOVOS LINKS E ADICIONANDO FUNCIONALIDADES BÁSICAS

Clique no botão Painel de Controle. Em seguid,a clique no botão Configuração. Na janela que abre, clique na aba Customizar, e deixe configurado, conforme mostra a figura abaixo:

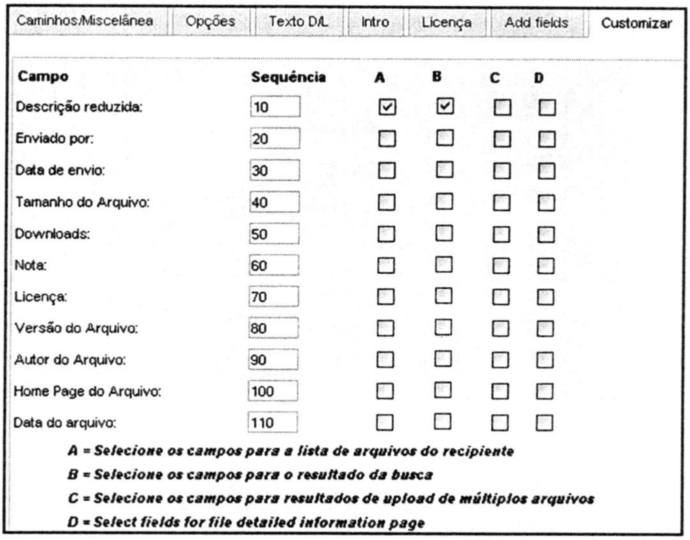

Figura 426

Feitas estas configurações, clique no botão Save Configuração. Ele vai sair do backend do Joomla. Entre novamente no site administrativo ou backend. Clique no botão Administrar Usuário. Clique no usuário que criamos anteriormente, nesse caso é o usuário José Soares de Oliveira. Na janela que abre, na aba Detalhes do Usuário, no item Grupo, selecione na caixa de seleção –Autor. Esta é a condição especial para que nosso usuário possa baixar arquivos da pasta Informática Aplicada à Administração que definimos no Remository. Feito isso clique no botão Salvar. Vamos agora fazer algumas configurações no nosso menu para que possamos fazer o link para baixar o arquivo da pasta mencionada.

Para isso, clique no menu Extensões, em seguida, clique no submenu Administrar Módulos. Na janela que abre, Administrar Módulos, clique no item Main Menu*. Na janela que abre, Módulo, Na aba Parâmetros do

Módulo, no item Sempre exibir itens do submenu, selecione sim, em seguida clique no botão Salvar. Em seguida, clique no item Menu Lateral. Na janela que abre, Módulo, na aba Detalhes, no item Habilitado, selecione Sim. No item Nível de Acesso, selecione Especial na caixa de seleção, conforme figura abaixo:

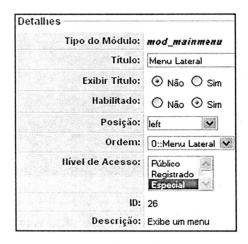

Figura 427

Na aba Atribuir Menu, no item Seleção de Menu, segure a tecla Ctrl e clique com o mouse na caixa de seleção sobre o item –Informática Aplicada à Administração, conforme figura abaixo:

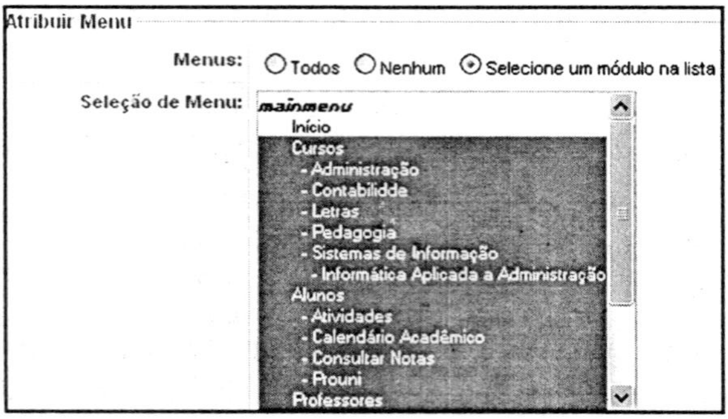

Figura 428

CAPÍTULO 6 – CRIANDO NOVOS LINKS E ADICIONANDO FUNCIONALIDADES BÁSICAS   289

Na aba Parâmetros do Módulo, no item Nível de Início, digite 1 na caixa de texto. No item Nível final, digite 3 na caixa de texto, no item Sempre exibir itens do submenu, selecione sim, conforme figura abaixo

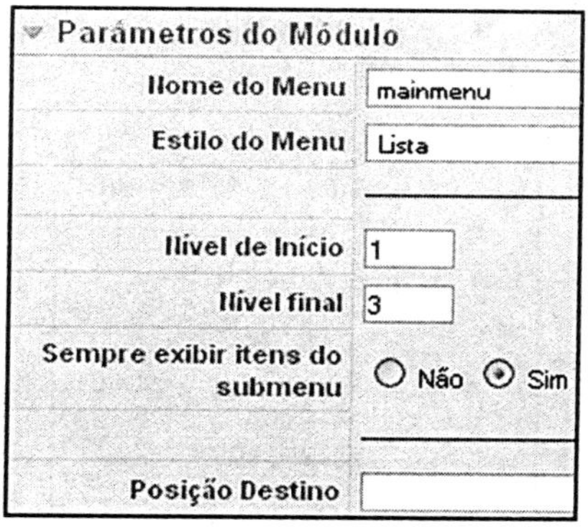

Figura 429

Feitas todas as configurações, clique no botão Salvar. Agora vamos criar um link, dentro do menu Cursos, submenu Sistemas de Informação para o download do arquivo. Clique no menu Menus, em seguida, clique no submenu Main Menu*. Na janela que abre, Administrar Item de Menu, clique não botão Novo. Na aba Selecione um Tipo de Menu, clique em Remository, conforme figura abaixo:

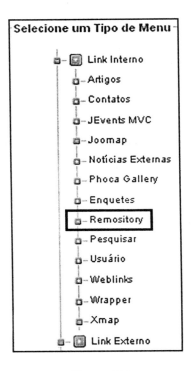

Figura 430

Na Janela que abre, Item do Menu, na aba Detalhes do Item de Menu, no item Título, digite Informática Aplicada à Administração na caixa de texto. No item Apelido digite informatica-aplicada-a-administracao, em minúsculo na caixa de texto. Neste campo não se pode usar espaço em branco para separar nomes, use hífen ou underscore. No item Item Pai, selecione na caixa de seleção, -Sistemas de Informação. No item Publicado, selecione Sim. No item Nível de Acesso, selecione na caixa de seleção,

CAPÍTULO 6 – CRIANDO NOVOS LINKS E ADICIONANDO FUNCIONALIDADES BÁSICAS   291

Especial. Não altere os outros itens, sua configuração deve ficar como mostra a figura abaixo:

Figura 431

Feita as devidas configurações, clique no botão Salvar. Pronto seu arquivo está pronto para download, para visualizar clique no botão Pré-visualizar. No frontend, faça o login com o usuário que cadastramos. Após o login, clique no menu Cursos, e observe que você tem um novo submenu dentro do menu Sistemas de Informação, chamado Informática Aplicada à Administração, tanto no menu Lateral, quanto no horizontal. Clique no submenu Informática Aplicada à Administração veja que vai aparecer o nosso arquivo para download, basta clicar no link Downloads para baixar o arquivo. Veja como ficou na figura abaixo:

Figura 432

CRIANDO UMA PESQUISA DE OPINIÃO (ENQUETE)

É muito interessante você poder criar uma enquete para os alunos ou professores, principalmente se você tem algum tema polêmico e você quer saber qual a opinião do seu público. No Joomla é muito fácil fazer esta enquete, pois o mesmo já traz um módulo próprio para esta situação, basta que você tenha o assunto e as perguntas que você quer fazer. Vamos criar uma enquete sobre um assunto bastante polêmico no nosso meio acadêmico. Trata-se das Cotas nas universidades públicas.

CAPÍTULO 6 – CRIANDO NOVOS LINKS E ADICIONANDO FUNCIONALIDADES BÁSICAS   293

No backend, clique no menu Componentes. Em seguida, clique no submenu Pesquisa, conforme figura abaixo:

Figura 433

Na janela que abre, Administrar Enquete, clique no botão Novo. Na janela que abre, Enquete, na aba Detalhes, no item Título, digite na caixa de texto: Você é contra ou a favor das cotas nas Universidades Federais? No item Apelido, digite cotas na caixa de texto. Neste campo não se pode usar espaço em branco para separar nomes, use hífen ou underscore. No item Publicado, selecione Sim, conforme figura abaixo:

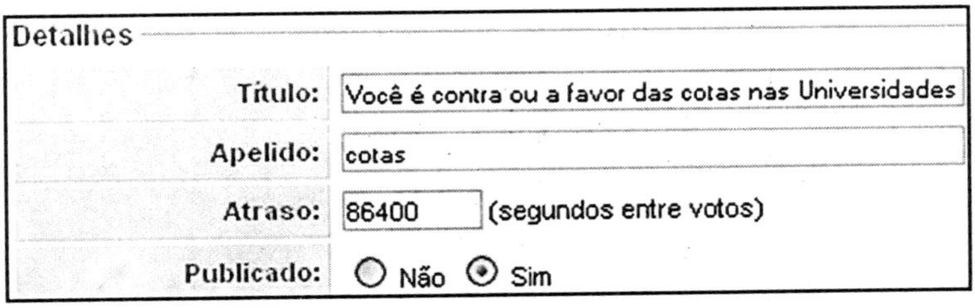

Figura 434

Na aba Opções, no item Opção 1, digite na caixa de texto, Sou contra. No item Opção 2, digite na caixa de texto, Sou a favor. No item Opção 3, digite Não tenho opinião formada na caixa de texto, conforme figura abaixo:

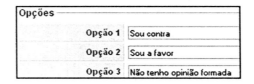

Figura 435

Feitas as devidas configurações, clique no botão Salvar. Agora, vamos habilitar nossa pesquisa. Para isso, clique no menu Extensões, em seguida, clique no submenu, Administrar Módulo. Na janela que abre, Administrar Módulos, clique no botão Novo. Na janela que abre, Módulo, na aba Detalhes, no item Título, digite Pesquisa na caixa de texto. No item Exibir Título, selecione Sim. No item Habilitado, selecione Sim. No item Posição, selecione left na caixa de seleção. No item Ordem, selecione na caixa de seleção,. No item Nível de Acesso, você vai selecionar Público, se quiser a opinião de todos os usuários que acessem o site e Registrado, se quiser a opinião de todos os usuários que vão se cadastrar no site. Vamos deixar como Público, conforme figura abaixo:

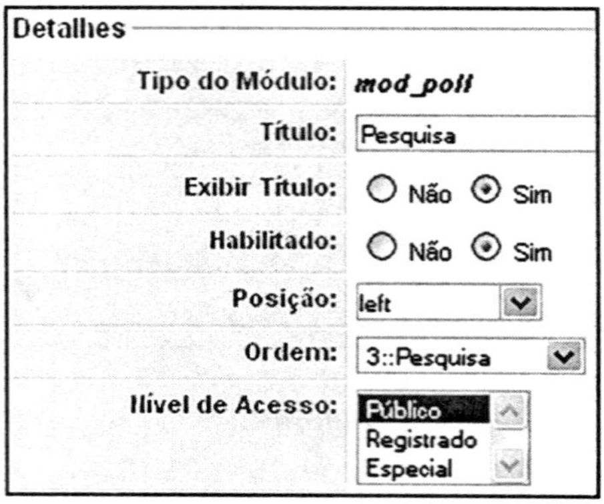

Figura 436

CAPÍTULO 6 – CRIANDO NOVOS LINKS E ADICIONANDO FUNCIONALIDADES BÁSICAS   295

Na aba Parâmetros do Módulo, selecione na caixa de seleção a enquete que criamos, conforme figura abaixo:

Figura 437

Feitas essas configurações, clique no botão Salvar. Para visualizar a enquete no frontend, clique no botão Pré-visualizar. Veja como ficou na figura abaixo:

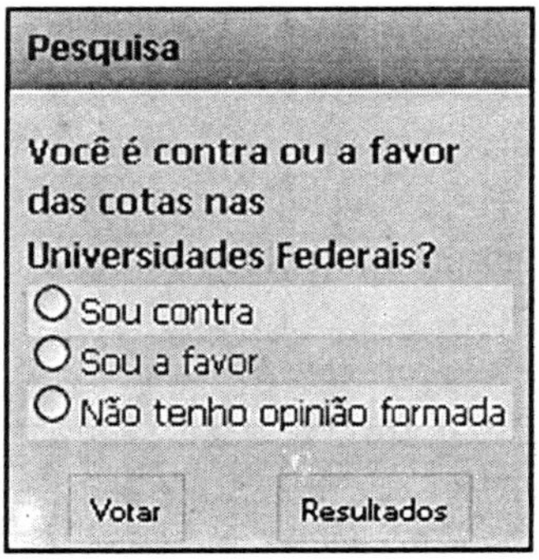

Figura 438

Basta selecionar sua opção e clicar no botão Votar. Observe que ao votar já aparece o resultado da pesquisa, conforme figura abaixo:

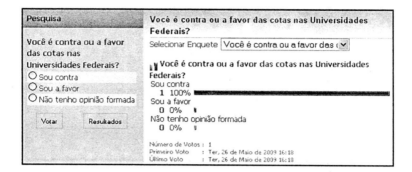

Figura 439

CAPÍTULO 6 – CRIANDO NOVOS LINKS E ADICIONANDO FUNCIONALIDADES BÁSICAS   297

CRIANDO RSS (REAL SIMPLE SYNDICATION)

É um sistema que distribui notícias na internet em tempo real, ou seja, se a fonte de notícia for atualizada, automaticamente o seu RSS também é atualizado. O Joomla, fornece este mecanismo, para isto, clique no menu Extensões, clique no submenu Administrar Módulos. Na janela que abre, Administrar Módulos, clique no botão Novo. Na janela que abre, clique no link Fonte de Notícias. Na janela que abre, Módulo, na aba Detalhes, no item Título, digite Educação na caixa de texto. No item Exibir Título, selecione Sim. No item Habilitado, selecione Sim. No item Posição, selecione na caixa de seleção, left. No item Nível de Acesso, selecione Público na caixa de seleção,. Não altere os outros itens, sua configuração deve ficar como mostra a figura abaixo:

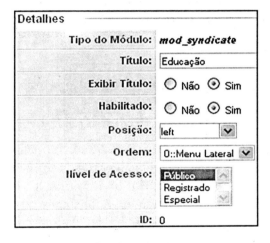

Figura 440

Na aba Atribuir Menu, marque o item Selecione um módulo na lista, em seguida, clique no item Início na caixa de seleção, conforme figura abaixo:

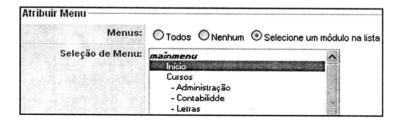

Figura 441

Feitas todas as configurações, clique no botão Salvar. Para visualizar o RSS no frontend, clique no botão Pré-visualizar. Veja como ficou na figura abaixo:

Figura 442

Lembre-se de que estamos trabalhando localmente, alguns módulos só vão funcionar quando estivermos com o nosso site on-line, hospedado em um host (provedor).

CRIANDO IMAGENS ALEATÓRIAS

Em uma faculdade, seja qual for o seu tamanho, são geradas muitas imagens. Festas de formatura, semanas acadêmicas, viagens acadêmicas, etc. É interessante termos como divulgar estas imagens no nosso site, para isto existem diversos módulos. Vamos utilizar o MorfeoShow, para isso, digite em seu navegador web o seguinte endereço:

http://morfeoshow.joomlaitalia.com/new-install.html, na janela que abre clique no link Download release 1.2.0, conforme figura abaixo:

Figura 443

Aguarde abrir a janela de download de seu navegador web. Selecione a pasta onde você vai salvar o arquivo e clique no botão Salvar. Aguarde o término do download. Em seguida, clique no link Download content plugin rel 1.2.0, conforme figura abaixo:

Figura 444

Aguarde abrir a janela de download de seu navegador web. Selecione a pasta onde você vai salvar o arquivo e clique no botão Salvar. Aguarde o término do download. Pronto, agora vamos instalar os arquivos no Joomla. Vá para o backend e clique no menu Extensões, em seguida selecione o submenu Instalar/Desinstalar, conforme figura abaixo:

Figura 445

Na janela que abre, Administrar Extensões, no item Enviar pacote de arquivos, clique no botão Arquivo, deve aparecer a janela Enviar arquivo. Abra a pasta onde você salvou o MorfeoShow, selecione o arquivo com_morfeoshow_1.2.0, em seguida, clique no botão Abrir. Clique no item Enviar arquivo & Instalar. Se correr tudo bem deve aparecer uma mensagem, conforme figura abaixo:

Figura 446

Agora vamos instalar o Plugin, no item Enviar pacote de arquivos, clique no botão Arquivo, deve aparecer a janela Enviar arquivo. Abra a pasta onde você salvou o Plugin do MorfeoShow, selecione o arquivo plugin_morfeoshow_1.2.0, em seguida, clique no botão Abrir. Clique no

CAPÍTULO 6 – CRIANDO NOVOS LINKS E ADICIONANDO FUNCIONALIDADES BÁSICAS   301

item Enviar arquivo & Instalar. Se ocorreu tudo bem, deve aparecer uma mensagem, conforme figura abaixo:

Figura 447

Pronto, nossa galeria de imagens está instalada. Vamos configurá-la para que nossos internautas possam visualizar nossas imagens. Primeiro você tem que copiar as imagens que você vai utilizar para a pasta do MorfeoShow, através do seguinte caminho: C:\xampp\htdocs\fit\components\com_morfeoshow\myphoto. Observe que os tamanhos das imagens devem ser de 800x600 pixels. Não esqueça que você está trabalhando localmente, quando o site estiver hospedado utilize o CPanel do seu provedor ou um programa de FTP para enviar as imagens. Clique no menu Extensões, em seguida, selecione o submenu Administrar Plugin, conforme figura abaixo:

Figura 448

Na janela que abre, Administrar Plugins, no item Content - MorfeoShow, clique na bolinha vermelha com um x para habilitar o plugin. Em seguida, clique no menu Componentes, em seguida clique no submenu MorfeoShow, clique no submenu Galleries, conforme figura abaixo:

Figura 449

Na janela que abre, MorfeoShow, clique no botão Novo. Na aba Gallery information, no item Título, digite Formatura Pedagogia 1º Semestre de 2009 na caixa de texto. No item Thumbnail, clique no botão Arquivo..., e escolha uma foto para ser sua miniatura. No item Gallery Format, selecione na caixa de seleção, Classic. Observe que existem outros tipos, teste cada um deles para saber qual vai se adequar a sua galeria de imagens. No item Publicado, selecione Sim. Não altere os outros itens, sua configuração deve ficar como mostra a figura abaixo:

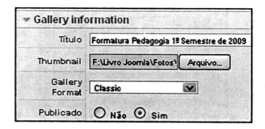

Figura 450

CAPÍTULO 6 – CRIANDO NOVOS LINKS E ADICIONANDO FUNCIONALIDADES BÁSICAS   303

Feitas estas configurações, clique no botão Salvar. De volta à janela do MorfeoShow, clique no link Enviar, um círculo laranja com uma seta dentro. Na janela que abre, MorfeoShow - Manage Images, clique na aba Add Multiple Images, observe que as imagens que você copiou para a pasta do MorfeoShow estão listadas. Selecione todas elas. Para isso, selecione a primeira imagem, segure o botão direito do mouse e arraste até selecionar todas. Após isso, clique no botão Adicionar Imagens. Vai aparecer uma janela dizendo que as imagens foram adicionadas com sucesso, conforme figura abaixo:

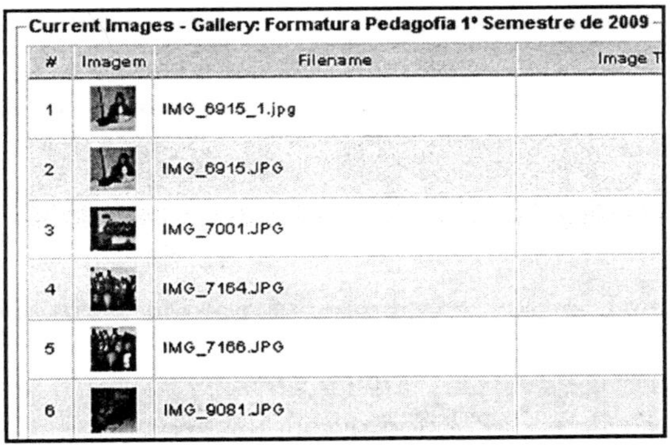

Figura 451

Observe que você pode editar ou remover cada uma das imagens que foram adicionadas, basta clicar no ícone correspondente e fazer as alterações como colocar uma legenda para as fotos, entre outros. Clique no menu Manage Galleries, vamos inserir o link para a galeria que você acabou de criar. Existem duas maneiras de se adicionar links, o direto, onde você simplesmente aponta para o menu principal, no nosso caso Main Menu. E o indireto, onde você cria um menu. Vamos ver o link direto, para isso, clique no item Menu Item, a setinha verde, conforme figura abaixo:

Figura 452

Vai abrir a janela pedindo para você escolher o menu onde vai aparecer sua galeria de foto, selecione mainmenu, conforme figura abaixo:

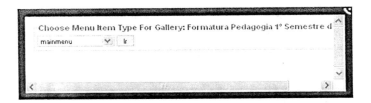

Figura 453

Clique no botão Ir e aguarde a mensagem dizendo que o menu foi criado com sucesso, conforme figura abaixo:

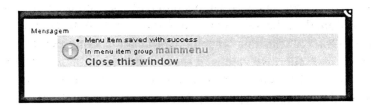

Figura 454

CAPÍTULO 6 – CRIANDO NOVOS LINKS E ADICIONANDO FUNCIONALIDADES BÁSICAS   305

Feche esta janela, clicando na bolinha com um X. Observe que o seu menu foi adicionado ao menu principal, lembrando que este menu está no topo da página, clique no link Pré-visualizar e veja como ficou no frontend, conforme figura abaixo:

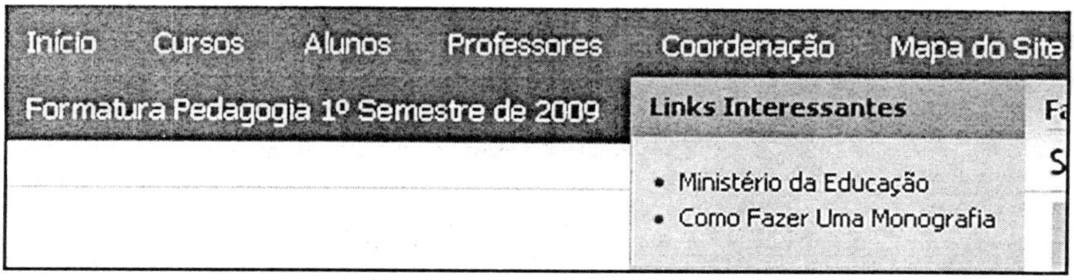

Figura 455

Veja que, neste caso, o ideal é criar um novo menu para podermos exibir nossa galeria de imagens, pois o link direto não ficou bem para este template. Para isso, delete o link criado anteriormente, clique no menu Menus, em seguida, clique no submenu Main Menu*, conforme figura abaixo:

Figura 456

306 JOOMLA! PARA INICIANTES

Na janela que abre, Administrar Item de Menu: [mainmenu], procure pelo link Formatura Pedagogia 1º Semestre de 2009, que deve estar na segunda página, selecione o quadradinho na frente do link e, em seguida, clique no botão Lixeira, conforme figura abaixo:

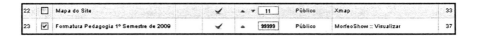

Figura 457

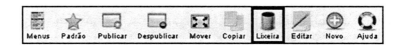

Figura 458

Em seguida, clique no menu Menus e no submenu Administrar menus, conforme figura abaixo:

Figura 459

CAPÍTULO 6 – CRIANDO NOVOS LINKS E ADICIONANDO FUNCIONALIDADES BÁSICAS   307

Vai abrir a janela Administrar Menus, clique no botão Novo. Na janela que abre, Detalhes do Menu: [Novo], no item Nome único, digite Imagens na caixa de texto. No item Título, digite Imagens na caixa de texto. No item Descrição, digite Imagens na caixa de texto. No item Título do Módulo, digite Imagens na caixa de texto, conforme figura abaixo:

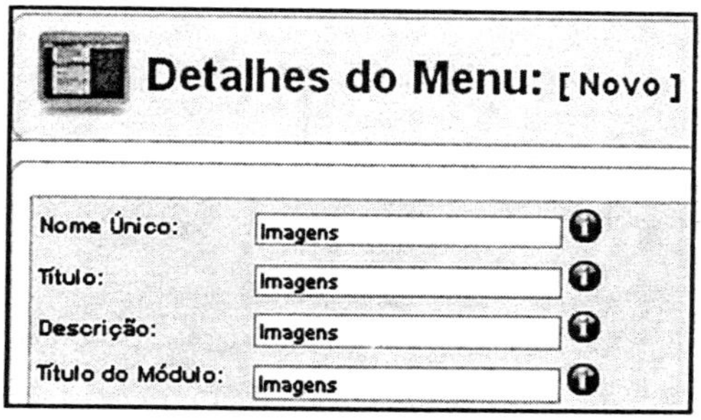

Figura 460

Feita as devidas configurações, clique no botão Salvar. Agora vamos habilitar este novo menu que acabamos de criar. Para isso, clique no menu Extensões, em seguida, no submenu Administrar Módulo, conforme figura abaixo:

Figura 461

Na janela que abre, Administrar Módulos, clique no item Imagens. Na janela que abre, Módulo: [Editar], na aba Detalhes No item Exibir Título, selecione Sim. No item Habilitado, selecione Sim. No item Posição, selecione na caixa de seleção, right. Não altere os demais itens, conforme figura abaixo:

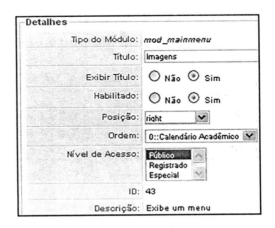

Figura 462

Feitas as devidas configurações, clique no botão Salvar. Pronto, seu novo menu está habilitado. Agora vamos criar nosso menu indireto, para nossa galeria de imagens. Para isso, clique agora no menu Menus, em seguida, clique no submenu Imagens, conforme figura abaixo:

Figura 463

Na janela que abre, Administrar Item de Menu: [imagens], clique no botão Novo. Na janela Item do Menu: [Novo], selecione o tipo MorfeoShow, conforme figura abaixo:

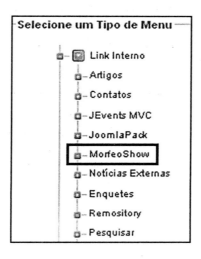

Figura 464

Na Janela que abre, na aba Detalhes do Item de Menu, no item Título, na caixa de texto, digite: Formatura Pedagogia 1° Semestre de 2009. No item Apelido, digite Formatura_Pedagogia_1_Semestre_de_2009, em minúsculo na caixa de texto. Neste campo não se pode usar espaço em branco para separar nomes, use hífen ou underscore. No item Publicado, selecione Sim. Não altere os outros itens, sua configuração deve ficar como mostra a figura abaixo

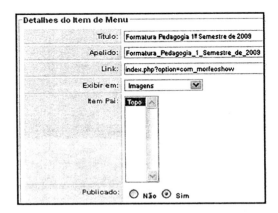

Figura 465

Feita as devidas configurações, clique no botão Salvar. Pronto, sua galeria de imagens já está ativa, clique no link Pré-visualizar e veja como ficou no frontend, conforme figura abaixo:

Figura 466

CAPÍTULO 6 – CRIANDO NOVOS LINKS E ADICIONANDO FUNCIONALIDADES BÁSICAS   311

Clique no link Formatura Pedagogia 1º Semestre de 2009, e sua galeria de imagens irá abrir, conforme figura abaixo:

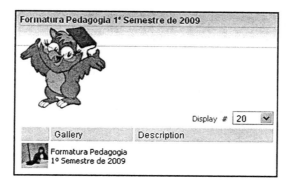

Figura 467

Observe que eu alterei a imagem padrão do MorfeoShow e coloquei a imagem do curso de Pedagogia. Outro fato a ser observado e que não abriu todas as fotos de uma vez, por isso se chama link indireto. Para visualizar todas as imagens, clique no link Formatura Pedagogia 1º Semestre de 2009 da aba Gallery e vai abrir todas as suas imagens, conforme figura abaixo:

Figura 468

Para ver a descrição passe o mouse sobre a imagem e, para ver a foto em tamanho real, clique sobre a mesma. Aqui você pode personalizar as imagens que vão aparecer no título, entre outros detalhes, basta trabalhar todas as opções do componente.

CRIANDO O MAPA DO SITE

Esta é uma parte muito importante do site, pois indica os caminhos, a navegação para nosso usuário. Em contrapartida, é uma tarefa muito difícil de ser feita, é ai que entra novamente os componentes do Joomla. Vamos utilizar o componente Xmap, que cria automaticamente o mapa do site. Para isso, digite no seu navegador web o seguinte endereço:

http://code.google.com/p/joomlaclube/downloads/detail?name=com_xmap-1.2_pt-BR.tar.gz.

Na janela que abre, procure pelo botão de download, conforme figura abaixo:

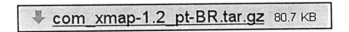

Figura 469

Clique sobre o link com_xmap-1.2_pt-BR.tar.gz, aguarde abrir a janela de download de seu navegador web. Selecione a pasta onde você vai salvar o arquivo e clique no botão Salvar. Aguarde o término do download.

Pronto, agora vamos instalar o arquivo no Joomla. Vá para o backend e clique no menu Extensões, em seguida, selecione o submenu Instalar/Desinstalar, conforme figura abaixo:

Figura 470

CAPÍTULO 6 – CRIANDO NOVOS LINKS E ADICIONANDO FUNCIONALIDADES BÁSICAS   313

Na janela que abre, Administrar Extensões, no item Enviar pacote de arquivos, clique no botão Arquivo, deve aparecer a janela Enviar arquivo. Abra a pasta onde você salvou o Xmap, selecione o arquivo com_xmap-1.2_pt-BR.tar, clique no botão Abrir. Clique no item Enviar arquivo & Instalar. Se ocorreu tudo bem, deve aparecer uma mensagem, conforme figura abaixo:

Figura 471

Pronto, nosso componente foi instalado, agora vamos criar nosso mapa do site, para isso, clique no menu Menu, em seguida, clique no submenu Main Menu*, conforme figura abaixo:

Figura 472

Na janela que abre, Administrar Item de Menu, clique no botão Novo. Na aba Selecione um Tipo de Menu, clique em Xmap, conforme figura abaixo:

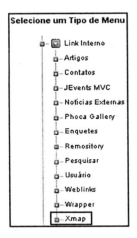

Figura 473

CAPÍTULO 6 – CRIANDO NOVOS LINKS E ADICIONANDO FUNCIONALIDADES BÁSICAS

Na Janela que abre, Item do Menu, na aba Detalhes do Item de Menu, no item Título, digite Mapa do Site na caixa de texto. No item Apelido digite mapa_site, em minúsculo na caixa de texto. Neste campo não se pode usar espaço em branco para separar nomes, use hífen ou underscore. No item Item Pai, selecione na caixa de seleção, Topo. No item Publicado, selecione Sim. No item Nível de Acesso, selecione na caixa de seleção, Público. Não altere os outros itens, sua configuração deve ficar como mostra a figura abaixo:

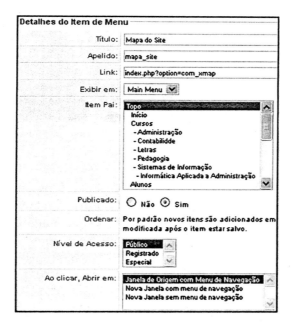

Figura 474

Feitas todas as configurações, clique no botão Salvar. Para visualizar no frontend, clique no botão Pré-visualizar, clique no menu Mapa do Site, ficará como mostra a figura abaixo:

Figura 475

Nosso mapa do site está funcional.

CRIANDO A PREVISÃO DO TEMPO

Sabemos que previsão do tempo não é muito confiável, digamos que vamos ter uma atividade em uma área descoberta da faculdade. Seria bom saber, pelo menos, qual a previsão possível para aquele dia. Não se preocupe, pois existe um módulo para previsão do tempo para o Joomla. Para isso, digite no seu navegador web o seguinte endereço:

http://www.ipti.com.br/download.html?func=fileinfo&id=1

Na janela que abre, clique no link Download, aguarde abrir a janela de download de seu navegador web. Selecione a pasta onde você salvará o arquivo e clique no botão Salvar. Aguarde o término do download. Pronto, agora vamos instalar o arquivo no Joomla. Vá para o backend e clique no

CAPÍTULO 6 – CRIANDO NOVOS LINKS E ADICIONANDO FUNCIONALIDADES BÁSICAS   317

menu Extensões, em seguida, selecione o submenu Instalar/Desinstalar, conforme figura abaixo:

Figura 476

Na janela que abre, Administrar Extensões, no item Enviar pacote de arquivos, clique no botão Arquivo, deve aparecer a janela Enviar arquivo. Abra a pasta onde você salvou o módulo Previsão do Tempo, selecione o arquivo mod_prevtempo_j1.5, em seguida, clique no botão Abrir. Clique no item Enviar arquivo & Instalar. Se ocorreu tudo bem, deve aparecer uma mensagem conforme figura abaixo:

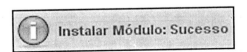

Figura 477

Nosso componente foi instalado. Vamos habilitá-lo para que possa ser visualizado no nosso site, para isto clique no menu Extensões, em seguida, selecione o submenu Administrar Módulo, conforme figura abaixo:

Figura 478

Na janela que abre, Administrar Módulos, clique no item Previsão do tempo. Na janela que abre, Módulo, na aba Detalhes, no item Exibir Título, selecione Sim. No item Habilitado, selecione Sim. No item Posição, selecione na caixa de seleção, right. Não altere os demais itens, conforme figura abaixo:

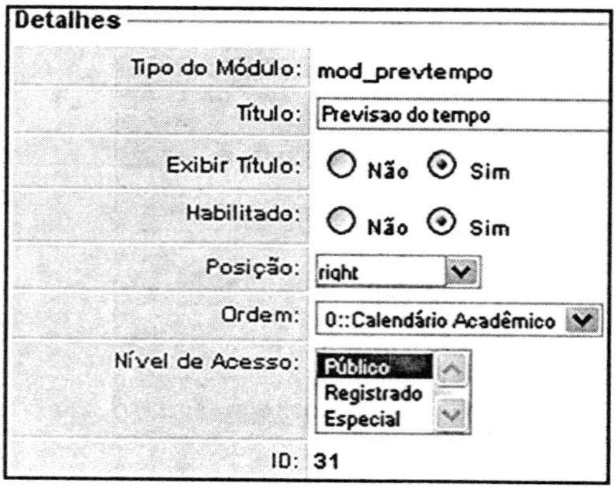

Figura 479

CAPÍTULO 6 – CRIANDO NOVOS LINKS E ADICIONANDO FUNCIONALIDADES BÁSICAS   319

Na aba Parâmetro, no item Parâmetros do Módulo, no item Modo de Operação, selecione Cidade. No item Cidade, digite Brasília ou a cidade onde você se encontra, na caixa de texto. No item Estado (UF), selecione DF, ou o estado onde você se encontra, na caixa de seleção. No item Região, selecione Centro-oeste, ou a região onde você se encontra, na caixa de seleção. No item Transição, selecione Auto. No item Alinhamento, selecione Centro. Veja se as configurações estão de acordo com a figura abaixo:

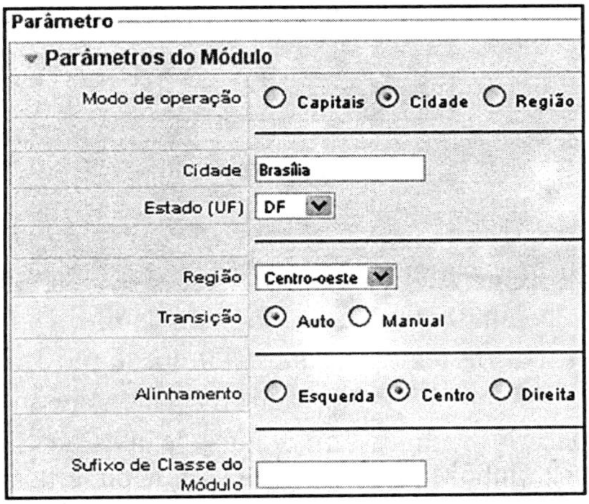

Figura 480

Feitas as devidas configurações, clique no botão Salvar. Veja como ficou no frontend, clicando no botão Pré-visualizar, conforme figura abaixo:

Figura 481

CRIANDO LINKS INTERESSANTES

Em um site de faculdade é interessante que se tenha alguns links de interesse da comunidade escolar, para isto clique no menu Menus, em seguida clique no submenu Administrar Menus, conforme figura abaixo:

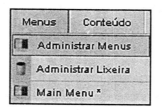

Figura 482

Na janela que abre, Administrar Menus, clique no botão Novo. Na janela que abre, Detalhes do Menu, no item Nome Único, digite Links Interessantes na caixa de texto. No item Título, digite Links Interessantes na caixa de texto. No item Título, digite Links Interessantes na caixa de texto. No item Descrição, digite Links Interessantes na caixa de texto. No item Título do Módulo, digite Links Interessantes na caixa de texto, conforme figura abaixo:

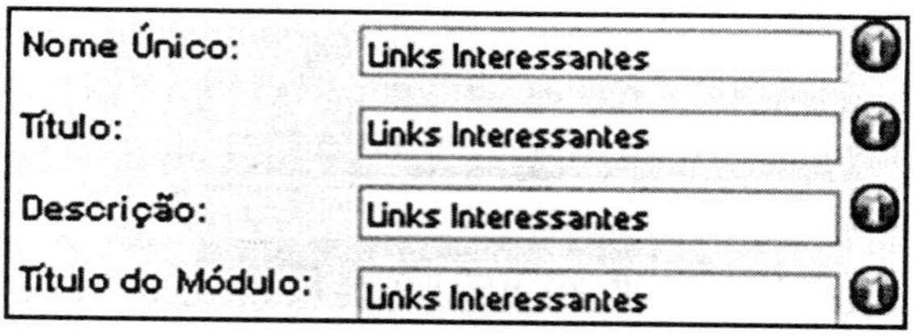

Figura 483

CAPÍTULO 6 – CRIANDO NOVOS LINKS E ADICIONANDO FUNCIONALIDADES BÁSICAS   321

Feitas as devidas configurações, clique no botão Salvar. Vamos habilitar nosso novo menu. Clique no menu Extensões, em seguida, selecione o submenu Administrar Módulo, conforme figura abaixo:

Figura 484

Na janela que abre, Administrar Módulos, clique no item Links Interessantes. Na janela que abre, Módulo, na aba Detalhes no item Exibir Título, selecione Sim. No item Habilitado, selecione Sim. No item Posição, selecione left na caixa de seleção. No item Ordem, selecione 3::Login na caixa de seleção. Não altere os demais itens, conforme figura abaixo:

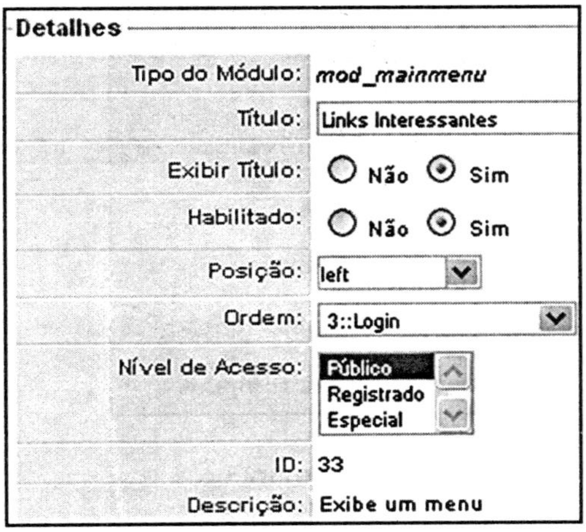

Figura 485

Feitas as devidas configurações, clique no botão Salvar. Agora vamos criar os links. Para isso, clique no menu Menu, em seguida, clique no submenu Links Interessantes. Na janela que abre, Administrar Item de Menu, clique no botão Novo. Na janela que abre, Item do Menu, selecione o item Link Externo, conforme figura abaixo:

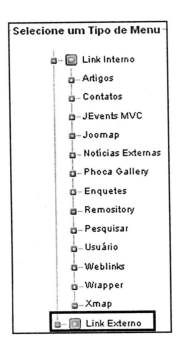

Figura 486

CAPÍTULO 6 – CRIANDO NOVOS LINKS E ADICIONANDO FUNCIONALIDADES BÁSICAS   323

Na janela que abre, na aba Detalhes do Item de Menu, no item Título, digite Ministério da Educação na caixa de texto. No item Apelido, digite mec, em minúsculo, na caixa de texto, Lembre-se de que neste campo não se pode usar espaço em branco para separar nomes, use hífen ou underscore. No item Link, digite na caixa de texto http://portal.mec.gov.br/mec/index.php. No item Publicado, selecione Sim. No item Ao clicar, Abrir em, selecione Nova Janela com menu de navegação na caixa de seleção. Não altere os outros itens, conforme figura abaixo:

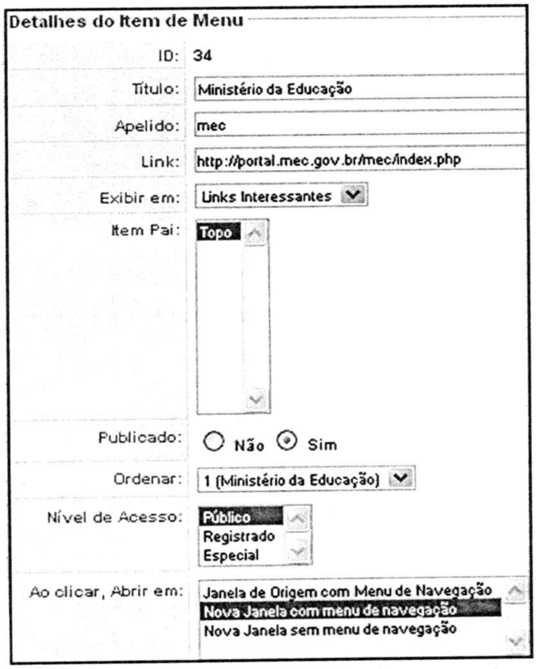

Figura 487

Feitas as devidas configurações, clique no botão Salvar. Vamos criar outro item desse menu. Clique no botão Novo. Na janela que abre, Item do Menu, selecione o item Link Externo, conforme figura abaixo:

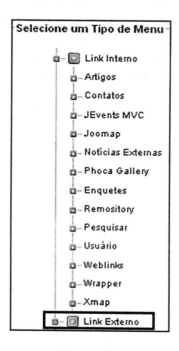

Figura 488

Na janela que abre, na aba Detalhes do Item de Menu, no item Título, digite Como Fazer Uma Monografia na caixa de texto. No item Apelido, digite monografia, em minúsculo, na caixa de texto. Lembre-se de que neste campo não se pode usar espaço em branco para separar nomes, use hífen ou underscore. No item Link, digite na caixa de texto:

http://www.universia.com.br/materia/img/tutoriais/monografias/01.jsp.

CAPÍTULO 6 – CRIANDO NOVOS LINKS E ADICIONANDO FUNCIONALIDADES BÁSICAS 325

No item Publicado, selecione Sim. No item Ao clicar, Abrir em, selecione Nova Janela com menu de navegação na caixa de seleção. Não altere os outros itens, conforme figura abaixo:

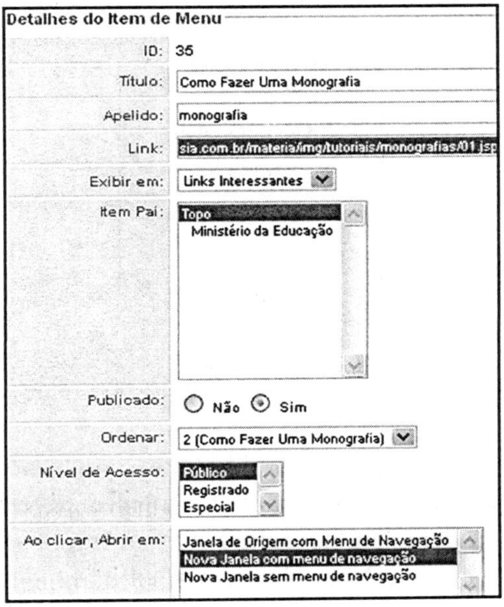

Figura 489

Feitas as devidas configurações, clique no botão Salvar. Repita o processo acima para cada link que você criar. Veja como ficou no frontend clicando no link Pré-visualizar, conforme figura abaixo:

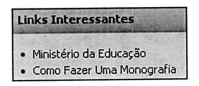

Figura 490

A quantidade de links vai depender da direção da instituição.

CONFIGURANDO O RODAPÉ

Vamos agora configurar o rodapé do nosso site, colocando uma mensagem de direitos autorais. Para isso, clique no menu Extensões, em seguida, clique no submenu Administrar Módulo, conforme figura abaixo:

Figura 491

Na janela que abre, Administrar Módulos, clique no botão Novo. Na janela que abre, clique no item HTML Personalizado. Na janela que abre, na aba Detalhes, no item Título, digite Direitos Autorais na caixa de texto. Em Exibir, Título marque Não. No Item Habilitado, deixe marcado Sim. No item Posição, selecione user3 na caixa de seleção. No item Nível de Acesso, deixe marcado Público. Sua configuração tem que ficar como mostra a figura abaixo:

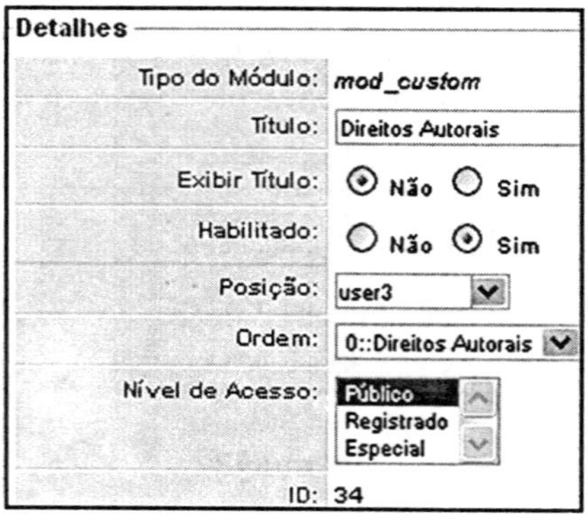

Figura 492

CAPÍTULO 6 – CRIANDO NOVOS LINKS E ADICIONANDO FUNCIONALIDADES BÁSICAS   327

Na aba Saída Personalizada, digite na caixa de texto "Copyright 2009 Faculdade Imaginária de Tecnologia - FIT. Todos os Direitos Reservados.", em seguida, selecione o texto e clique no botão centralizar ▦ , conforme figura abaixo:

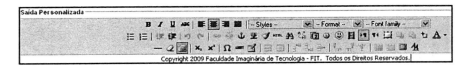

Figura 493

Feitas as devidas configurações, clique no botão salvar. Veja como ficou no frontend clicando no link Pré-visualizar, conforme figura abaixo:

Figura 494

Nosso site está totalmente funcional. Claro que as funcionalidades vão depender da sua necessidade e também da sua criatividade. Agora vamos colocar nosso site no ar, ou seja, vamos hospedá-lo em provedor ou host.

Capítulo 7

Hospedando o Site em um Provedor ou Host

Criando Seu Nome de Domínio DNS

A primeira providência que temos que tomar para podermos hospedar nosso site é criar nosso DNS, ou nome de domínio do nosso site www.nomedosite.com.br. Para isso, temos que visitar o site Registro.br, que é o responsável por todos os DNS criados no Brasil. Digite no seu navegador web o seguinte endereço:

http://registro.br/index.html

Logo na página inicial, você pode fazer uma pesquisa para saber se o DNS que você tem em mente já existe ou está disponível. Digite, na caixa de texto, exemplojoomla.edu.br e clique no botão Pesquisar, conforme figura abaixo:

Figura 495

Vai aparecer uma nova página dizendo se o domínio já existe ou se ele está disponível. Se estiver disponível, deve aparecer um link, conforme figura abaixo:

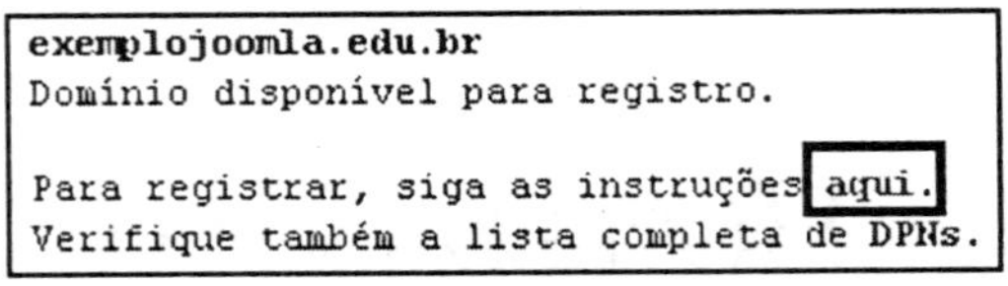

```
exemplojoomla.edu.br
Domínio disponível para registro.

Para registrar, siga as instruções aqui.
Verifique também a lista completa de DPNs.
```

Figura 496

Clique no link em azul aqui e você será remetido para a página Registrando um novo domínio via interface web, onde tem todas as informações necessárias para que você possa registrar seu domínio. Para fazer este registro, você tem que ser cadastrado, pagar uma taxa de R$ 30,00 reais - este era o valor durante o período em que escrevia o livro - renovada anualmente. Você deve estar se perguntando, porque eu faria isso? Existe algum site gratuito onde eu possa hospedar meu site? Primeiro, se você quer realmente se tornar um desenvolvedor, faça seu registro. Segundo, existe, mas não recomendo. Se você estiver desenvolvendo para a empresa onde trabalha e esta empresa tiver um servidor web, alguém na sua empresa deve ter feito o cadastro no Registro.br, nesse caso, basta configurar o Joomla para rodar neste servidor web.

CONFIGURANDO O PROVEDOR SEM INSTALAÇÃO DO JOOMLA

A maioria dos provedores, ou host, fazem todo o trabalho de registro do seu domínio e alguns também fazem a instalação do Joomla para você. A partir de agora, vamos trabalhar com a hipótese de ter um nome de domínio cadastrado. Vamos ver os dois tipos de provedores, os que não instalam o Joomla e os que instalam. Não estou fazendo propaganda, por isso vou recomendar dois provedores que eu uso e, até o momento em que estou escrevendo este livro, não ocorreu nenhum tipo de problema, além de ter um preço bem convidativo. O primeiro deles, é o Hostphi, neste provedor você pode pedir para instalar o Joomla. Para acessar o provedor, basta digitar o seguinte endereço, no seu navegador web, http://hostphi.com/ , escolher o plano e fazer o seu cadastro. O Segundo deles, é o Bounceweb, neste provedor você é quem faz toda a configuração de instalação. Para acessar o provedor, basta digitar o seguinte endereço, no seu navegador web, http://www.bounceweb.com.br/, escolher o plano e fazer o seu cadastro.

Quando seu cadastro for efetivado, você vai receber um e-mail com todos os dados da sua conta no provedor. Vou utilizar a conta que tenho nos dois provedores como exemplo. O primeiro passo é configurar um programa de FTP, transferência de arquivos, para que possamos enviar nossos arquivos para o provedor. Quem utiliza o Firefox pode instalar um plugin chamado FireFtp. Para isso abra o navegador Firefox, na caixa de pesquisa do Google, digite FireFtp, conforme figura abaixo:

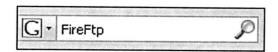

Figura 497

Clique no ícone da lupa para começar sua pesquisa. Na janela que aprece, clique no link *FireFTP* - The Free FTP Client for Mozilla Firefox, geralmente é o primeiro link que aparece. Na página que aparecer, clique no link Other Languages and Versions, que se encontra na caixa de download, conforme figura abaixo:

Figura 498

Na página que abre, clique no link Português (Europeu). Observe se apareceu uma barra de aviso, no alto, pedindo para você permitir a instalação de programas no seu computador, conforme figura abaixo:

Figura 499

Se apareceu, clique no botão permitir e aguarde a janela de instalação abrir, espere o botão Instalar agora ficar visível e clique sobre ele, conforme figura abaixo:

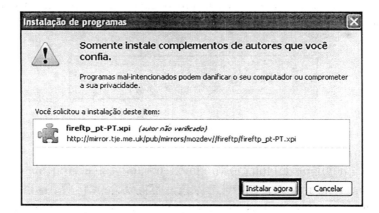

Figura 500

Aguarde a janela de instalação de complementos aparecer, conforme figura abaixo:

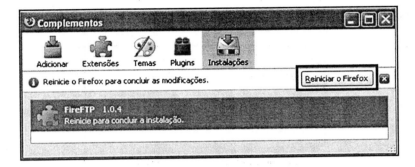

Figura 501

Clique no botão Reiniciar o Firefox, conforme figura acima e aguarde o seu navegador Firefox retornar. Ao retornar, o Firefox apresenta a janela de complementos com os mesmos instalados. Veja que o FireFTP deve estar entre eles, conforme figura abaixo:

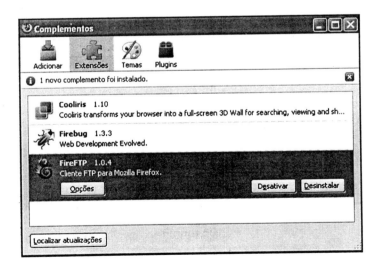

Figura 502

Feche esta janela e vamos configurá-lo para que possamos enviar arquivos para nossos provedores. Para isso, clique no menu Ferramentas do Firefox, em seguida, clique no submenu FireFTP, conforme figura abaixo:

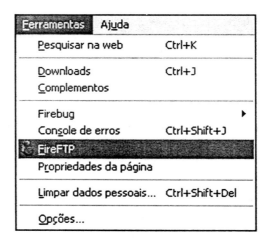

Figura 503

CAPÍTULO 7 – HOSPEDANDO O SITE EM UM PROVEDOR OU HOST   335

Na janela que abre, do lado esquerdo, vamos ter um mini Windows Explorer, onde você pode visualizar as pastas do seu computador local, conforme figura abaixo:

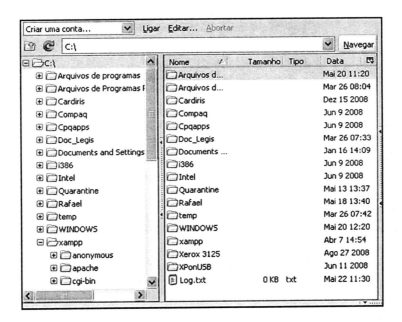

Figura 504

Perceba que é bem intuitivo, basta clicar na pasta que você quer selecionar, como se você estivesse navegando no Windows Explorer. Do lado direito, da mesma forma que do lado esquerdo, você pode visualizar as pastas do seu provedor, ou seja, do seu computador on-line do seu host para onde você vai enviar os arquivos que estão gravados no seu computador local. Neste primeiro momento não existe nenhum arquivo, pois temos que configurar nossa conta de acesso do FTP. Como mencionei anteriormente, estes dados de configuração do FTP você vai receber por e-mail após efetivar seu cadastro com o provedor. Utilizarei aqui o meu cadastro, nos provedores citados anteriormente, para configurar nossa conta de acesso via FTP. Primeiro no provedor Bounceweb. Para isto, na janela do FireFTP, no canto superior esquerdo, clique na caixa de seleção e selecione o item Criar uma conta..., conforme figura abaixo:

Figura 505

Na janela que abre, Gestor de Conta, na aba Principal, no item Nome da Conta, digite um nome que você ache relevante. Eu geralmente uso o nome de usuário que o provedor me forneceu, nesse caso vou digitar mscrafae. No item Servidor, digite o endereço de FTP que o provedor lhe forneceu, no meu caso, ftp.mscrafael.pro.br. No item Início de sessão, digite o nome de usuário que o provedor lhe forneceu, no meu caso, mscrafae e, finalmente no item Senha, a senha que o provedor lhe forneceu. As configurações devem ficar como mostra a figura abaixo:

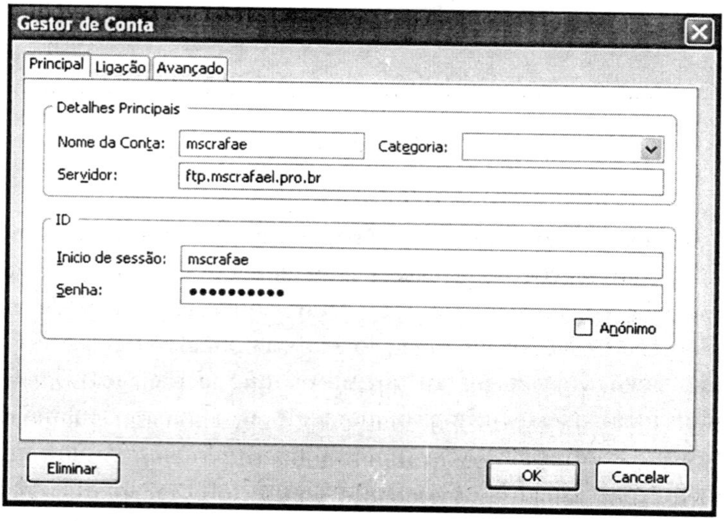

Figura 506

Feitas todas as configurações, clique no botão Ok. Agora vamos criar a conta do provedor Hostphi, para isso, na janela do FireFTP, no canto superior esquerdo, clique na caixa de seleção e selecione o item Criar uma conta..., conforme figura abaixo:

Figura 507

Na janela que abre, Gestor de Conta, na aba Principal, no item Nome da Conta, digite um nome que você ache relevante. Eu geralmente uso o nome de usuário que o provedor me forneceu, neste caso vou digitar estagiof. No item Servidor, digite o endereço de FTP que o provedor lhe forneceu, no meu caso, ftp ftp.estagiofebsb.pro.br. No item Início de sessão, digite o nome de usuário que o provedor lhe forneceu, no meu caso, estagiof e, finalmente, no item Senha, a senha que o provedor lhe forneceu. As configurações devem ficar como mostra a figura abaixo:

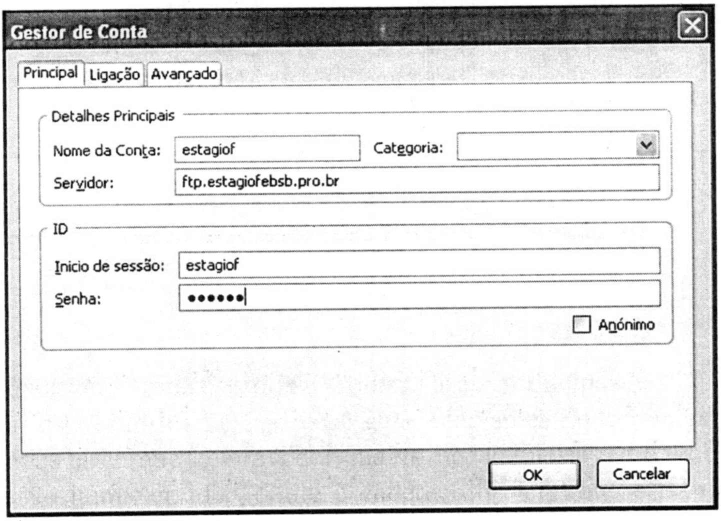

Figura 508

Feitas todas as configurações, clique no botão Ok. Para acessar o provedor. Na caixa de seleção conta, selecione qual conta você vai utilizar, em seguida, clique no botão Ligar, conforme figura abaixo:

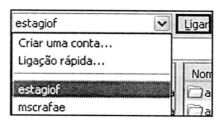

Figura 509

Observe que ao se conectar com o provedor, do lado direito do FireFTP, vão aparecer todas as pastas disponíveis para seu uso, conforme figura abaixo:

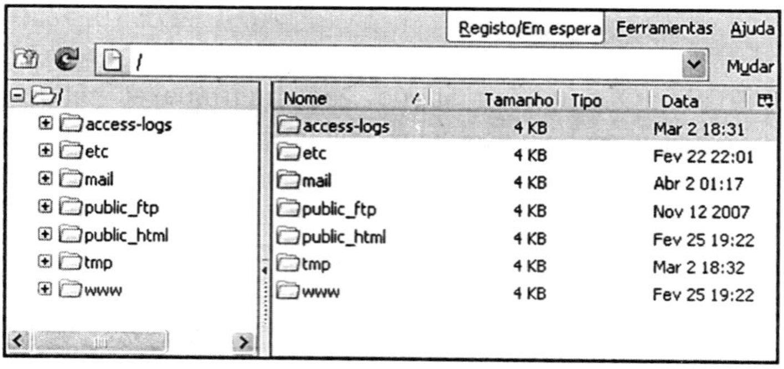

Figura 510

Para desconectar, basta clicar no botão Desligar. Pronto, nosso FTP para envio de arquivos já está configurado. Agora vamos configurar nosso banco de dados para receber os arquivos que vamos enviar através do FTP.

Como eu já comentei, a maioria dos provedores disponibiliza um painel de controle para o usuário, geralmente chamado de CPanel. No Bouceweb. Para acessar o CPanel, basta digitar o seguinte endereço no seu navegador:

http://www.mscrafael.pro.br/cpanel. Abrirá uma página solicitando nome do usuário e senha, conforme figura abaixo:

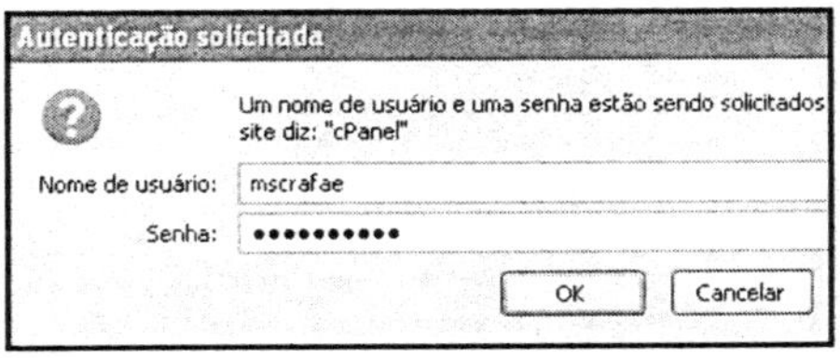

Figura 511

Clique no botão OK. Na página que abre, feche a pequena janela de boas vindas, em seguida, role a página até encontrar a aba banco de dados, conforme figura abaixo:

Figura 512

Clique no item Bancos de Dados MySQL. Na página que abre, no item Novo Banco de Dados, digite fit na caixa de texto. Clique no botão Criar Banco de Dados, conforme figura abaixo:

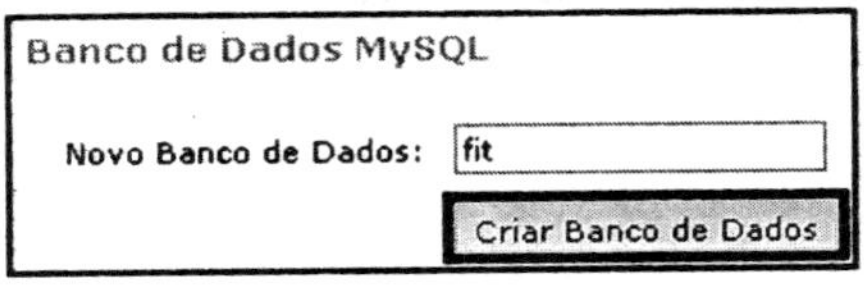

Figura 513

Abrirá uma página dizendo que o banco de dados foi adicionado, clique no botão voltar, conforme figura abaixo:

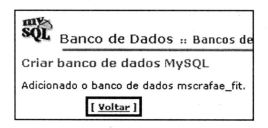

Figura 514

Observe que o prefixo do banco de dados criado, sempre vai ser o seu nome de usuário. Agora role a página até encontrar o item Usuários MySQL, na caixa de texto Nome do Usuário, digite admin e na caixa de seleção Senha, digite uma senha segura, pois agora nosso site vai estar on-line, em seguida, repita a senha e clique no botão Criar usuário, conforme figura abaixo:

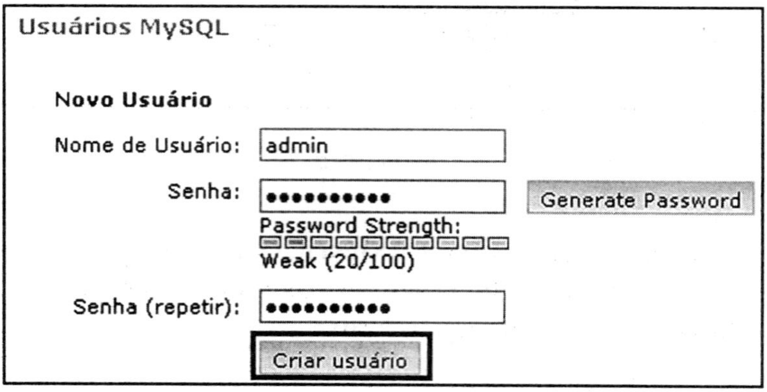

Figura 515

Na página que abre, observe que ele cria o usuário sempre com o prefixo sendo o seu nome de usuário. Clique no botão Voltar, conforme figura abaixo:

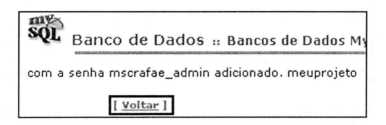

Figura 516

Após a criação do banco de dados e do usuário, eu tenho que adicionar o usuário ao banco. Para isso role a página até encontrar o item Adicionar Usuário ao Banco de Dados, em seguida, selecione mscrafae_admin na caixa de seleção Usuário em seguida selecione mscrafae_fit na caixa de seleção mscrafae_admin e clique no botão Enviar, conforme figura abaixo:

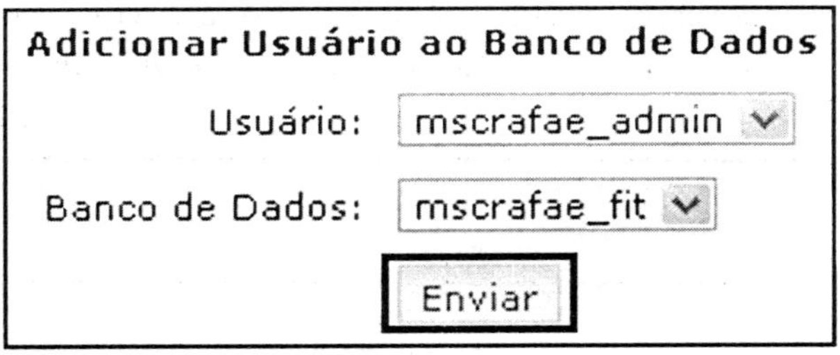

Figura 517

Na página que abre, clique no quadrinho do item ALL PRIVILEGES, em seguida clique no botão Fazer alterações conforme figura abaixo:

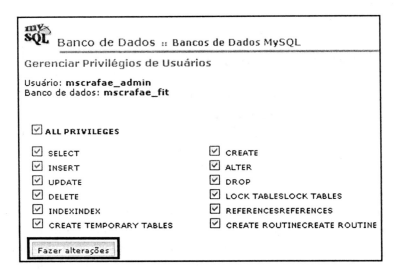

Figura 518

Na página que abre, clique ano botão Voltar. Veja como ficou sua configuração para o banco de dados e usuário, conforme figura abaixo:

Figura 519

Nosso banco de dados e nosso usuário estão criados. Vamos migrar nosso banco de dados, que criamos localmente, para o nosso banco de dados on-line. Para isso, clique no link phpMyAdmin, no painel do lado esquerdo, conforme figura abaixo:

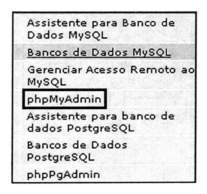

Figura 520

Na página que abre, observe que na coluna da esquerda nosso banco de dados mscrafae_fit está zerado, ou seja, sem nenhuma tabela, conforme figura abaixo:

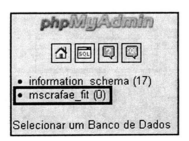

Figura 521

Vamos fazer a migração das nossas tabelas que estão no nosso site local, ou seja, no nosso computador para o provedor. Para isso, abra uma nova aba no seu navegador, em seguida, digite o seguinte endereço http://localhost/phpmyadmin/, na barra de navegação. Na página que abre, na coluna da esquerda observe que nosso banco contém 109 tabelas. Pode conter mais ou menos tabelas, vai depender da configuração que você fez no Joomla, conforme figura abaixo:

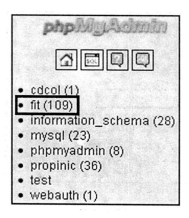

Figura 522

Clique no link com o nome da tabela fit (109), na página que abre você pode observar que temos todas as tabelas. Clique no menu Exportar, conforme figura abaixo:

Figura 523

Na página que abre, veja que todas as tabelas foram selecionadas, role a página e marque o quadradinho Enviado, no item Nome do arquivo do modelo digite fit na caixa de texto, em seguida, clique no botão Executar, conforme figura abaixo:

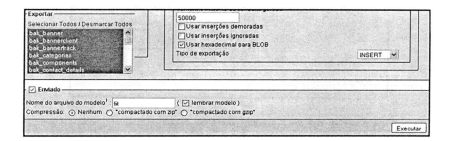

Figura 524

Vai abrir uma janela pedindo para salvar o arquivo, selecione Salvar arquivo e clique no botão OK. Na janela que abre, selecione o local onde você vai salvar o arquivo, em seguida, clique no botão Salvar. Feche a página do localhost. Antes de importar o arquivo SQL gerado, vamos fazer uma pequena alteração para preservar a autonumeração dos registros do banco de dados. Para isso, abra a pasta onde você salvou o arquivo SQL da exportação, clique com o botão direito do mouse sobre o arquivo e escolha o submenu Abrir com, em seguida selecione o item Aplicativo WordPad MFC, conforme figura abaixo:

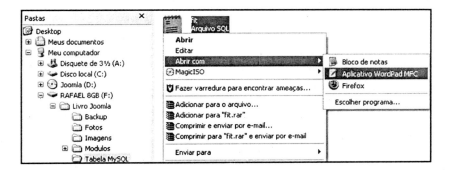

Figura 525

Com o arquivo aberto, selecione o ícone do binóculo ou pressione simultaneamente as teclas Ctrl e F. Na janela que abre, digite na caixa de texto a seguinte frase SET SQL_MODE="NO_AUTO_VALUE_ON_ZERO" e clique no botão Localizar próxima, conforme figura abaixo:

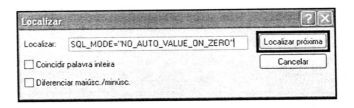

Figura 526

Ao encontrar esta linha de comando, conforme figura abaixo:

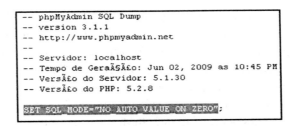

Figura 527

Delete-a e salve o arquivo. Volte para a página do provedor onde está aberto o phpMyAdmin, que é o mesmo que usamos localmente, clique no link com o nome da tabela mscrafae_fit. Na página que abre, observe que o banco está vazio, não tem nenhuma tabela. Clique no menu Importar, conforme figura abaixo:

Figura 528

Na página que abre, na aba Arquivo para importar, clique no botão Arquivo..., na janela que abre, procure o arquivo que você acabou de exportar, selecione-o e clique no botão Abrir. No item Conjunto de caracteres do arquivo, selecione utf8 na caixa de seleção. Não altere os outros itens, sua configuração deve ficar como mostra a figura abaixo:

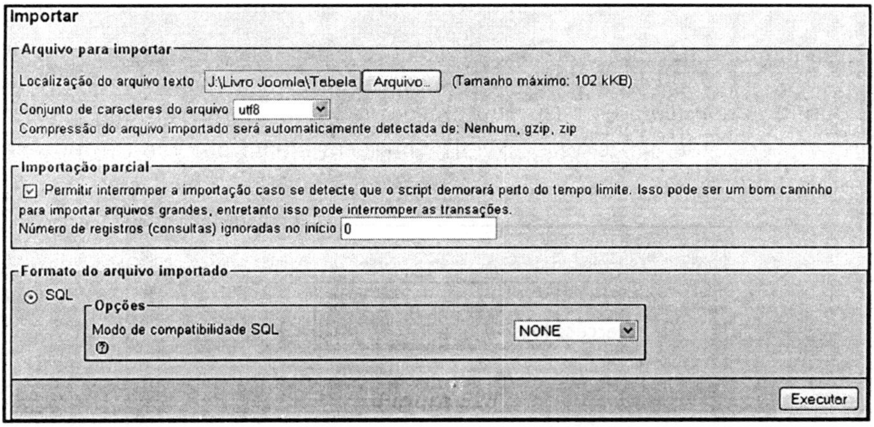

Figura 529

Se todas as configurações estiverem corretas, clique no botão Executar. Observe que na coluna da esquerda apareceram as nossas tabelas. Agora temos que enviar os arquivos, que se encontram em nossa pasta

C:\xampp\htdocs\fit, para nosso host. Para isso, clique no menu Ferramentas, em seguida, clique no submenu FireFTP, conforme figura abaixo:

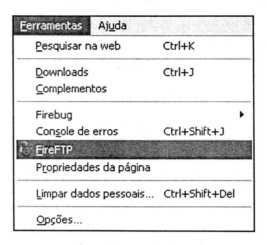

Figura 530

Na página que abre, na caixa de seleção, selecione mscrafae ou o nome que você criou para o usuário e clique no botão Ligar. Aguarde a conexão. Quando conectar, observe que no painel do lado direito vão aparecer as pasta do nosso provedor, conforme figura abaixo:

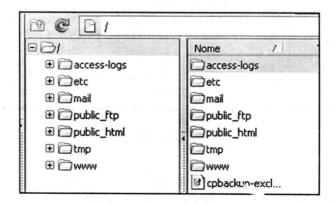

Figura 531

CAPÍTULO 7 – HOSPEDANDO O SITE EM UM PROVEDOR OU HOST   349

No painel do lado esquerdo, clique no sinal de mais (+) na pastas C:/, em seguida, clique duas vezes sobre a pasta xampp. Clique duas vezes na pasta htdocs, clique duas vezes na pasta fit, conforme figura abaixo:

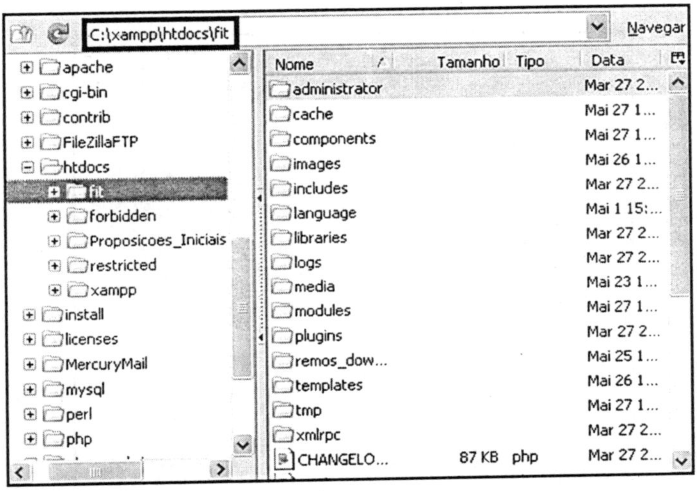

Figura 532

No painel do lado direito, clique duas vezes na pasta public_html. Observe que a pasta está vazia, conforme figura abaixo:

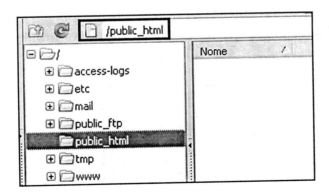

Figura 533

Volte ao painel do lado esquerdo e selecione todos os arquivos, para isso, clique com o mouse dentro do painel e em seguida, pressione simultaneamente as teclas "Ctrl e A" (Ctrl+A) sem o sinal de mais, observe se todos os arquivos foram selecionados, conforme figura abaixo:

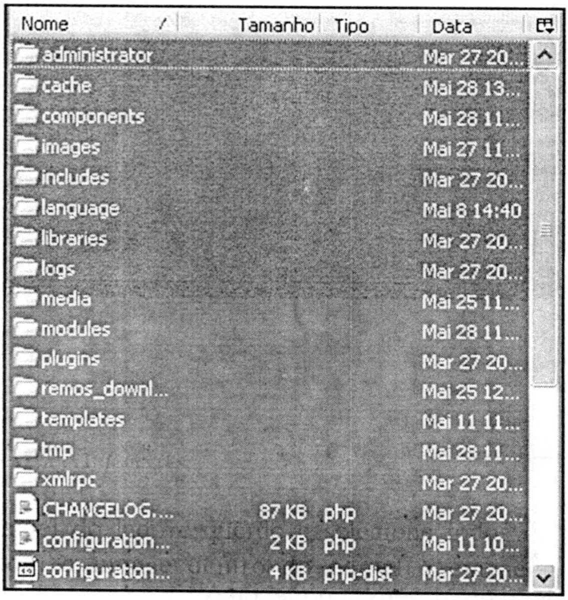

Figura 534

Feita a seleção dos arquivos, clique no botão carregar (Enviar), conforme figura abaixo:

Figura 535

CAPÍTULO 7 – HOSPEDANDO O SITE EM UM PROVEDOR OU HOST   351

Aguarde o término do envio dos arquivos. Este processo é um pouco demorado. Após o envio, confirme se os arquivos foram todos enviados, basta verificar as duas pastas e checar os arquivos, conforme figura abaixo:

Nome	Tamanho	Tipo	Data				Nome	Tamanho
administrator			Mar 27 20...		⊞ access-logs		administrator	4 KB
cache			Mai 28 13...		⊞ etc		cache	4 KB
components			Mai 28 11...		⊞ mail		components	4 KB
images			Mai 27 11...		⊞ public_ftp		images	4 KB
includes			Mar 27 20...		⊟ public_html		includes	4 KB
language			Mai 8 14:40		⊞ administrator		language	4 KB
libraries			Mar 27 20...		⊞ cache		libraries	4 KB
logs			Mar 27 20...		⊞ components		logs	4 KB
media			Mai 25 11...		⊞ images		media	4 KB
modules			Mai 28 11...		⊞ includes		modules	4 KB
plugins			Mar 27 20...		⊞ language		plugins	4 KB
remos_downl...			Mai 25 12...		⊞ libraries		remos_downlo...	4 KB
templates			Mai 11 11...		⊞ logs		templates	4 KB
tmp			Mai 28 11...		⊞ media		tmp	4 KB
xmlrpc			Mar 27 20...		⊞ modules		xmlrpc	4 KB
CHANGELOG....	87 KB	php	Mar 27 20...		⊞ plugins		CHANGELOG....	87 KB
configuration...	2 KB	php	Mai 11 10...		⊞ remos_downloa		configuration....	2 KB
configuration...	4 KB	php-dist	Mar 27 20...				configuration....	4 KB

Figura 536

Bem, nossos arquivos foram copiados para nosso host ou provedor, mas ainda não temos acesso ao nosso site. Para que isso ocorra, precisamos alterar as configurações do arquivo configuration.php, pois as mesmas estão com as configurações locais, o nome do host, o nome do banco de dados, nome de usuário de acesso ao banco, senha de acesso ao banco de dados, bem como o caminho físico, também chamado caminho absoluto, onde nossos arquivos estão hospedados no host.

Abra o CPanel do seu host, e procure pela aba Arquivos, selecione o item Gerenciador de Arquivos, o segundo, conforme figura abaixo:

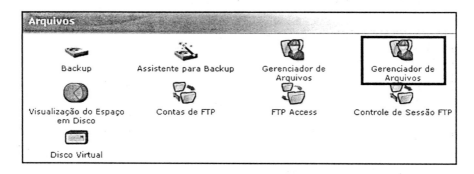

Figura 537

Lembrando que o CPanel pode ser diferente de um host para outro, mas os procedimentos não mudam. Na página que abre, selecione a opção Web Root (public_html) e clique no botão Ir. Na página que abre, procure o arquivo configuration.php e marque o quadradinho ao seu lado, em seguida, clique no botão Editar. Observe que o navegador vai impedir de abrir a janela, clique no botão Opções e selecione desbloquear popups. Clique novamente no botão Editar e aguarde abrir uma nova página. Procure pela variável var var $host = 'localhost'; e altere o nome do host, geralmente é o ip do provedor, no meu caso não vai ser alterado pois o provedor Bounceweb usa localhost. A variável usuário var $user = 'root'; altere para var $user = 'mscrafae_admin' e a variável nome do banco var $db = 'fit'; altere para var $db = 'mscrafae_fit'; Procure pela variável var $password = ''; altere para var $password = 'meuprojeto';.

Procure pela variável var $log_path = 'C:\\xampp\\htdocs\\fit\\logs'; observe que ela está apontando o caminho do seu computador. Vamos alterar para o caminho do host, var $log_path = '/home/mscrafae/public_html/logs'; e a variável var $tmp_path = 'C:\\xampp\\htdocs\\fit\\tmp'; altere para var $tmp_path = '/home/mscrafae/public_html/tmp';.

CAPÍTULO 7 – HOSPEDANDO O SITE EM UM PROVEDOR OU HOST   353

Este é o caminho físico ou absoluto do provedor. Verifique se as configurações estão como mostra a figura abaixo:

```
var $error_reporting = '-1';
var $xmlrpc_server = '0';
var $log_path = '/home/mscrafae/public_html/logs';
var $tmp_path = '/home/mscrafae/public_html/tmp';
var $live_site = '';
var $force_ssl = '0';
var $offset = '0';
var $caching = '0';
var $cachetime = '15';
var $cache_handler = 'file';
var $memcache_settings = array();
var $ftp_enable = '0';
var $ftp_host = '127.0.0.1';
var $ftp_port = '21';
var $ftp_user = '';
var $ftp_pass = '';
var $ftp_root = '';
var $dbtype = 'mysql';
var $host = 'localhost';
var $user = 'mscrafae_admin';
var $db = 'mscrafae_fit';
var $dbprefix = 'jos_';
var $mailer = 'mail';
var $mailfrom = 'professor.rafael.fe@gmail.com';
var $fromname = 'Faculdade Imaginária de Tecnologia - FIT';
var $sendmail = '/usr/sbin/sendmail';
var $smtpauth = '0';
var $smtpuser = '';
var $smtppass = '';
var $smtphost = 'localhost';
var $MetaAuthor = '1';
var $MetaTitle = '1';
var $lifetime = '45';
var $session_handler = 'database';
var $password = 'meuprojeto';
var $sitename = 'Faculdade Imaginária de Tecnologia - FIT';
```

Figura 538

Em seguida, clique no botão Salvar Alterações. Pronto, nosso site está on-line, para saber se tudo funcionou corretamente, digite o seu endereço, no meu caso http://www.mscrafael.pro.br. Você deve estar se perguntando se não vamos instalar o Joomla. Não, pois os arquivos que enviamos já estão com o Joomla instalado. Para acessar o backend no host, basta digitar o seu endereço/administrator, no meu caso, http://www.mscrafael.pro.br/administrator, e digite seu usuário e senha do backend, lembrando que o usuário e a senha são os mesmos que você criou no seu computador local, pois os arquivos e as configurações também foram copiados.

Se algum módulo não estiver totalmente funcional, basta alterar as configurações que estavam no computador local, para as configurações do provedor, siga o processo que vimos para instalar e configurar cada módulo.

CONFIGURANDO O PROVEDOR COM O JOOMLA INSTALADO

Este procedimento é bem mais rápido e mais seguro. Serve também para provedores que não tenham o Joomla instalado. Vamos fazer um backup completo do site e depois descompactá-lo por inteiro. Primeiro vamos instalar um componente para backup, eu recomendo o JoomlaPack, juntamente com o arquivo kickstart. Digite o seguinte endereço no seu navegador web http://www.joomlapack.net/download/JoomlaPack-Components-download.html. Na página que abre, role a barra de rolagem até encontrar o link para download na tabela com o título JoomlaPack 2.3.2 (Maintenance Release), clique no item JoomlaPack Plus, conforme figura a seguir:

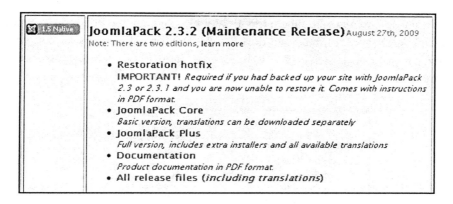

Figura 539

Aguarde aparecer à janela de download de seu navegador e mande salvar o arquivo em uma pasta do seu computador. Após o término procure na tabela o título Kickstart 2.3.2 (Stable), em seguida clique no item Kickstart package (includes translations), conforme figura abaixo:

Figura 541

Aguarde aparecer a janela de download de seu navegador e mande salvar o arquivo em uma pasta do seu computador. Abra a pasta onde você salvou o arquivo kickstart-2.3.2.zip, clique com o botão direito do mouse sobre o mesmo, clique no item Extrair aqui, conforme figura abaixo:

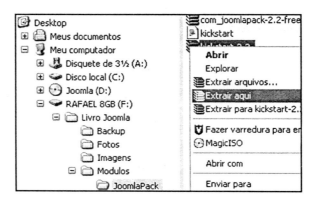

Figura 543

Aguarde o término da extração. Agora vamos instalar o módulo JoomlaPack. Para isso, vá até o backend, clique no menu Extensões, em seguida, selecione o submenu Instalar/Desinstalar, conforme figura abaixo:

Figura 544

CAPÍTULO 7 – HOSPEDANDO O SITE EM UM PROVEDOR OU HOST   357

Na janela que abre, Administrar Extensões, no item Enviar pacote de arquivos, clique no botão Arquivo..., em seguida, localize a pasta onde você salvou o componente com_joomlapack-2.3.2-plus, selecione-o e clique no botão Abrir. Em seguida, clique no botão Enviar arquivo & Instalar e aguarde a mensagem dizendo que o componente foi instalado com sucesso, conforme figura abaixo:

Figura 545

Agora vamos fazer o backup de todo nosso site local. Para isto clique no menu Componentes, selecione o submenu JoomlaPack, em seguida, selecione Backup Now, conforme figura abaixo:

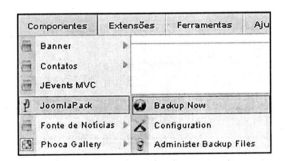

Figura 546

Na janela que abre, Start a new backup, clique no botão Backup Now!, conforme figura abaixo:

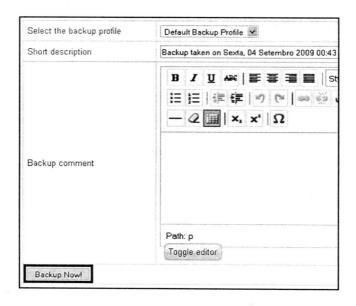

Figura 547

Aguarde o término do backup, deve aparecer uma mensagem, conforme figura abaixo:

Figura 548

CAPÍTULO 7 – HOSPEDANDO O SITE EM UM PROVEDOR OU HOST 359

O Arquivo de backup é gravado no seguinte caminho: C:\xampp\htdocs\fit\administrator\components\com_joomlapack\backup. Lembre-se de que estamos fazendo o backup local, ou seja, do computador. Antes de enviarmos os arquivos, vamos fazer o procedimento de criação do banco de dados via CPanel do provedor que vimos no tópico Configurando o Provedor Sem Instalação do Joomla, a única diferença aqui é que você não precisará criar o usuário do banco novamente. Delete o banco de dados existente e crie um novo banco de dados com o mesmo nome, em seguida, faça os procedimentos de Adicionar Usuário ao Banco de Dados. Após esse procedimento, clique no link phpMyAdmin e faça o procedimento de importar o banco de dados. Óbvio que você tem que fazer o processo de exportação antes, no site localhost.

Feito isso, ainda no CPanel do seu provedor, vá até o Gerenciador de Arquivos e selecione a segunda opção. Na página que abre, selecione a opção Web Root (public_html) e clique no botão Ir. Na página que abre, clique no link Selecionar todos, conforme figura abaixo:

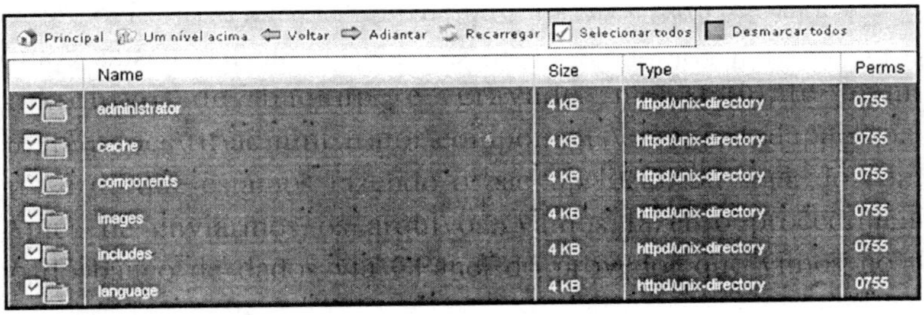

Figura 549

Em seguida, clique no botão Excluir. Feito isso, vamos enviar o arquivo de backup e o arquivo kickstart.php para o nosso provedor. Clique no botão Transferir. Na página que abre, observe que o tamanho máximo para transferir o arquivo pelo CPanel é de 25 Megas, portanto se o arquivo for maior que 25 megas, utilize o FireFTP ou outro programa de FTP para transferir o arquivo. Clique no botão Arquivo..., conforme figura abaixo:

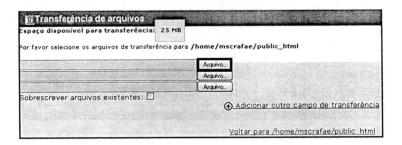

Figura 550

Na janela que abre, Enviar arquivo, selecione o arquivo de backup, clicando em Meu computador, em seguida, clique nas pastas conforme o seguinte caminho C:\xampp\htdocs\fit\administrator\components\com_joomlapack\backup, conforme figura abaixo:

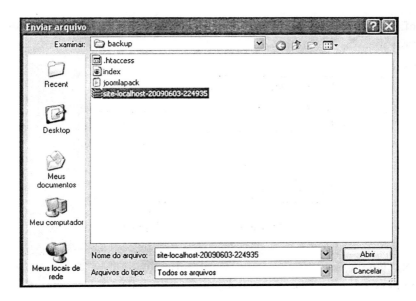

Figura 551

Em seguida, selecione o arquivo e clique no botão Abrir. Aguarde o término do envio. Agora vamos enviar o arquivo Kickstart.php, cuidado para não selecionar o arquivo zipado, repita o processo anterior clicando no link Transferir, procure a pasta onde você salvou o arquivo Kickstart.php e selecione-o, em seguida, clique no botão Abrir. Aguarde o término do envio do arquivo. Antes de você fazer qualquer alteração no seu site, avise aos seus usuários que você vai fazer uma manutenção no mesmo.

Eu recomendo a você fazer esse procedimento durante o período da noite. Lembre-se de que o Joomla tem uma opção de aviso de site em manutenção, basta você clicar no Menu Site e selecione o Submenu

Configuração Global ou clique no botão Configuração Global, conforme figura abaixo:

Figura 552   *Figura 553*

Na janela que abre na aba Configuração do Site no item Site em Manutenção, selecione Sim, conforme figura abaixo:

Figura 554

CAPÍTULO 7 – HOSPEDANDO O SITE EM UM PROVEDOR OU HOST   363

Clique no botão Salvar. Vamos restaurar o backup do nosso site local para o provedor (host). Para isso, digite na barra de navegação do seu navegador web o seu endereço, www.seuendereço.com.br/kickstart.php, no meu caso http://www.mscrafael.pro.br/kickstart.php. Na página que abre, automaticamente ele seleciona o arquivo de backup que enviamos, basta clicar no botão verde Start, conforme figura abaixo:

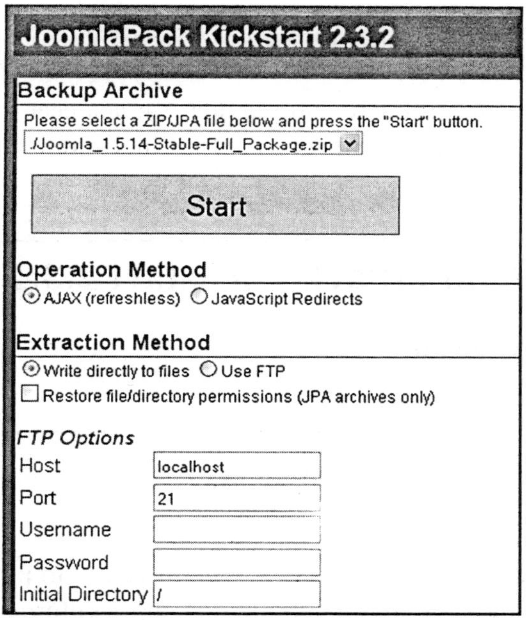

Figura 555

Após o termino da restauração deve aparecer uma mensagem, conforme figura abaixo:

Figura 556

Clique no link em azul here, em seguida, vai aparecer uma página com a mensagem dizendo que o processo foi finalizado, conforme figura abaixo:

> **JoomlaPack Kickstart 2.3.2**
>
> All Done
>
> Kickstart has finished

Figura 557

Delete os arquivos do backup e o arquivo Kickstart.php. Em seguida, você vai configurar o arquivo configuration.php, conforme visto anteriormente. Esta é a única parte chata, pois quando você envia seus dados do seu computador pra o provedor o arquivo configuration.php vai com toda a configuração do seu site local. É, o inverso também acontece, ou seja, quando você envia os dados do seu provedor para o computador local o arquivo configuration.php vem com a configuração do provedor.

Para evitar esse transtorno, eu faço uma cópia do arquivo configuration.php local, e uma cópia do arquivo configuration.php do provedor, assim quando terminar o processo acima, basta deletar o arquivo configuration.php do provedor ou do site local, depende de como você está trabalhando no momento, e enviar o arquivo configuration.php, já com todas as configurações, via FireFTP ou via gerenciador de arquivos do CPanel.

COMPACTANDO E DESCOMPACTANDO A PASTA DO SEU SITE

Outra forma de copiar os arquivos do seu site local para o provedor ou vice e versa, é compactando, zipando a pasta com os arquivos. Este é o procedimento mais rápido de todos, além de ser muito seguro, pois mantém a integridade de seu site. Óbvio que você precisa de um programa de compactação instalado no seu computador, eu recomendo o Winrar. Lembre-se de que antes de qualquer um dos procedimentos citados anteriormente temos que deletar o banco, criar um banco de dados vazio, importar e exportar as tabelas. Deixar o site com a mensagem de manutenção, como visto nos tópicos anteriores. Para isso, abra a pasta onde seu site foi salvo, no meu caso o caminho é o seguinte: C:\xampp\htdocs\fit, selecione todos os arquivos da pasta fit, para isso pressione simultaneamente as teclas Ctrl e A (Ctrl+A) sem o sinal de mais, em seguida, clique com o botão direito do mouse sobre os arquivos selecionados e clique na opção Adicionar para o arquivo..., conforme figura baixo:

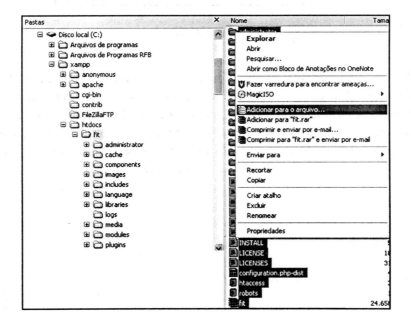

Figura 558

Na janela que abre, Nome e parâmetros do arquivo, na aba Geral, no item Nome do arquivo, deixe padrão. Na aba formato do arquivo selecione o item ZIP, conforme figura abaixo:

Figura 559

Em seguida, clique no botão OK e aguarde o término da compactação. Feito isso, abra o FireFTP, que se encontra no menu Ferramentas do navegador Firefox, como vimos anteriormente. No painel da esquerda, selecione o arquivo compactado do seu site. No painel da direita, selecione a pasta /public_html, clique no botão Carregar, a setinha verde apontado para a direita. Aguarde o término da transferência.

Vá para o CPanel do seu provedor, e procure pela aba Arquivos, selecione o item Gerenciador de Arquivos, o segundo, conforme figura abaixo:

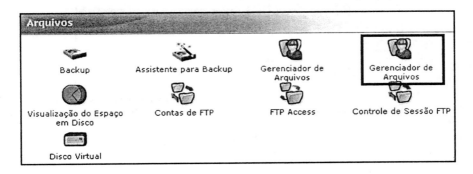

Figura 560

Na página que abre, selecione a opção Web Root (public_html) e clique no botão Ir. Na página que abre, selecione o arquivo zipado fit.zip, conforme figura abaixo:

Figura 561

Em seguida, clique no botão Extrair, conforme figura abaixo:

Figura 562

Aguarde surgir a janela pedindo para você extrair os arquivos, conforme figura abaixo:

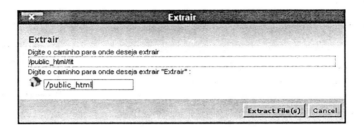

Figura 563

Clique no botão Extract File e aguarde a página dizendo que os arquivos foram extraídos com sucesso, conforme figura abaixo:

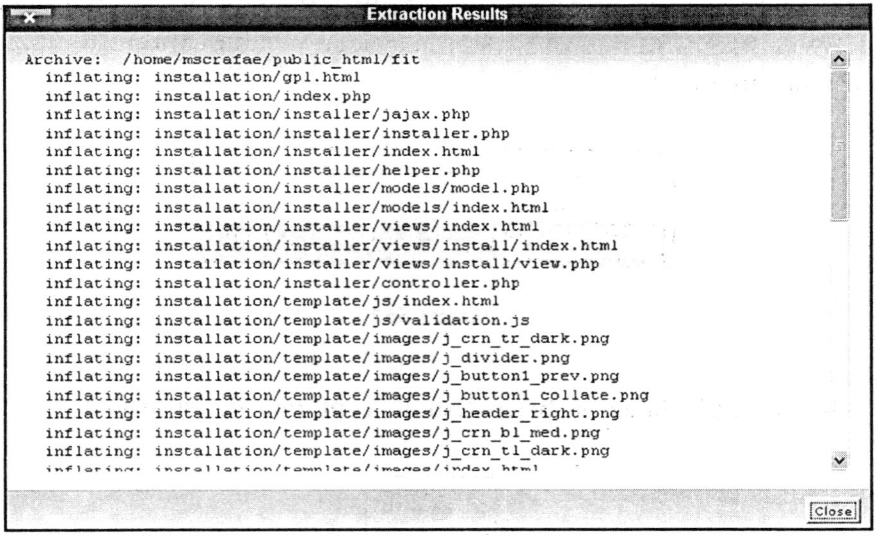

Figura 564

Clique no botão Close e você vai retornar para a página Gerenciador de arquivos, delete o arquivo zipado, delete o arquivo configuration.php-dist, altere o arquivo configuration.php com os dados do provedor ou delete este arquivo e envie o arquivo com os dados do provedor que você já tem salvo em seu computador e pronto, seu site estará funcional novamente.

TORNANDO SEU SITE MAIS SEGURO

Um dos grandes problemas de invasão de sites baseados no Joomla, está na premissa que os desenvolvedores não alteram o nome de usuário padrão, que é o admin. Portanto o primeiro passo após a instalação do site no provedor, independentemente do método escolhido por você, será alterar o nome do usuário do backend. Para isso, vá até o backend do site, no seu provedor, no meu caso é o seguinte endereço: http://www.mscrafael.pro.br/administrator, digite o usuário e a senha, que neste primeiro momento é a mesma que você usa no seu site local. Clique no botão Administrar Usuários, em seguida, clique no usuário Administrator. Na janela que abre, Editar Usuário, na aba Detalhes do Usuário, no item Nome de Usuário digite na caixa de texto algo que tenha a ver com o seu site, no meu caso vou digitar campus. Altere sua senha para uma senha forte, utilizando letras, números e caracteres especiais. Só não se esqueça da senha, anote-a em um lugar seguro. Veja se as configurações estão como mostra figura abaixo:

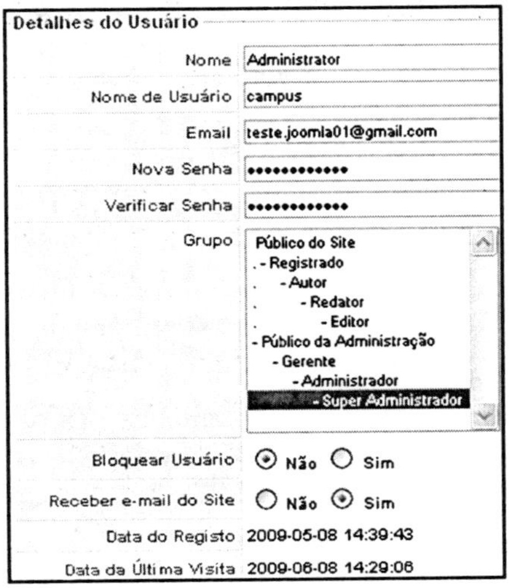

Figura 565

Após estas configurações, clique no botão Salvar. Saia do backend e entre com o novo usuário, que agora se chama campus, e a nova senha. A outra medida importante para manter a segurança do seu site é sempre verificar se houve alguma atualização do Joomla, e fazer a atualização, como vimos no tópico Atualizando a versão do Joomla 1.5 no capítulo 3. Outro detalhe que você tem que verificar junto ao seu provedor é se eles têm instalado sempre a versão mais atual dos softwares que você utiliza, PHP, MySQL, Apache.

Para saber qual a versão atual, basta você fazer uma verificação no site local, anotar todas as versões e, em seguida, fazer a verificação no site que esta hospedado no host. Para isso, vá até o backend, clique no menu Ajuda, clique no submenu Info Sistema. Vai aparecer a janela Informação do Sistema, conforme figura abaixo:

Diretiva	Valor
PHP executando em:	Windows NT DIDL-M01 5.1 build 2600
Versão do Banco de Dados:	5.1.33-community
Collation do Banco de Dados:	utf8_general_ci
Versão do PHP:	5.2.9
Servidor Web:	Apache/2.2.11 (Win32) DAV/2 mod_ssl/2.2.11 OpenSSL/0.9.8i PHP/5.2.9
Interface PHP com servidor Web:	apache2handler
Versão do Joomla!:	Joomla! 1.5.14 Stable [Wojmamni Ama Naiki] 30-July-2009 23:00 GMT
Agente do usuário:	Mozilla/5.0 (Windows; U; Windows NT 5.1; pt-BR; rv:1.9.0.13) Gecko/2009073022 Firefox/3.0.13 (.NET CLR 3.5.30729)

Figura 566

CAPÍTULO 7 – HOSPEDANDO O SITE EM UM PROVEDOR OU HOST 371

Observe que eu tenho no meu site local, a versão 5.1.33 do MySQL, a versão 5.2.9 do PHP e a versão 2.2.11 do servidor Apache. Faça o mesmo procedimento no provedor, no meu caso as informações do sistema no provedor estão como na figura abaixo:

Informação do Sistema	
Diretiva	Valor
PHP executando em:	Linux seth.bounceweb.com.br 2.6.18-92.1.22.el5PAE #1 SMP Tue Dec 16 12:36:25 EST 2008 i686
Versão do Banco de Dados:	5.0.81-community
Collation do Banco de Dados:	utf8_general_ci
Versão do PHP:	5.2.9
Servidor Web:	Apache/2.2.11 (Unix) mod_ssl/2.2.11 OpenSSL/0.9.8e-fips-rhel5 mod_auth_passthrough/2.1 mod_bwlimited/1.4 FrontPage/5.0.2.2635
Interface PHP com servidor Web:	cgi-fcgi
Versão do Joomla!:	Joomla! 1.5.11 Production/Stable [Vea] 03-June-2009 03:30 GMT
Agente do usuário:	Mozilla/5.0 (Windows; U; Windows NT 5.1; pt-BR; rv:1.9.0.10) Gecko/2009042316 Firefox/3.0.10

Figura 567

Observe que eu tenho no meu host, a versão 5.0.81 do MySQL, a versão 5.2.9 do PHP e a versão 2.2.11 do servidor Apache. Neste caso, devo pedir para atualizar a versão do MySQL, que não está compatível. Evite utilizar o Fantástico, que é oferecido pelo provedor, pois ele instala versões desatualizadas dos programas acima citados. Desabilite o relatório de erros, assim você evita que hackers tenham acesso a informações de vulnerabilidades. Para isso, vá para o backend, em seguida, clique no botão Configuração Global. Na janela que abre, Configuração Global, clique no menu Servidor. Na janela que abre, na aba Configurações do Servidor, no item Configurações do Servidor, selecione na caixa de seleção, Nenhuma, conforme figura abaixo:

Configurações do Servidor	
Caminho para o diretório temporário	/home/mscrafae/public_html/tmp
Compressão de páginas com GZIP	⊙ Não ○ Sim
Relatório de Erros	Nenhuma
Forçar SSL	Nenhuma

Figura 568

Em seguida, clique no botão Salvar. Deve aparecer a seguinte mensagem: Os detalhes da Configuração Global foram atualizados. Outra maneira para deixar seu site Joomla mais seguro é atualizar a diretiva safe_mode do php para ON. Para isso, peça ao administrador do servidor do seu host para fazê-lo, pois nem todos os servidores disponibilizam o acesso ao arquivo de configuração do php. Após a alteração, verifique se nenhum componente está falhando. Se tiver, peça para voltar para Off. Outra maneira de deixar seu site Joomla mais seguro é mudando o arquivo configuration.php para outro diretório. Isto se faz necessário, pois ele é o principal arquivo de configuração do seu site e se um hacker acessá-lo, terá tudo que precisa para invadir seu site.

Para isso, vamos criar uma pasta no diretório onde seu site esta hospedado, no meu caso é no diretório public_html. Invente um nome bem diferente para esta pasta, para não levantar suspeita sobre seu conteúdo, no meu caso chamei de cyber. Para criar a pasta vá ate o CPanel do seu host, em seguida, procure pelo seu gerenciador de arquivos. Na página que abre Web Root (public_html) e clique no botão Ir. Na página que abre, verifique se você está no diretório /public_html, clique no ícone Nova pasta, conforme figura abaixo:

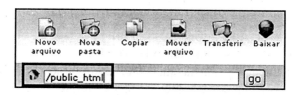

Figura 569

Na janela Novo Diretório digite cyber e, em seguida, clique no botão Create New Folder, conforme figura abaixo:

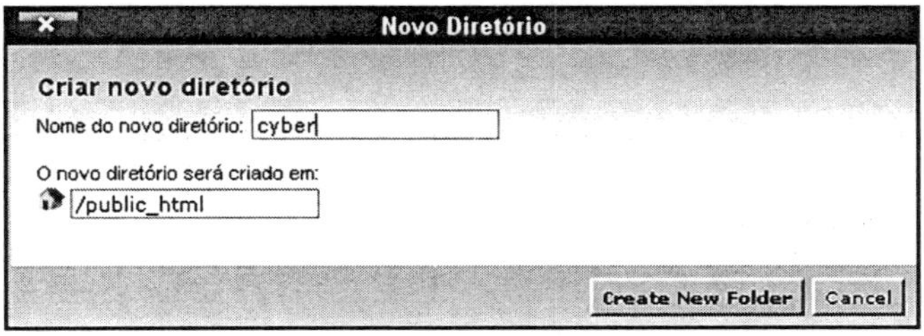

Figura 570

Agora vamos renomear o arquivo configuration.php. Para isso, clique no quadradinho do lado do arquivo, em seguida clique no botão Renomear, vai abrir uma janela, conforme figura abaixo:

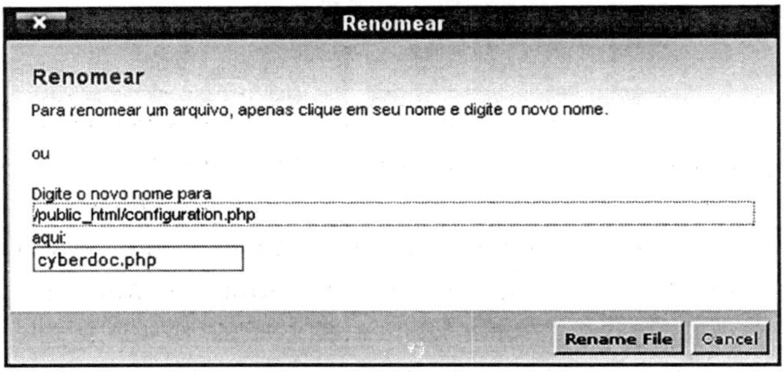

Figura 571

Digite no lugar de configuration.php, cyberdoc.php e clique no botão Rename File. Observe que o arquivo continua selecionado. Deixe selecionado e clique no botão Copiar, vai aparecer uma janela, conforme figura abaixo:

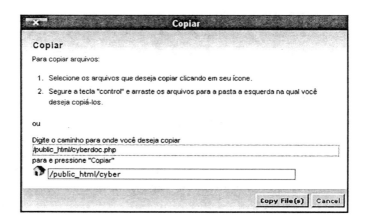

Figura 572

Digite na caixa de texto perto do desenho da casinha, /public_html/cyber, em seguida, clique no botão Copy File. Clique na pasta cyber para verificar se o arquivo foi copiado, feito isso, volte ao diretório /public_html, selecione novamente o arquivo cyberdoc.php e vamos renomeá-lo para configuration.php novamente, clique no botão Renomear e repita o processo, conforme vimos anteriormente. Na caixa de texto, onde está escrito cyberdoc.php, digite configuration.php e clique no botão Rename File. Com o arquivo ainda selecionado, clique no botão Editar. Na janela que abre, apague o conteúdo e digite o seguinte comando:

```
<?php
require( dirname( __FILE__ ) .'/cyber/cyberdoc.php' );
?>
```

conforme figura abaixo:

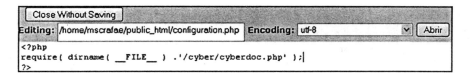

Figura 573

Feito isso, clique no botão Salvar Alterações. Pronto, seu site já está um pouco mais seguro. Lembre-se de que ao fazer esta alteração você não pode enviar o arquivo configuration.php do seu site local, pois nós acabamos de alterá-lo no host, se você esquecer e mandá-lo, basta você repetir o procedimento descrito anteriormente.

Evite instalar extensões pouco conhecidas. Faça uma lista das extensões que você instalou e procure sempre atualizar suas extensões. Procure saber se as suas extensões são seguras. Para isso, verifique o repositório de extensões vulneráveis no seguinte link http://docs.joomla.org/Vulnerable_Extensions_List.

Outro recurso bem interessante para ser utilizado é um componente SEF (Search Engine Friendly) ou URLs amigáveis, servem para embaralhar o seu endereço URL. Simplesmente, ele pega o seu endereço que aparece assim: http://www.mscrafael.pro.br/index.php?option=com_content&view=section&id=1 e exibe desta forma http://www.mscrafael.pro.br/index.php?/Table/Cursos/.

O Joomla tem uma configuração nativa para usar URLs amigáveis, para isso, tenha certeza que o seu provedor tem o servidor apache com mod_rewrite habilitado. Se não tiver, peça para habilitar, para que a alteração ocorra sem problemas. Vá para CPanel do seu host e procure pelo Gerenciador de Arquivos. Clique na segunda opção, em seguida, selecione o item Web Root (public_html) e clique no botão ir. Na página que abre, selecione o quadradinho em frente ao arquivo htaccess.txt. Clique no botão Renomear, vai abrir a janela renomear, delete o conteúdo da caixa de texto e digite .htaccess sem a extensão, conforme figura abaixo:

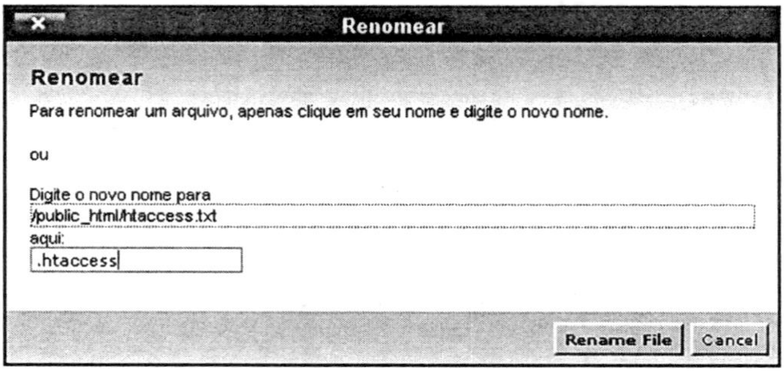

Figura 574

Clique no botão Rename File. Agora vá até o backend e clique no botão Configuração Global. Na janela que abre, clique no link Site. Na aba Configurações de SEO, selecione Sim para os três itens, conforme figura abaixo:

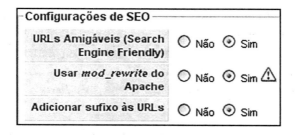

Figura 575

Em seguida, clique no botão Salvar. Se correr tudo bem, basta digitar o URL do seu site. Se ele aparecer, está tudo ok, senão, desmarque as configurações que fizermos anteriormente e vamos instalar um componente para SEO. O mais conhecido deles é o sh404SEF. Para baixá-lo, digite o seguinte endereço http://joomlacode.org/gf/project/sh404sef/frs/ ?action=FrsReleaseView&release_id=10417. Na página que abre, clique na aba Files, em seguida, clique no link com_sh404SEF-15_1.0.20_Beta_build_237.joomla1.5.x.zip, vai abrir a janela de download do seu navegador web, clique no botão Salvar arquivo e selecione uma pasta onde salvá-lo. Aguarde o término do download.

Volte para o backend e clique no menu Extensões, em seguida, clique no submenu Instalar/Desinstalar, conforme figura abaixo:

Figura 576

Na janela que abre, Administrar Extensões, no item Enviar pacote de arquivos, clique no botão Arquivo..., em seguida, localize a pasta onde você salvou o arquivo com_sh404SEF-15_1.0.20_Beta_build_237.joomla1.5.x.zip, selecione-o e, em seguida, clique no botão Abrir. Clique no botão Enviar arquivo & Instalar, aguarde a mensagem dizendo que o componente foi instalado com sucesso. Após, clique no menu Componentes e selecione sh404SEF, conforme figura abaixo:

Figura 577

Na janela que abre vamos ativar as configurações avançadas. Para isso, clique no link dentro da imagem, conforme figura abaixo:

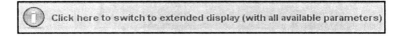

Figura 578

Aguarde o retorno da seguinte mensagem, conforme figura abaixo:

Figura 579

Com as configurações avançadas ativadas, clique no ícone sh404SEF Configuration, conforme figura abaixo:

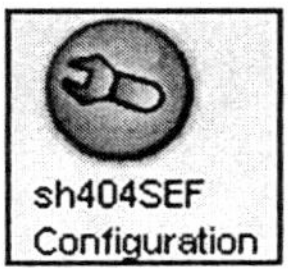

Figura 580

Na janela que abre sh404SEF Configuration Writeable, na aba Main, no item Enabled selecione Sim, conforme figura abaixo:

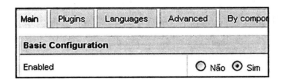

Figura 581

Em seguida, clique na aba Advanced, no item Rewriting mode, na caixa de seleção você tem três opções, with .htaccess (com .htaccess), without .htaccess (index.php) (sem htaccess e com (index.php)), e without.htaccess (index.php?) (sem .htaccess e sem (index.php?)), conforme figura baixo:

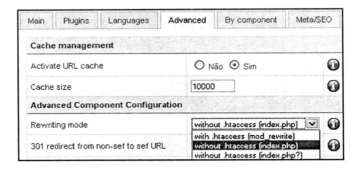

Figura 582

Sugiro a você testar as três opções para saber qual vai dar certo para seu site, no meu caso funcionou a terceira opção. Escolhida a opção clique no botão Salvar, vai aparecer uma pequena janela pedindo para limpar o cachê, clique no botão Ok, em seguida, aparece uma mensagem de cuidado, não se preocupe, clique no botão Proceed. Pronto, seu componente está configurado adequadamente. Você deve estar perguntando se o Joomla é realmente seguro? Se não fosse, o Departamento de Segurança da Informação e Comunicações da Presidência da República não iria desenvolver seu novo portal em Joomla. Óbvio que a segurança está atrelada a vários fatores, como um provedor confiável, e as configurações do Joomla bem feitas, já são um grande passo no quesito segurança do seu site.

Capítulo 8

Web Marketing - Seu Site em Evidência

Tornando Seu Site Encontrável

Bem agora nos temos um site no ar, saímos do projeto e publicamos nosso site em um provedor. Como nosso site está no ar, ele precisa agora ser encontrável. É ai onde entram os conceitos de Web Marketing e encontrabilidade. Nós temos que nos mostrar para o mundo, ou seja, apesar de sermos uma faculdade, temos que encontrar novos clientes (alunos) e mostrar quais as qualidades da nossa empresa. Para isto temos que estar nos primeiros lugares dos mecanismos de busca ou robôs, tal como o Google e outros.

Não tenho a intenção de esgotar este assunto, pois não é o meu foco, mas como desenvolvedor web, devo falar o mínimo sobre este assunto. O primeiro passo que temos que fazer é cadastrar nosso site no Google, para isto digite no seu navegador web o seguinte endereço: http://www.google.com.br/add_url.html, na página que abre, no item URL digite na caixa de texto o endereço do seu site, no meu caso seria http://www.mscrafael.pro.br, em seguida, no item Comentários, digite um comentário que seja relevante ao seu site, no meu caso Website da Faculdade Imaginária de Tecnologia – FIT, conforme figura abaixo:

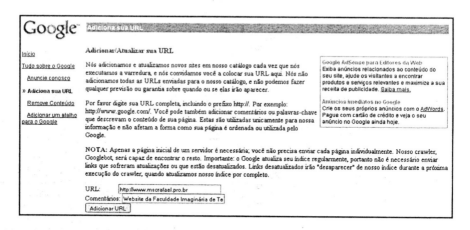

Figura 583

Em seguida, clique no Botão Adicionar URL. Observe que o Google não garante se o seu site vai ser adicionado ou não, basta você ler o que aparece na página logo após a inclusão da URL. O segundo passo é conversar com o seu cliente para saber quanto ele está disposto a gastar em publicidade, pois os mecanismos de busca trabalham com o que chamamos de links patrocinados, ou seja, cada vez que o cliente clica no link do seu site, você paga uma determinada quantia. Este valor você pode ser definido por você, por exemplo R$ 0,10 centavos por clique. Todos os grandes mecanismos de buscas trabalham com este sistema. O Google tem o Google AdWords, o Yahoo tem Yahoo! Search Marketing, outros mecanismos tem seus métodos de indexação, todos eles logicamente pagos.

Existem sites que fazem o cadastro da URL do seu site, sem cobrar nada por este serviço, para isso, tenha anotado em um papel as principais palavras chaves relacionadas ao seu site, no mínimo cinco, digite no seu navegador web o seguinte endereço: http://www.ligg3.com.br/meta-cadastro/. Na página que abre, clique na barra de rolagem até encontrar os locais de cadastro, digite seus dados em cada um dos itens, conforme figura abaixo:

Figura 584

No Título digite o nome do seu site, em Keywords digite as palavras chaves que você selecionou, no meu caso foram as seguintes: ensino superior graduação tecnologia educação formação docente discente, sem vírgula. Em seguida clique no botão CADASTRAR. Vá agora para o segundo cadastro, conforme figura abaixo:

Figura 585

Neste só digite o seu endereço URL e clique no botão Ok. Em seguida vá para o terceiro cadastro, conforme figura abaixo:

Figura 586

Neste também somente digite o seu endereço URL e clique no botão CADASTRAR. Em seguida, vá para o quarto cadastro, conforme figura abaixo:

Figura 587

Este é o cadastro do Google, digite seu endereço URL e, na caixa de texto Comentários, digite suas palavras chaves, no meu caso Faculdade Imaginária de Tecnologia - FIT ensino superior graduação tecnologia educação formação docente discente, sem vírgula. Clique no botão Incluir site no Google. Vá para o quinto cadastro, conforme figura abaixo:

Figura 588

Neste, basta digitar o endereço URL e o seu e-mail. Outro site que presta este tipo de serviço é o Global Promote, http://www.globalpromote.com/pt/freesubmit.htm, na página que abre, clique na barra de rolagem e digite os dados conforme figura abaixo:

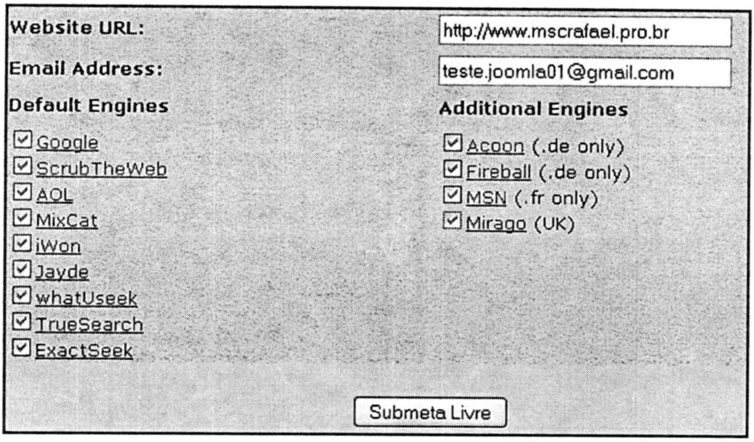

Figura 589

Em seguida, clique no botão Submeta Livre. Volto a lembrar, não é garantido que o seu site vá mesmo ser indexado. Não utilize todos os mecanismos de indexação ao mesmo tempo, pois os mecanismos de busca podem eliminar de vez seu site pelo excesso de tentativa de indexação. Use um a cada mês até o seu site aparecer nas pesquisas.

De nada adianta cadastrar seu site em um mecanismo de busca se os mesmos não estiverem indexados, pois os mecanismos de busca trabalham com as Meta Tags que vão buscar as palavras chaves direto nas páginas de seu site. Como exemplo, vamos indexar nossa página de boas vindas. Para isso, vá até o backend, clique no menu Conteúdo, em seguida, clique no submenu Administrar Artigos. Na janela que abre, clique no item Seja Bem Vindo, na janela de edição de artigo, clique na aba Informações de Metadados, no item Descrição digite Faculdade Imaginária de Tecnologia – FIT na caixa de texto. No item Palavras-chave, digite na caixa de texto suas palavras chaves relevantes, não é a quantidade que vai fazer seu site ficar indexado e sim a qualidade, no meu caso vou usar as seguintes: ensino superior graduação tecnologia educação formação docente discente, sem vírgula. No item Robôs repita as palavras-chave. Veja se ficou como mostra a figura abaixo:

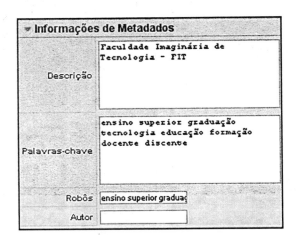

Figura 590

Feitas as devidas configurações, clique no botão Salvar. Esta indexação deve ser feita em todos os artigos do seu site para que os mecanismos de busca possam obter sucesso.

QUE TIPO DE PROFISSIONAL VOCÊ PRETENDE SER?

Este livro vai ajudá-lo a ser tornar um profissional iniciante em Joomla, mas você vai ser iniciante para sempre? Acredito que não. Você até pode ser um Professional do tipo homem das cavernas que conhece muito da linguagem HTML puro e de estrutura de documentos, e cria sites estáticos, desde que você esteja diposto a se reciclar, adquirir novos conhecimentos

Você não dever ser um profissional do tipo sobrinho, que é uma pessoa que não tem nada a ver com tecnologia e não tem nenhum interesse em dominar algum tipo de tecnologia, ele só quer ganhar dinheiro. Portanto fuja do rótulo de profissional sobrinho. Eu já fui iniciante, e você que está lendo este livro também dever ser iniciante, mas nem por isso tenho que me tornar um péssimo profissional.

Portanto se você quer crescer como Professional web, esteja antenado com as novas tecnologias, procure se tornar um profissional certificado em algumas tecnologias. Claro, não vamos dominar tudo porque é impossível, mas pelo menos o essencial. Conheça bem JavaScript, HTML, PHP, MySql, entre outros. Profissional que desenvolve sites dentro dos padrões do W3C, pensando em acessibilidade e encontrabilidade, que usa Ajax e Flash nos momentos certos e que respira Google. O conhecimento está ao seu alcance, basta que você queira buscá-lo.

Apêndice A

Bibliografia

CANAVAN, Tom. Joomla! Web Security. Ed Packt Publishing, 2008.

GRAF, Hagen, et al. Building Websites with Joomla! 1.5. Ed Packt Publishing, 2008.

KENNARD, James. Mastering Joomla! 1.5 Extension and Framework Developmen. Ed Packt Publishing, 2007.

LEBLANC, Joseph L. Learning Joomla! 1.5 Extension Development: Creating Modules, Components, and Plugins with PHP. Ed Packt Publishing, 2007.

NORTH, Barrie. Joomla! Guia do Operador. Rio de Janeiro. Ed Alta Books, 2008.

O CONNOR, Joshue. Joomla! Accessibility. Ed Packt Publishing, 2007.

NIELSEN, Jakob. LORANGER, Hoa. Usabilidade na web. Ed Elsevier, Rio de Janeiro, 2007

Apêndice B

Sites que Devem ser Visitados por Todo Desenvolvedor Joomla

http://dev.joomla.org/ (para desenvolvedores)

http://forum.joomla.org

http://help.joomla.org/ (para usuários)

http://maujor.com/index.php

http://www.alledia.com

http://www.joomalapolis.com

http://www.joomla.com.br/

http://www.joomlabrasilia.org/index.php;

http://www.joomlaclube.com.br/

http://www.joomlacms.com.br/

http://www.joomlafacil.com.br/novo/

http://www.joomlamazonia.com.br/

http://www.joomlaminas.org/

http://www.joomlapt.com/
http://www.joomlarj.com.br/site/
http://www.thejoomlauniversity.com
http://www.w3c.br/

APÊNDICE C

INSTALANDO O
WAMPSERVER 2.0

Lembre-se de que este procedimento deverá ser feito para trabalhar localmente em seu computador, pois se o seu site estiver hospedado em um provedor de internet, as configurações de servidor e banco de dados já vão estar disponíveis.

Primeiro vamos baixar o WAMPSERVER 2.0 acessando o seguinte site: http://www.wampserver.com/en/index.php, no site que se abre, clique no menu download, conforme figura abaixo:

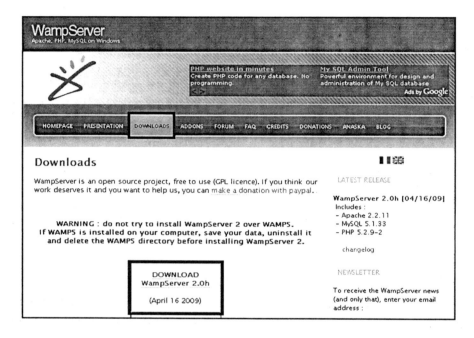

Figura 591

APÊNDICE C – INSTALANDO O WAMPSERVER 2.0   395

Clique no link DOWNLOAD Wampserver2.0g-1, para fazer efetivamente o download, aguarde aparecer a janela de download de seu navegador e mande salvar o arquivo em uma pasta do seu computador. Vá até a pasta onde você salvou o arquivo do Wampserver2.0h, abra a pasta e clique duas vezes no arquivo, deve abrir uma janela, conforme a figura abaixo:

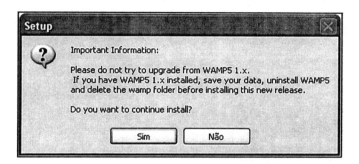

Figura 592

Clique no botão Sim e vai abrir uma janela, conforme figura abaixo:

Figura 593

Clique no botão Next. Vai aparecer uma janela pedindo para você aceitar a licença de uso do software, conforme figura abaixo:

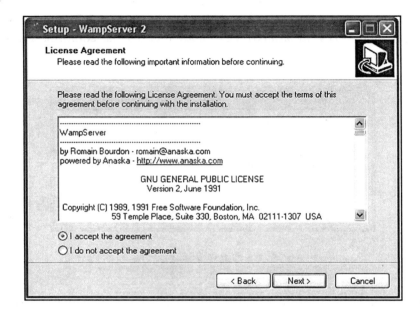

Figura 594

Selecione I accept the agreement e clique no botão Next, deve aparecer uma janela, conforme a figura abaixo:

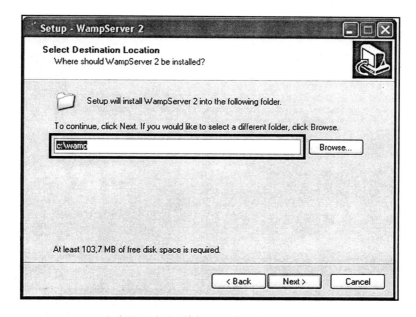

Figura 595

Certifique-se de que o programa está sendo instalado no diretório c:\wamp, clique no botão Next. Deve aparecer uma janela conforme figura abaixo:

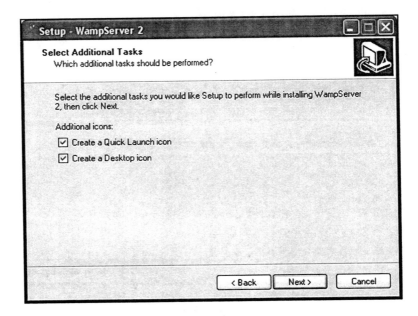

Figura 596

Marque as duas opções existentes nesta janela e clique no botão Next. Deve aparecer uma janela, conforme figura abaixo:

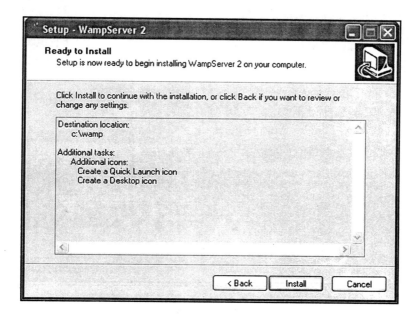

Figura 597

Clique no botão Install deve aparecer uma janela como a figura abaixo:

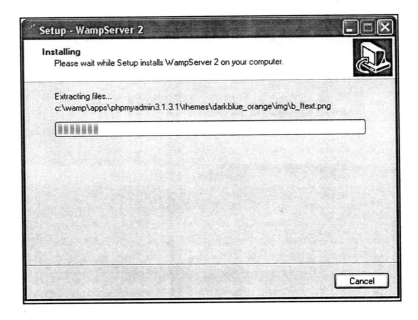

Figura 598

Em seguida deve aparecer uma janela, conforme figura abaixo:

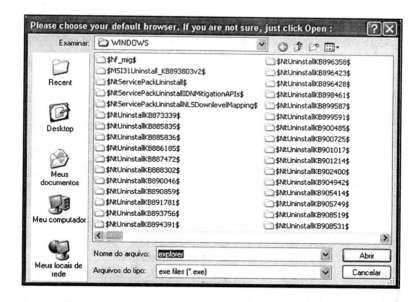

Figura 599

Nesta janela, ele está perguntando se o seu navegador web padrão é o Internet Explore, se for, basta clicar no botão abrir. Se não for, procure o seu navegador na pasta correspondente. Suponho que você, assim como eu, esteja usando o Windows XP Professional, nesse caso, deve aparecer uma janela, conforme a figura abaixo:

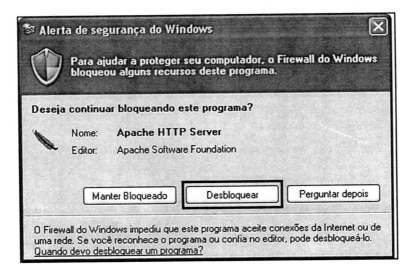

Figura 600

APÊNDICE C – INSTALANDO O WAMPSERVER 2.0   403

O Windows está pedindo para bloquear o servidor Apache, nesse caso, clique no botão desbloquear, pois sem ele você não consegue rodar o Joomla. Deve aparecer uma janela, conforme a figura abaixo:

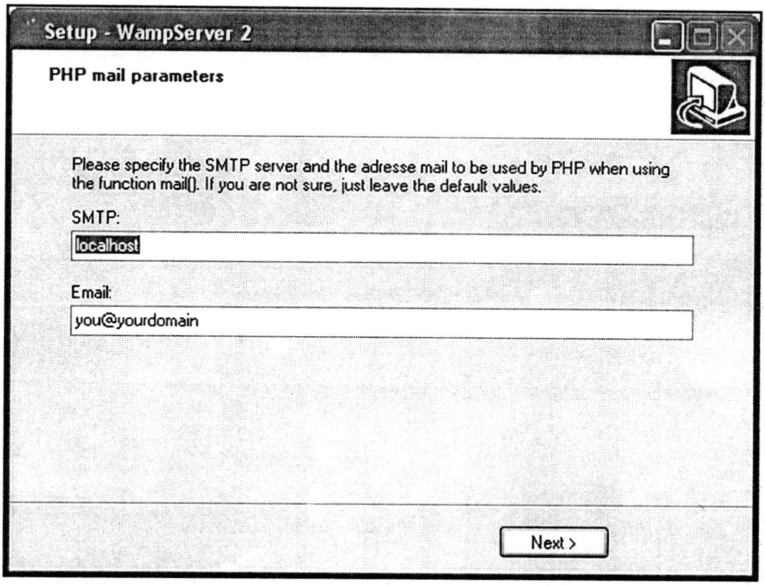

Figura 601

Nesta janela você pode deixar como está, pois iremos trabalhar localmente com o Joomla e não há necessidade destas informações. Clique no botão Next e deve aparecer uma janela, conforme figura abaixo:

Figura 602

Clique no botão Finish. Se você observar vai aparecer um ícone na barra de tarefas, conforme figura abaixo:

Figura 603

Seu WAMPSERVER 2.0 estará instalado e pronto para receber o Joomla.

Configurando o WANPSERVER 2.0

Vamos configurar o WAMPSERVER 2.0 para aparecer sempre que ligarmos o nosso computador. Lembre-se que no primeiro momento vamos trabalhar localmente, ou seja, em nosso computador, seja um desktop ou um notebook.

Isto significa que nosso computador não vai estar ligado 24 horas por dia, como deve ser um servidor web. Em algum momento vamos fazer nosso site, testar suas funcionalidades e quando terminarmos vamos desligar nosso computador, até para que possamos economizar energia.

Para isso, eu tenho que ter privilégio de Administrador da máquina, ou seja, eu não posso ser um usuário comum, como na nossa empresa onde logamos com um login fornecido pelo Administrador da rede. Só lembrando, temos que ter privilégio de Administrador da rede, senão não vamos conseguir fazer o WAMPSERVER 2.0 funcionar.

Para isso, vá até a área de trabalho e clique com o botão direito do mouse sobre o ícone do WAMPSERVER 2.0, selecione a opção Copiar, conforme figura abaixo.

Figura 604

Abra o Windows Explorer, clique em Meu computador, em seguida, clique no diretório padrão do Windows, Disco local (C:), ou o nome que você renomeou o seu C:, em seguida, clique na pasta Documents and Settings, após ,clique na pasta All Users ou a pasta Administrador se você não for Administrador da rede, em seguida, clique na pasta Menu Iniciar, clique na pasta Programas, clique na pasta Inicializar e cole aqui o WAMPSERVER 2.0, conforme figura abaixo:

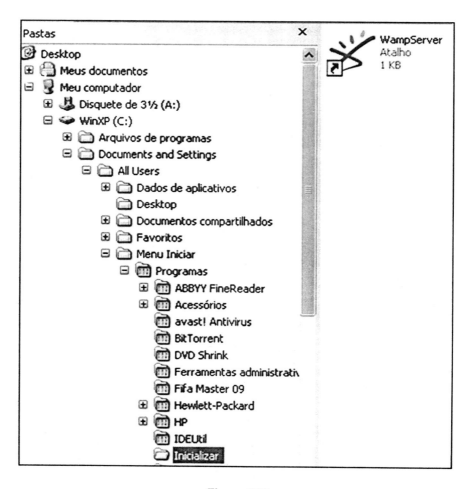

Figura 605

APÊNDICE C – INSTALANDO O WAMPSERVER 2.0   407

Próximo passo, vamos deixar o WAMPSERVER 2.0 em português. Para isso, clique com o botão esquerdo do mouse no ícone do programa, que se encontra na barra de tarefas, conforme figura abaixo:

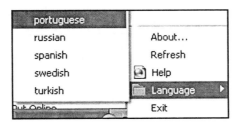

Figura 606

Selecione Language e, em seguida, clique em portuguese. Pronto, nosso WAMPSERVER 2.0 está em português. Agora vamos colocar o servidor Apache e o banco de dados MySQL para ficarem on-line. Clique com o botão direito do mouse sobre o ícone do WAMPSERVER 2.0. Deve aparecer uma janela, conforme a figura abaixo:

Figura 607

Selecione a opção Colocar On-line. Para saber se o programa está on-line, basta colocar o mouse sobre o ícone do WAMPSERVER 2.0 e verificar se aparece a frase: servidor On-line, conforme figura abaixo:

Figura 608

Você tem duas maneiras de verificar se o WAMPSERVER 2.0 está funcionando. Clique com o botão direito do mouse sobre o ícone do WAMPSERVER 2.0, localizado na barra de tarefas do Windows, selecione a opção Localhost, conforme figura abaixo:

Figura 609

APÊNDICE C – INSTALANDO O WAMPSERVER 2.0

Deve aparecer uma janela, conforme figura abaixo:

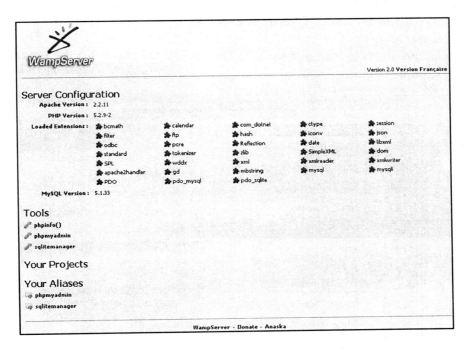

Figura 610

Se a janela aparecer em branco, com uma mensagem que a página não foi encontrada, o que pode estar acontecendo é que outros programas ou hardwares podem estar ocupando a porta 80, que é a porta padrão de instalação do servidor Apache, tais como IIS servidor de web da Microsoft, um aparelho de telefone VoIp, utilizado para conversar com o Skype pela internet, entre outros.

Se você tiver problemas para rodar o servidor Apache na porta 80, por algum dos motivos expostos anteriormente, temos algumas alternativas para resolver o problema. Podemos desinstalar o software ou hardware que está ocupando a porta 80, se isto não for possível, devemos escolher outra porta para o servidor Apache, geralmente usamos a porta 8080.

Para fazer esta alteração, em primeiro lugar desligue o servidor Apache do WAMPSERVER 2.0, clique com o botão direito do mouse sobre o ícone do WAMPSERVER 2.0, localizado na barra de tarefas do Windows, selecione a opção Colocar Offline, em seguida, clique novamente com o botão direito do mouse sobre o ícone do WAMPSERVER 2.0, localizado na barra de tarefas do Windows e selecione Apache, em seguida, selecione httpd.conf, conforme figura abaixo:

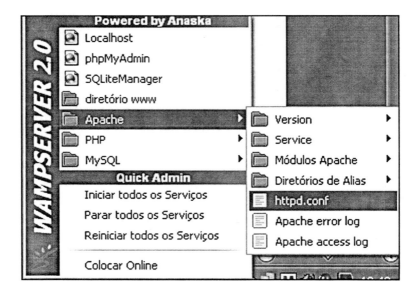

Figura 611

Vai abrir o arquivo httpd no bloco de notas, clique no menu Editar, selecione a opção Localizar..., na janela que se abre, digite a frase Listen 80 e clique no botão Localizar próxima, conforme figura abaixo:

Figura 612

Ao encontrar a frase digitada acima, acrescente o número 80 ao que já existe, conforme figura abaixo:

```
#Listen 12.34.56.78:80
Listen 8080
```

Figura 613

Salve o arquivo. Clique com o botão direito do mouse sobre o ícone do WAMPSERVER 2.0, localizado na barra de tarefas do Windows, selecione a opção Colocar On-line. Neste momento, o servidor Apache está rodando na porta 8080. Nós só vamos perceber esta diferença quando formos testar se o WAMPSERVER 2.0 está funcionando. Trabalhando com o servidor Apache na porta 8080, você não vai conseguir abrir o seu Localhost pelo ícone do WAMPSERVER 2.0.

A outra opção é abrir seu navegador de internet e digitar diretamente na barra de navegação a seguinte linha de comando: http://localhost, se você tiver configurado o seu servidor Apache para a porta 8080, digite http://localhost:8080, conforme figura abaixo:

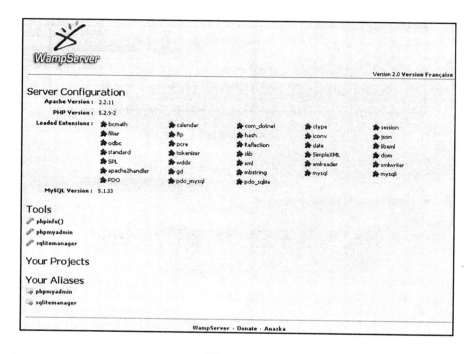

Figura 614

A outra opção é abrir seu navegador de internet e digitar, diretamente na barra de navegação, a seguinte linha de comando: http://127.0.0.1/, se você tiver configurado o seu servidor Apache para a porta 8080, digite http://127.0.0.1:8080, vai aparecer a janela da figura acima. Seu WAMPSERVER 2.0 está pronto para receber o Joomla.

Instalando o Joomla no **WAMPSERVER 2.0**

Para instalar o Joomla, é preciso que você já tenha em mente que tipo de site você vai implementar. Se é para uma indústria, se é para comércio, órgão público, instituição de ensino, etc.

Para nosso propósito, vamos trabalhar com uma instituição de ensino superior, fictícia, chamada Faculdade Imaginária de Tecnologia – FIT. Definida esta parte, vamos começar nossa instalação do Joomla. Vamos criar uma pasta chamada fit, dentro da pasta www existente no diretório wamp.

Abra o Windows Explorer, abra a pasta Meu computador, em seguida, abra a pasta padrão do Windows, Disco Local (C:), ou o nome que você renomeou, abra a pasta wamp, procure pela pasta www e abra, conforme figura abaixo:

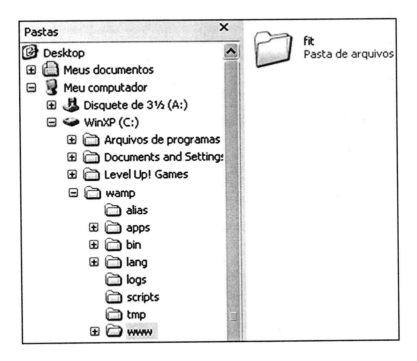

Figura 615

Dentro da pasta www crie uma pasta chamada fit. Na pasta fit, nós vamos copiar o Joomla para iniciarmos o processo de instalação. Para isso, vamos até o site oficial do Joomla, http://joomlacode.org/gf/project/joomla/frs/?action=FrsReleaseView&release_id=10785 e vamos baixar versão 1.5.14, a última versão estável do Joomla no momento que escrevia este. Quando você digitar o endereço citado acima, deve aparecer no seu navegador web, uma janela, conforme figura abaixo:

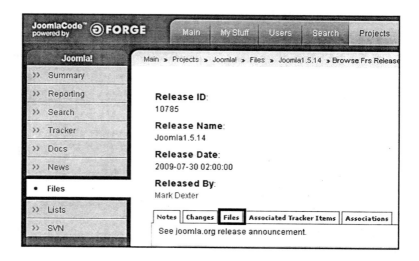

Figura 616

APÊNDICE C – INSTALANDO O WAMPSERVER 2.0   415

Selecione a aba Files, conforme figura acima e deve aparecer uma nova janela, conforme figura abaixo:

Figura 617

Clique no arquivo Joomla_1.5.14-Stable-Full_Package.zip, conforme figura acima, para iniciar o download do Joomla. Quando abrir a janela de download do seu navegador, salve o arquivo na pasta fit que criamos dentro da pasta www do WAMPSERVER 2.0. Baixado o arquivo, vamos até a pasta fit para descompactar o arquivo do Joomla que está zipado, para isso, clique com o botão direito do mouse sobre o arquivo e selecione a opção Extrair aqui, conforme figura abaixo:

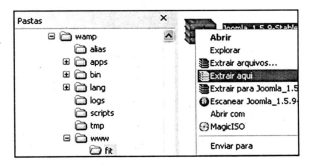

Figura 618

Após a descompactação do arquivo do Joomla, delete o arquivo zipado e abra seu navegador web. Digite http://localhost/fit, ou http://localhost:8080/fit se você tiver alterado a porta 80, na barra de navegação deve aparecer uma janela, conforme figura abaixo:

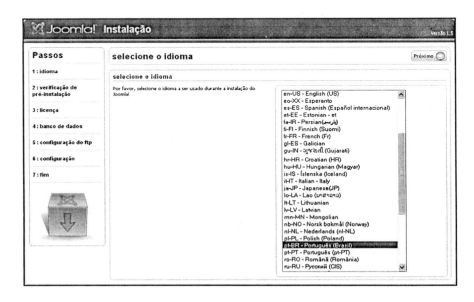

Figura 619

APÊNDICE C – INSTALANDO O WAMPSERVER 2.0   417

O primeiro passo da instalação do Joomla é a seleção do idioma. Como você pode percebê-lo automaticamente, selecione a opção Português Brasil, se o seu Windows estiver em português, senão basta você selecionar na lista suspensa. Feito isso, clique no botão Próximo, deve aparecer uma janela, conforme figura abaixo:

Figura 620

No segundo passo, verificação de pré-instalação, verifique se apenas a opção Exibir Erros e Output Buffering, da caixa Configurações Recomendadas, estão em vermelho, conforme figura acima, se forem apenas as opções citadas acima em vermelho, não tem nenhum problema, pois estamos trabalhando localmente. Mas por segurança vamos deixar tudo como pede o Joomla. Para isso, basta clicar com o botão direito do mouse sobre o ícone do WAMPSERVER 2.0, localizado na barra de tarefas do Windows. Selecione a opção PHP, em seguida, selecione o item Opções PHP e na lista suspensa que aparece, clique sobre as opções display errors e output buffering para desmarcá-las, deve aparecer uma janela conforme figura abaixo:

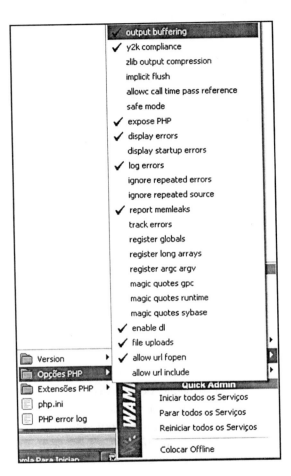

Figura 621

APÊNDICE C – INSTALANDO O WAMPSERVER 2.0   419

Atualize sua página do navegador, clique no botão Reenviar e veja que as configurações estão de acordo com o pedido, observe a figura abaixo:

Diretiva	Recomendado	Atual
Safe Mode:	Off	Off
Exibir Erros:	Off	Off
Envio de Arquivos:	On	On
Magic Quotes Runtime:	Off	Off
Register Globals:	Off	Off
Output Buffering:	Off	Off
Session Auto Start:	Off	Off

Figura 622

Estas configurações só podem ser feitas com o Joomla instalado localmente. Clique no botão Próximo e deve aparecer uma janela, conforme figura abaixo:

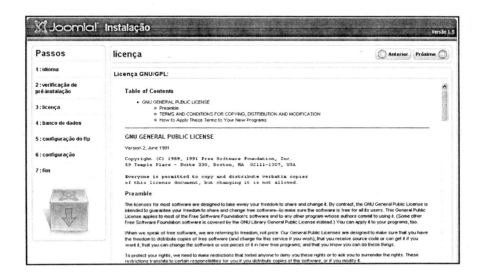

Figura 623

O terceiro passo diz respeito a licença de uso do Joomla, GNU/GPL, que quer dizer que o programa é de código aberto e de livre uso, basta clicar no botão Próximo e deve aparecer uma janela, como figura abaixo:

Figura 624

No quarto passo vamos configurar nosso banco de dados. Como vamos trabalhar localmente, vamos preencher os dados, conforme figura acima. Quando o site estiver hospedado em um provedor, os dados acima vão mudar, pois o provedor vai fornecer os dados para que possamos preencher esta parte, ou o próprio provedor pode instalar o Joomla para você.

No campo Tipo de Banco de Dados, deixe marcado mysql. No campo Nome do Servidor, digite localhost. No campo Nome do Usuário, digite root. No campo Senha, digite uma senha forte, com letras maiúsculas e minúsculas e números, tipo RaFit1965, não esqueça de anotar a senha. No campo Nome do Banco de Dados, digite fit. Clique no botão Configurações Avançadas e digite, na caixa de texto Prefixo da Tabela, um prefixo diferente do padrão, por segurança, eu usei tif_ que é o nome do banco de dados invertido. Nunca deixe o prefixo padrão. Se aparecer uma mensagem dizendo que não conseguiu se conectar ao banco, retorne ao passo anterior e deixe a senha em branco.

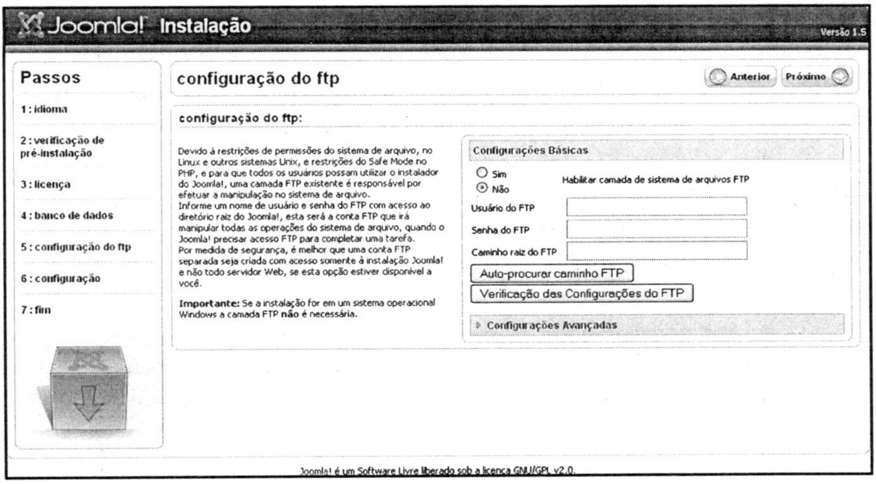

APÊNDICE C – INSTALANDO O WAMPSERVER 2.0   421

Figura 625

No quinto passo, deixe marcado a opção Não, pois estas informações quem deve fornecer é seu provedor de internet. Clique no botão Próximo e deve aparecer uma janela, conforme figura abaixo:

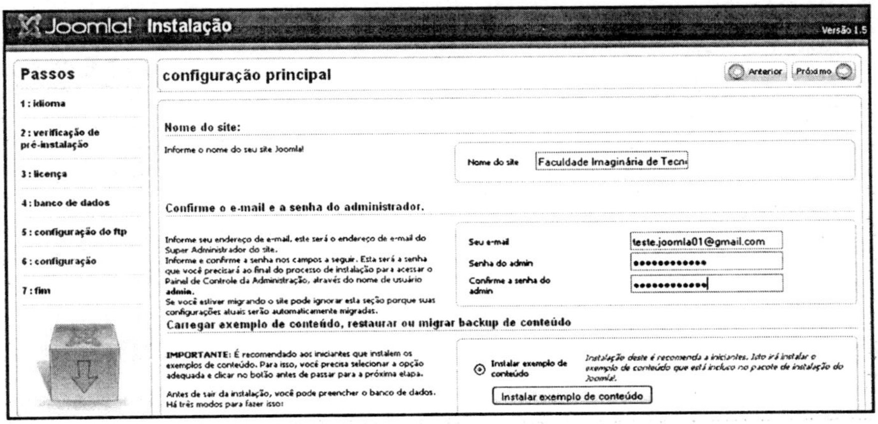

Figura 626

No sexto passo vamos configurar algumas funcionalidades do nosso site. Nome do site. Digite: Faculdade Imaginária de Tecnologia – FIT. Coloque seu e-mail, tem que ser um válido. A senha, eu coloquei uma bem forte, pois não devemos trabalhar com senha fraca mesmo sendo o site local. Não é necessário, mas para fins didáticos clique no botão Instalar exemplo de conteúdo, em seguida, clique no botão Próximo. Se você não clicar no botão Instalar exemplo de conteúdo, vai aparecer uma janela, conforme figura abaixo:

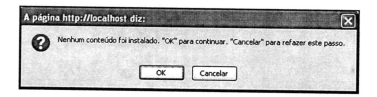

Figura 627

Clique no botão OK, em seguida, deve aparecer uma janela, conforme figura abaixo:

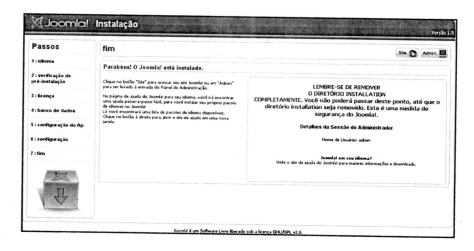

Figura 628

APÊNDICE C – INSTALANDO O WAMPSERVER 2.0   423

No sétimo passo, preste bastante atenção no aviso em vermelho. Delete a pasta installation, que se encontra dentro da pasta fit. Você deve perguntar se não basta renomear. A resposta é não. Por questão de segurança, delete a pasta installation. Feito isso, clique no botão Site, deve aparecer uma janela, conforme a figura abaixo:

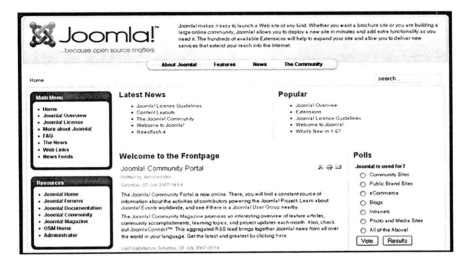

Figura 629

Este é o Template (Modelo) padrão do Joomla, também chamado de backend, se você clicou no botão Instalar exemplo de conteúdo no sexto passo. Caso não tenha clicado no botão Instalar exemplo de conteúdo, seu Template vai ficar como mostra a figura abaixo:

Figura 630

Pronto, o Joomla está instalado e funcionando.

Lógica de Programação - Uma Abordagem em Pascal

Autor: *Marcos Laureanoto*

376 páginas - 1ª edição - 2010

Formato: 16 x 23

ISBN: 978-85-7393-935-4

Este material foi preparado com base na experiência do autor em lecionar a disciplina para cursos técnicos, tecnólogos e engenharias.
Neste livro o leitor encontrará conceitos de lógica de programação, fluxogramas e a programação em Pascal (uma linguagem de fácil aprendizado e destinada para a aprendizagem da programação). O livro aborda os principais conceitos de programação, estruturas condicionais e de repetição, vetores, matrizes, funções e procedimentos.
Todos os conceitos são acompanhados de vários exemplos detalhados e com vários exercícios propostos (com as respostas ao final do livro). Fluxogramas são utilizados para auxiliar o leitor no entendimento dos exemplos mais complexos.

À venda nas melhores livrarias.

EDITORA CIÊNCIA MODERNA

Dominando o OpenSwing (Java)

Autor: *Albert Eije*

448 páginas - 1ª edição - 2010

Formato: 16 x 23

ISBN: 978-85-7393-905-7

Você obterá com o OpenSwing:
Facilidade e Produtividade no desenvolvimento de aplicações Java desktop e para Web;
Construa rapidamente aplicações ricas para Internet (RIA) em três camadas;
Integração com vários frameworks: Hibernate, Spring, JPA/TopLink e outros;
Trabalhe com sua IDE preferida: NetBeans, Eclipse, Jbuilder ou JDeveloper;
Uma suíte de componentes gráficos avançados; você não precisará gastar tempo e esforço desenvolvendo novos componentes. Os do OpenSwing já são suficientes;
Uma camada para vinculação (binding) bem melhor do que a fornecida pela JSR 295;
Controle para acesso remoto;
Design orientado a objetos para aplicações RIA (Rich Internet Application);
Suporte para desenvolvimento de aplicações stand-alone (aplicações utilizadas em uma única máquina);
Suporte para desenvolvimento de aplicações cliente - servidor (2 camadas);
Suporte para desenvolvimento de aplicações Web e distribuídas em 3 camadas.

À venda nas melhores livrarias.

Impressão e acabamento
Gráfica da Editora Ciência Moderna Ltda.
Tel: (21) 2201-6662